Polyglott

APA GUIDE

Wien

© Englische Ausgabe 1998 APA Publications GmbH & Co.
Verlag KG Singapore Branch, Singapur
© Deutsche Ausgabe 1998 Langenscheidt KG,
Berlin und München

Autoren: Dr. Felix Czeike (Vom Römerkastell, Die Türken vor Wien,
Kultur des Biedermeier, Die Habsburger), Karin Schiefer (Der Stadt
auf der (Ton-)Spur, Walzerkönige, Szene im Aufwind, Wien – Insel
in der Zeit; auf der Basis einer Vorarbeit von Dr. Felix Czeike: Rund
um den Kaiserlichen Hof, In tieferen Sphären, Alles Walzer, Die
Ringstraße, Kaiser Franz Joseph und die Ringstraße, Die Burg), Dr.
Jutta Kohout (Die Wiener, Juden in Wien, Die Kunst zu leben), Dr.
Günter Treffer (Vorstädte und Vororte, Wachau und Neusiedler
See, Wienerwald und Semmering), Eckhard Zimmermann (Musik
in Wien, Wiener Secession, Shopping in Wien, Wiens Kaffeehäuser)

Redaktion: Eckhard Zimmermann

Karten und Pläne: Berndtson & Berndtson Publications oHG
(Klappe vorne, S.90/91, 172/173, 178), Annette Buchhaupt (Klappe
hinten), Huber Kartographie (196/197)

Typographie: Ute Weber

Umschlaggestaltung: Greenstuff,. Iris und Jochen Grün, München

Erste Auflage 1998/99

Redaktionsschluß: November 1997

Printed in Singapore

ISBN 3-8268-2452-0

Alle Informationen stammen aus zuverlässigen Quellen und
wurden sorgfältig geprüft. Für ihre Vollständigkeit und Richtigkeit
können wir jedoch keine Haftung übernehmen.
Ergänzende Anregungen, für die wir dankbar sind, bitten wir zu
richten an: Apa Publications c/o Langenscheidt KG,
Postfach 40 11 20, 80711 München.
E-Mail: redaktion@polyglott.de oder PolyRed@AOL.com

Zeichenerklärung

Gebietspläne

❶ ✶ ★	Sehenswürdigkeit
	Autobahn
	Schnellstraße
	Hauptstraße
	sonstige Straßen, Wege
	Eisenbahn
	Staatsgrenze
	Landesgrenze
	Nationalpark, Naturpark

Stadtpläne

❶ ✶ ★	Sehenswürdigkeit
	Autobahn
	Hauptstraße
	sonstige Straßen
	Fußgängerzone
	Fußwege
	sehenswerte Gebäude
	bebaute Fläche
	Grünfläche
	unbebaute Fläche
❶	Information
✉	Post
🅿	Parkplatz
Ⓢ Ⓤ	S-Bahn, U-Bahn

Über das Buch

Wien – eine Stadt voller Facetten und Gegensätze: historisch und modern, jung und alt zugleich, k.u.k-Geschäfte und Beiselszene Tür an Tür. Viele unterschiedliche Autorinnen und Autoren haben sich zusammengefunden, um im Apa Guide ein authentisches Bild von Wien zu zeichnen, je nachdem, welchem Teil der Metropole sie ihre Zuneigung entgegenbringen.

Auf den Namen **Felix Czeike** wird jeder stoßen, der sich mit Wien und vor allem seiner Historie beschäftigt. Die Anzahl der Bücher und Zeitschriftenbeiträge, die der Hofrat und emeritierte Professor für Geschichte verfaßt hat, sind Legion. Er führt Sie in diesem Band in die Vergangenheit Wiens.

Karin Schiefer ist eine gebürtige Oberösterreicherin, lebt aber seit Jahren in Wien. Film, Literatur, Kunst, Musik und Mode sind die bevorzugten Themen ihrer journalistischen Arbeit, im Polyglott-Verlag hat sie einen vorzüglichen Reiseführer über Ober- und Niederösterreich verfaßt. So ergaben sich die Themen, über die sie für diesen Band schrieb, fast von selbst. Daß sie zudem sehr anschaulich und lebendig beschreiben und schildern kann, zeigen ihre Rundgänge durch die Innenstadt und auf der Ringstraße, die sie auf der Grundlage einer Arbeit von Felix Czeike zu Papier brachte.

Wien von innen beleuchtet in zwei sehr vergnüglichen Beiträgen **Jutta Kohout.** Die Autorin schreibt regelmäßig für den Stern, Geo und Cosmopolitan und kennt die Wiener Szene und ihre Mitglieder wie ihre Westentasche.

Abgerundet wird dieses Buch durch die kenntnisreichen, anschaulich geschriebenen Kapitel von **Günter Treffer,** der zahllose Bücher über Wien und seine Umgebung verfaßt hat.

Die große Stärke der Apa Guides ist die originelle visuelle Präsentation von Reisezielen. Die Fülle erstklassiger Bilder im Apa Guide zeigt Wien auch visuell von seinen interessantesten Seiten. **Christian Hager,** der sein Handwerk in Wien erlernte, leistete den größten Beitrag. Er durchstreifte mit der Kamera die Wiener Gassen, jeden versteckten Winkel, den er aus seinen Jugendjahren kannte.

János Kalmár ist der zweite Fotograf, der mit großer Wienkenntnis und Einfühlungsvermögen die Atmosphäre der Metropole in zahlreichen Bildern einfing. Auch er lebt in Wien, so bleiben ihm die Entwicklungen dieser Stadt ebensowenig verborgen wie den hier versammelten Autoren.

Inhalt

Essays

Wien, Wien, nur du allein ———— 15
Geschichtlicher Überblick ———— 18
Vom Römerkastell zur UNO-Stadt ——— 21
● Thema: Die Türken vor Wien ——— 24
● Thema: Die Kultur des Biedermeier ——— 29
Die Habsburger ———————— 35
Der Stadt auf der (Ton-)Spur ———— 43
● Thema: Walzerkönige ———— 48
❏ im Bild: Musik in Wien ———— 50
Szene im Aufwind —————— 53
❏ im Bild: Wiener Secession ———— 64
Die Wiener ——————— 69
● Thema: Juden in Wien ———— 73

Gute Reise!

Wien – Insel in der Zeit ————— 89
Rund um den Kaiserlichen Hof ——— 93
● Thema: Alles Walzer ———— 95
In tieferen Sphären ————— 113
Die Ringstraße ————— 126
● Thema: Kaiser Franz Joseph
und die Ringstraße ————— 129
● Thema: Die Burg ———— 131
❏ im Bild: Shopping in Wien ——— 144
Die Kunst zu leben ————— 152
❏ im Bild: Wiens Kaffeehäuser ——— 168
Vorstädte und Vororte ————— 171
Wachau und Neusiedler See ——— 199
Wienerwald und Semmering ——— 211

Infoteil

tadtkunde ———————— 226

eiseplanung & Reiseformalitäten ——— 227

nreise ———————————— 229

nterwegs in Wien ——————— 230

raktische Informationen ————— 232

otfälle ———————————— 233

nterkunft ————————— 234

ssen & Trinken ——————— 236

nternehmungen ——————— 240

hopping ———————————— 244

prache ———————————— 245

teraturhinweise ——————— 246

ildnachweis ————————— 247

egister ———————————— 248

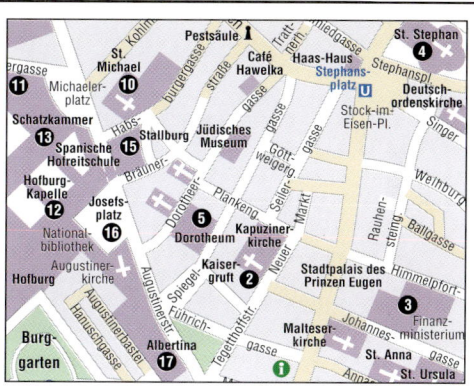

Karten

Übersicht   **Klappe vorne**

Wien – Innere Stadt ——————— **90**

Wien ——————————— **172**

Schönbrunn ———————— **178**

Wien und Niederösterreich ———— **196**

U- und S-Bahn   **Klappe hinten**

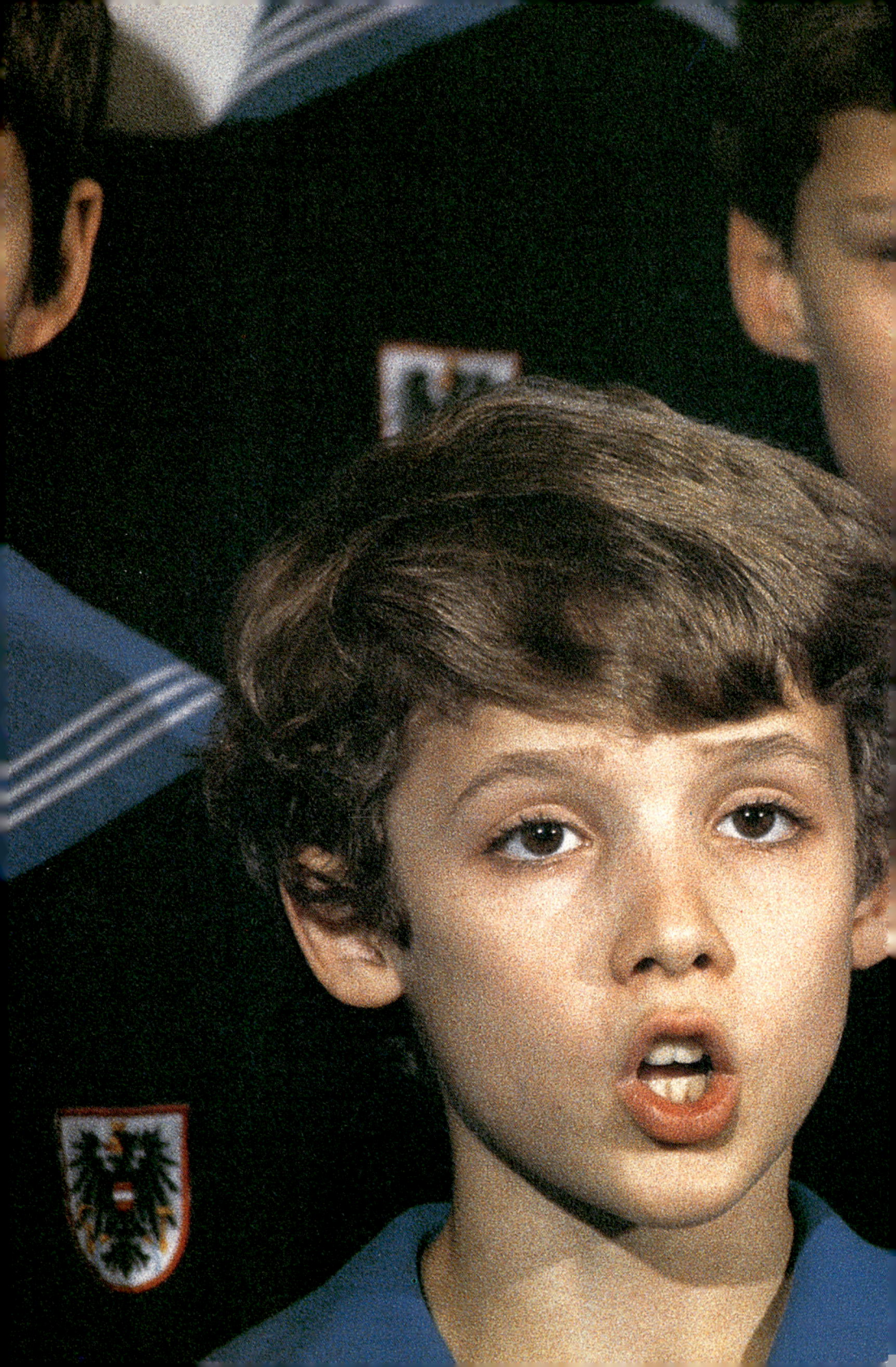

Wien, Wien, nur du allein

Es ist ein ganz eigenes Spannungsverhältnis zwischen Tradition und Moderne, alt und neu, das Wien wie in einem Bann hält. Wer sich speziell durch die Innere Stadt, das Herz der Metropole, bewegt (am besten zu Fuß), wird innerhalb eines harmonischen Ensembles immer wieder gefangen von einzelnen Fassaden: barocken Palais, steingewordenen Manifestationen eines imperialen Herrschaftsanspruchs, historisierenden Spielen mit vergangenen Stilen, in denen die Erbauer eine höhere Kunst sahen. Seit die Stadtverwaltung in den 80ern ganze Straßenzüge und Plätze einem großangelegten Reinigungs- und Renovierungsprogramm unterwarfen, strahlen die Prunkbauten um die Wette, vermitteln selbst die kleinen, teils mittelalterlichen, teils biedermeierlichen Häuser der ältesten Viertel den Eindruck, zu einem lebenden Museum zu gehören, zusammengestellt, nicht in Jahrhunderten nebeneinander gewachsen. Selbst die Details, und seien ihre tieferen Bedeutungen im Dunkel der Geschichte verschollen, durften dieses Großreinemachen überleben, wie etwa die eine oder andere Kleinskulptur oder Fassadenmalerei in der Bäckerstraße oder Schönlaterngasse, wie manche dem Alltag zu verdankende Einkerbung im Stephansdom. Sie alle erzählen teils wahre, teils vielleicht nur gut erfundene Geschichten aus Wiens reicher, armer, dunkler, hell strahlender Vergangenheit.

Umso heftiger, aufregender der Bruch, den das Neue, Moderne der Stadt zufügt: Das Haas-Haus am Stephansplatz wird heute nach Jahren der Kontroverse endlich als Bereicherung selbst von älteren Wienern akzeptiert. Die beiden Hundertwasser-Häuser im 3. Bezirk haben als neue Wahrzeichen Wiens bereits fast die Popularität eines Stephansdoms oder Schönbrunner Schlosses erreicht. Die Ringstraßengalerien in unmittelbarer Nähe der geheiligten Staatsoper überraschen nicht nur als Shopping-, sondern auch als bauliches Erlebnis. Die UNO-City verhilft nicht nur der Silhouette zu einem heftigen Kontrast, sondern auch mit seinen Beamten und Mitarbeitern aus aller Welt der Stadt zu einem kosmopolitischen Flair. Und wer hinter die Fassaden blickt, wird im Interieur so manchen Beisels mitten im mittelalterlichen Wien die Handschrift zeitgenössischer Innenarchitekten entdecken.

Alt und neu kontrovers nebeneinander, das war schon immer ein Grundzug von Wien. Die Reaktion der Hauptstädter auf die historisierenden Prunkbauten der Ringstraße warfen in der zweiten Hälfte des 19. Jahrhunderts so manchen Architekten von Weltrang in die Depression. Den greisen Kaiser Franz Joseph versetzte das moderne, entschieden funktionale Loos-Haus vor seinem bombastisch barocken Hofburg-Ensemble derart in Rage, daß er den Ausgang zum Michaelerplatz künftig mied. Ja, dem kräftigen, selbstbewußten Nein einer ganzen Künstlergeneration zu einer rückwärtsorientierten Kunst verdankte Europa die Geburt einer neuen Stilepoche: der Secession, des Jugendstils.

Dabei ist Wien mindestens ebenso eine Stadt der Töne wie des Auges. Unbestritten bleibt das tägliche Verdienst zweier Symphonieorchester von Weltruf, der Wiener Sängerknaben, der zahllosen Interpreten alter Meister aus Barock, Klassik und Romantik. Doch daneben läßt ein fetziges, jazziges, rockiges Wien aufhorchen, das auch mit Wiener Liedgut improvisiert und auf das Weanerische Idiom setzt. Wer das nicht hören mag, hat zumindest Ahnen: Auch ein Mozart, Bruckner, Mahler konnte bei seinen Wiener Zeitgenossen nicht recht landen, von einem Schönberg, von Webern ganz zu schweigen.

»Wien ist anders« hieß vor vielen Jahren ein erfolgreicher Slogan der Tourismuswerbung. Ob da einer Anleihen am »Wien, Wien, nur du allein« im Dreivierteltakt genommen hat? Egal, irgendwie haben beide Charakterisierungen recht: In keiner Stadt Europas leben Tradition und Moderne so erfolgreich und eigenständig nebeneinander her, scheinbar ohne voneinander Notiz zu nehmen. Nicht zuletzt diesem Spannungsverhältnis verdankt Wien seine Anziehungskraft.

◄◄ **Wiener Sängerknaben. –**
In der Universität. –
Walzerselig auf dem Opernball. –
Im Schönbrunner Park.
◄ **Die Wiener Spielart des**
Jugendstils heißt Secession.

Geschichtlicher Überblick

■ **Um 400 v. Chr.** Kelten errichten an der Stelle des heutigen Hohen Marktes die Siedlung »Vindobona«.

■ **15 v. Chr.** Der Limes und viele Garnisonen sichern die Grenzen der römischen Provinz Pannonia. Die wichtigste im Wiener Raum, Carnuntum, erhält Flankenschutz durch das Hilfslager Vindobona. Östlich davon entsteht eine Zivilstadt mit 20 000 Einwohnern.

■ **Um 400** Der Sturm der Völkerwanderung zieht über das Wiener Becken hinweg. Quaden zerstören Carnuntum, Westgoten Vindobona.

■ **955** Kaiser Otto I. schlägt die Hunnen auf dem Lechfeld und treibt sie nach Osten zurück. Als Verwalter der neuen ottonischen Ostmark setzt er 976 die Babenberger ein.

■ **1155** Wien, günstig am Schnittpunkt der Donau mit dem alten Handelsweg der Bernsteinstraße gelegen, wird zur Residenzstadt Heinrichs II. Jasomirgott. Er vergrößert die Stadt und legt den Grundstein für mehrere Kirchenbauten, u. a. für den Stephansdom.

■ **1192–1200** Während eines Kreuzzuges nimmt Herzog Leopold V. den englischen König Richard Löwenherz gefangen. Mit dem Lösegeld vergrößert er Wien und verstärkt die Befestigungen.

■ **1246** Mit Friedrich II. stirbt der letzte Babenberger. Nach einer Zeit der Kämpfe um die Nachfolge setzt sich der Habsburger Rudolf I. durch.

■ **1358–1365** Rudolf IV., der Stifter, gibt den Auftrag zum gotischen Ausbau des Stephansdoms und gründet die Wiener Universität.

■ **1421** Wiener Geserah: Vertreibung der jüdischen Bevölkerung, Ermordung von 200 Juden.

■ **1493–1519** Durch eine geschickte Heiratspolitik vergrößert Maximilian I. die habsburgischen Ländereien um die Niederlande, Burgund und Spanien, die Vereinigung von Österreich, Böhmen und Ungarn bereitet er vor. Aus der Grenzstadt Wien wird der Mittelpunkt eines Weltreichs.

■ **1529** Die Türken stehen vor Wien, ziehen aber vor dem früh einbrechenden Winter ab.

■ **1551** Der Protestantismus breitet sich aus, im späten 16. Jh. sind bereits drei Viertel der Bürger protestantisch. Unter Rudolf II. beginnt eine systematische Verfolgung und Vertreibung der Protestanten mit Hilfe der Jesuiten.

■ **1618–1648** Wien leidet wirtschaftlich schwer unter dem Dreißigjährigen Krieg.

■ **1679** In Wien wütet die Pest, sie fordert mindestens 75 000 Opfer.

■ **1683** Erneut stehen die Türken vor Wien. Den 230 000 Angreifern stehen nur 17 000 Verteidiger gegenüber. In der aussichtslos erscheinenden Lage vertreibt ein 75000 Mann starkes Entsatzheer die Türken. Dabei geht der Stern eines jungen Mannes aus Savoyen auf: Prinz Eugen, der schließlich zum Berater dreier Kaiser wird, unter denen Wien eine enorme wirtschaftliche Blüte und ein hohes Ansehen erreicht. Beginn barocker Bautätigkeit, Wien wird zur glanzvollen Metropole, die Architekten, Maler und Bildhauer von Weltrang anzieht.

■ **1740** Maria Theresia besteigt den Kaiserthron. Zusammen mit ihrem Sohn und Mitregenten, Joseph II., leitet sie zielstrebig innere Reformen ein und entfaltet eine in Wien noch nie gesehene Bautätigkeit.

■ **1780** Joseph II. ist alleiniger Regent und diktiert, vom Geist der Aufklärung geprägt, radikale Veränderungen, von denen er einige auf Druck der Wiener wieder zurücknehmen muß.

■ **1792** Franz II. hält die wachsende Unzufriedenheit mit polizeistaatlichen Mitteln nieder. Beginn der Koalitionskriege gegen Frankreich.

■ **1804** Franz begründet das österreichische Kaiserreich, nachdem sich Napoleon selbst zum Kaiser der Franzosen gekrönt hat. Zwei Jahre später muß er auf Druck des Korsen die deutsche Kaiserkrone ablegen – das Ende des Heiligen Römischen Reiches deutscher Nation.

■ **1814/15** Nach dem Ende der Napoleonischen Kriege ordnen die Fürsten und Staatsmänner in Wien Europa neu. Unter dem Staatskanzler Metternich, der jegliches liberales oder nationales Gedankengut im Keim erstickt, versinkt Österreich in der Totenstille der Restauration.

■ **1848** In der Märzrevolution fordern radikale Wiener Bürger, Studenten und Arbeiter die Aufhebung der Zensur und die Beteiligung an der Gesetzgebung. Kaiserliche Truppen schießen den Aufstand nieder. Der 18jährige Franz Joseph I. besteigt den Kaiserthron.

■ **1857** Die Basteien fallen, die Ringstraße entsteht, Wien vergrößert sich durch Eingemeindung der Vorstädt und erhält die Selbstverwaltung.

■ **1873** Weltausstellung in Wien.

■ **1895** Unter dem Bürgermeister Dr. Karl Lueger wird Wien zur modernen Großstadt mit Spitälern und Pflegeanstalten, Gas und Elektrizität sowie einem Straßenbahnnetz.

■ **1914** Die Ermordung des Thronfolgers Franz Ferdinand in Sarajewo leitet den Ersten Weltkrieg ein. Mit dem Tod Franz Josephs 1916 geht eine Epoche zu Ende.

■ **1918** Ausrufung der Republik Österreich, das Ende der Doppelmonarchie. Österreich schrumpft auf ein Zwölftel seiner einstigen Größe.

◄◄ **Wien im Jahr 1483.**
◄ **Kaiser Maximilian I. im Kreis der trauten Familie.**
▲ **Bürgermeister Dr. Karl Lueger,**
unter dem Wien zur modernen
Großstadt wurde, sich aber auch
hoch verschuldete.

■ **1934** Blutige Kämpfe zwischen sozialdemokratischen Schutztruppen und der christlich-konservativen Landesregierung, die das von Sozialisten regierte »Rote Wien« erledigen will. Verbot von SPÖ und Gewerkschaften durch Kanzler Dollfuß, der bei einem Putschversuch der Nationalsozialisten ermordet wird.

■ **1938** Hitler verkündet auf dem Heldenplatz Österreichs Anschluß an das Deutsche Reich.

■ **1944/45** Bei Bombenangriffen der Alliierten werden 30 % der Bausubstanz zerstört. Die Rote Armee besetzt Wien.

■ **1955** Die Siegermächte unterzeichnen im Belvedere den Österreichischen Staatsvertrag, das Land ist wieder frei. In der Folge entwickelt sich Wien zur diplomatischen Drehscheibe zwischen Ost und West.

■ **1979** Wien wird nach New York und Genf dritter Sitz der Vereinten Nationen.

■ **1989** Mit dem Fall des Eisernen Vorhangs wächst Wiens diplomatische Rolle. Sein wirtschaftliches, soziales und kulturelles Leben profitiert von den neuen Kommunikationsmöglichkeiten.

■ **1995** Österreich wird Mitglied der Europäischen Union.

Vom Römerkastell zur UNO-Stadt

Kelten und Römer
Die Gegend um Wien ist zwar schon seit Urzeiten bewohnt, die eigentliche Geschichte der Stadt begann aber erst, als die Römer um 15 v. Chr. nach Norikum vordrangen. Damals errichteten die Römer zum Schutz gegen die wilden Germanen entlang der Donau eine Befestigungslinie, den Limes. Das Hauptlager in diesem Gebiet war Carnuntum. Auf einem Teil des Wiener Stadtzentrums entstand als Flankenschutz neben einer keltischen Siedlung in günstiger strategischer Lage das Hilfslager Vindobona, daneben eine Zivilstadt. Um 400 n. Chr. wurden beide Lager von den Quaden und Westgoten zerstört.

Die verbliebenen Römermauern erhielten sich bis Ende des 12. Jahrhunderts und schützten bis dahin die sich entwickelnde Siedlung, die ihre Zentren nördlich des Hohen Markts (Berghof mit Ruprechtskirche), bei St. Peter und bei Maria am Gestade hatte. Vor den Toren entstanden wehrhafte Dörfer, darunter Handelssiedlungen zwischen Wollzeile und Fleischmarkt und bei der heutigen Weihburggasse.

Die Ära der Babenberger
1137 wird Wien erstmals als civitas (Stadt) bezeichnet, 1147 wurde die Stephanskirche geweiht, 1155 richteten die Babenberger in Wien ihre Residenz ein (Am Hof), und 1189 machte Friedrich Barbarossa auf einem Kreuzzug in Wien Station. Gegen Ende des 12. Jahrhunderts kam es dann zu einer die Entwicklung Wiens über Jahrhunderte prägenden Erweiterung der Stadt, die von einer neuen Ringmauer umgeben wurde. Unter Herzog Leopold VI. entstand das Viertel um den Neuen Markt, der den aus Venedig über den Semmering nach Wien kommenden Warenverkehr aufnahm; das gesamte Gebiet zwischen Kärntner Straße, Graben und Kohlmarkt wurde damals verbaut. Zu Beginn des 13. Jahrhunderts war Wien ein vollentwickeltes städtisches Zentrum mit Vorstädten; nach Köln die bedeutendste Stadt nördlich der Alpen.

Leopold förderte die Wirtschaft, verlieh Wien 1221 ein erstes Stadtrecht (an der Spitze des Rats stand ein Stadtrichter), berief katholische Orden in die Stadt und stiftete die Michaelerkirche. Wien entwickelte sich zu einem bedeutenden Handels- und Kulturzentrum, das von Minnesängern gepriesen wurde.

Nach dem Tod Herzog Friedrichs II. in der Schlacht an der Leitha (1246) erhoben der Böhmenkönig Przemysl Ottokar II. und der Ungarnkönig Bela IV. Ansprüche auf das herrenlose österreichische Erbe. Die Wiener Patrizier unterstützten Ottokar.

Die Habsburger übernehmen
Der 1273 gewählte deutsche König, der Habsburger Rudolf I., machte dem Streit ein Ende, indem er nach der Niederwerfung Ottokars Österreich und Steiermark seinen Söhnen Albrecht I. und Rudolf II. verlieh. Den Wienern gab er 1278 ein sie zufriedenstellendes Stadtrecht, seit 1282 kennen wir an der Spitze des Stadtrats den Bürgermeister.

◀ **Rudolf IV. der Stifter.**
▲ **Auf dem Weg ins Heilige Land war Wien stets Station.**

Durch eine beträchtliche Verminderung der wirtschaftlichen Vorrechte der Stadt (1281) forderte Albrecht allerdings einen Aufstand der Bürgerschaft heraus, den er 1288 nur mit Mühe niederschlagen konnte. Ein geschmälertes Stadtrecht engte daraufhin 1296 auch den politischen Spielraum des Patriziats stark ein. Die Habsburger bauten die von Ottokar II. begonnene neue Burg aus (Schweizer Trakt der Hofburg) und förderten den Ausbau des Herrenviertels (Herrengasse). Trotz mancher Bemühungen gelang es

Habsburger
→ aus dem Argau (Schweiz) stammendes Herrschergeschlecht, regierte als Könige und Kaiser 1278–1918.

schem Vorbild war eine Renaissancefestung entstanden, deren Basteien das Aussehen Wiens bis 1857 prägten. Die Epoche des 14. bis 16. Jahrhunderts ist mit der Gotik als Kunstrichtung und der politisch-ökonomischen Herrschaft des Patriziats gleichzusetzen. Das 14. Jahrhundert brachte die Konsolidierung der habsburgischen Herrschaft, die mit dem zwischen 1304 und 1340 durchgeführten Ausbau der Altstadt einherging

ihnen jedoch lange Zeit nicht, das Mißtrauen der Wiener Bürger zu überwinden. Der Vorrang Wiens gegenüber anderen Städten des habsburgischen Machtgebietes war dennoch seit dem Beginn des 14. Jahrhunderts unumstritten.

Die gotische Bürgerstadt

Die 1609 von Jacob Hoefnagel geschaffene Vogelschauansicht (zu sehen im Historischen Museum der Stadt Wien) wird gerne als »das letzte Abbild der gotischen Stadt« bezeichnet. Noch dominieren schmale Bürgerhäuser mit hohen Giebeln, überragt von gotischen Kirchtürmen, die sich größtenteils erhalten haben. Nur die Befestigung hat sich nach 1529 gewandelt: Nach italieni-

(Bau des gotischen Chors der Stephanskirche, der Augustinerkirche, der Kirche Maria am Gestade). Die überragende Fürstenpersönlichkeit war Herzog Rudolf IV., der Stifter, der den Grundstein zum Turm von St. Stephan legte (1359), die Universität gründete (1365) sowie bedeutende wirtschaftliche und soziale Reformen einleitete. 1396 erließen die Herzöge eine Ratsordnung, die Handwerker und Handelsleute den Patriziern gleichstellte und Wien Bürgerkämpfe, wie sie damals viele deutsche Städte erschütterten, ersparte.

Von der Stadt im 15. Jahrhundert können wir uns ein gutes Bild machen: Der Humanist Aeneas Silvius Piccolomini (später Papst Pius II.) hat eine Schilderung hinterlassen, außerdem entstanden

1470 und 1490 authentische Ansichten. Für die Bürgermeister, die nach dem Vorbild deutscher Reichsstädte eigenständig Politik machen wollten, war es allerdings keine gute Zeit: Konrad Vorlauf wurde 1408 hingerichtet, weil er im Verlaufe eines habsburgischen Familienzwistes auf der Seite der Unterlegenen stand, und Konrad Holzer, einen Liebling des Volkes, ereilte 1463 infolge schlechten Taktierens das gleiche Schicksal. Die unselige Judenverfolgung von 1421, die aus nichtigen Ursachen begann und die Auslöschung der Judenstadt zur Folge hatte; die verwirrenden Ereignisse der vierziger und fünfziger Jahre, als Kaiser Friedrich III. sich mit seinem Bruder Albrecht VI. stritt und 1462 von den Wienern in der Hofburg belagert wurde, obwohl er ihnen 1461 ein neues Wappen verliehen hatte; die Besetzung Wiens durch den Ungarnkönig Matthias Corvinus (1485–1490) – all diese Ereignisse markieren Stationen eines ereignisreichen Jahrhunderts.

Die erste Türkenbelagerung

Doch das 16. Jahrhundert begann nicht besser. Ganz Mitteleuropa wurde durch die protestantische Lehre Martin Luthers und die Türkenbedrohung erschüttert. 1529 standen die Türken unter Sultan Suleiman zum ersten Mal vor der Stadt, die sich nur dank eines vorzeitig hereinbrechenden Winters behaupten konnte. Mit Absicht verlegte Ferdinand I. daraufhin 1533 seine Residenz nach Wien. Die Ansiedlung von Hofbediensteten und eine verstärkte Präsenz des Adels führten zu sozialen und baulichen Veränderungen. Das Jahrhundert wurde bestimmt durch den Bau der Renaissancebefestigung mit ihren Basteien. Das Bild der Festung mit dem vorgelagerten Glacis (einem mit Bauverbot belegten Areal) und der unregulierten Donau wurde in der Folgezeit immer wieder festgehalten. Außerhalb des Glacis entwickelten sich Vorstädte, die vor allem von Handwerkern und Gewerbetreibenden bewohnt wurden, weiter entfernt ländliche Vororte. Da der Festungsbau alle Kapazitäten des Budgets und des Arbeitsmarktes gebunden hatte, findet man im Stadtgebiet nur wenige Bauwerke im Stil der Renaissance.

◀ **Das mittelalterliche Wien**
des 16. Jahrhunderts.
▲ **Plausch in der Kärntner Straße**
im 15. Jahrhundert.

Reformation und Gegenreformation

Die Auseinandersetzungen mit den Protestanten nahmen in der zweiten Jahrhunderthälfte immer heftigere Formen an. In den siebziger Jahren war Wien unter dem toleranten Kaiser Maximilian II. zu fast 80 Prozent protestantisch und hatte kurzfristig sogar einen lutherischen Bürgermeister. Mit der Verlegung der Residenz unter Maximilians Nachfolger Rudolf II. nach Prag büßte Wien vorübergehend seine Vorrangstellung ein. Die erste Hälfte des 17. Jahrhunderts brachte aufgrund des fanatischen Einsatzes der Jesuiten einen überzeugenden Sieg der katholischen Gegenreformation.

Unter Kardinal Melchior Khlesl begann die Berufung vieler Orden nach Wien, deren Kirchenbauten noch heute die Stadt prägen. In die Leopoldstadt kamen die Karmeliter und die Barmherzigen Brüder, auf der Landstraße bauten sich die Augustiner die Rochuskirche, auf der Wieden ließen sich die Paulaner und in der Roßau die Serviten nieder. In der Innenstadt entstanden Kirchen der Franziskaner, Dominikaner und Kapuziner. Die Schottenkirche erhielt ihr barockes Aussehen, und auch die Jesuiten errichteten sich neben der von ihnen geleiteten Alten Universität ein repräsentatives Gotteshaus. Das 1625 den Juden zugewiesene Ghetto in der Leopoldstadt wurde ihnen 1671 aus religiösen Gründen wieder entzogen.

Die Türken vor Wien

Im Jahre 1529 belagerte erstmals eine türkische Armee unter dem Kommando des Sultans Suleiman Wien. Doch das Abendland hatte Glück: Ein besonders strenger Winter zwang die militärisch weit überlegenen Osmanen zum Rückzug.

In den siebziger Jahren des 17. Jahrhunderts strebten die Türkenkriege dann einem erneuten Höhepunkt zu. Wie ein Feuersturm rollte das Heer brandschatzend und raubend durch halb Mitteleuropa. Wien, die letzte große Bastion des christlichen Abendlandes, sollte eingenommen werden. Jedem war klar, daß der Fall der Hauptstadt eine Zeitenwende bedeuten würde.

Liebenberg und Stadtkommandant Ernst Rüdiger von Starhemberg, der Übermacht der Belagerer standhalten?

Im September wurde die Lage der Stadt verzweifelt: Minensprengungen hatten riesige Breschen gerissen, Munition und Proviant gingen zu Ende, die Verluste waren beträchtlich, die Ruhr brach aus, Liebenberg starb. Aber auch bei den Türken machten sich Abnützungserscheinungen bemerkbar. Einen letzten Großangriff der Janitscharen am

chen Abendlandes, sollte eingenommen werden. Jedem war klar, daß der Fall der Hauptstadt eine Zeitenwende bedeuten würde.

1683 schloß sich der Polenkönig Jan III. Sobieski dem Bündnis zwischen Papst und Kaiser an. Damit stiegen die Chancen der Verteidiger Wiens zwar beträchtlich, aber Anlaß zu großer Hoffnung war noch nicht gegeben, denn nach wie vor schien die Armee des Großwesirs Kara Mustapha übermächtig. Am 13. Juli 1683 erschien die Vorhut vor Wien, bald darauf war die Stadt von 25 000 Zelten eingekreist. Der Hauptstoß der Türken richtete sich gegen die Burg- und Löwelbastei. Wie lange konnten die 11 000 kaiserlichen Soldaten und 6000 Milizionäre, an ihrer Spitze Bürgermeister Johann Andreas von

6. September konnten die Wiener nur mit letzter Kraft zum Stillstand bringen. Endlich traf auf dem Kahlenberg das 65 000 Mann starke Entsatzheer ein. Am 12. September 1683 trat es auf breiter Front zum Angriff an.

Vielleicht hätte die Schlacht dennoch mit keinem so klaren Sieg geendet, hätte Kara Mustapha nicht den schicksalsschweren Fehler begangen, gleichzeitig nochmals die Festung bestürmen zu lassen. Nach erbittertem Kampf geriet die türkische Front ins Wanken. Alsbald suchten die Türken ihr Heil in einer regellosen Flucht und überließen den Siegern eine unüberschaubare Beute. Teile davon sind zum Beispiel im Historischen Museum der Stadt Wien zu besichtigen.

Die Klosteroffensive ist in der Architektur mit dem Durchbruch des römischen Barock gleichzusetzen. Den Höhepunkt bildet die Fassade der Kirche Am Hof (1662), die wohl am stärksten an römische Vorbilder erinnert. Der Frühbarock (1600 bis 1680) wurde von italienischen Architekten, Bildhauern und Malern geprägt. Neben den Kirchen trat der Palastbau zurück.

Unter dem Dreißigjährigen Krieg (1618–1648) litt Wien nur wirtschaftlich; ein einziges Mal näherten sich die Schweden der Stadt (1645), ohne sie jedoch anzugreifen. Bürgermeister und Stadtrat wurden mehr und mehr abhängig von den

Wende: Die Kaiserstadt entwickelte sich, von militärischer Bedrohung befreit, als Residenz Karls VI. (1711–1740) und seiner Tochter Maria Theresia (1740–1780) zu einem Mekka der Kunst. Adelige und Bürger strömten aus der Enge der befestigten Stadt in die Vorstädte und Vororte und entfalteten eine enorme Bautätigkeit.

Das Zeitalter des Hochbarock
Der sich an europäischen Fürstenhäusern orientierende Hof, die nach der Überwindung des Protestantismus gestärkte Kirche, der zu ungeheurem Wohlstand gelangte Adel und ein die gehobene

Herrschern; es kam zu keinen nennenswerten politischen Willensäußerungen. Daniel Moser, das prominenteste Stadtoberhaupt, gehörte zu den treuen Gefolgsleuten von Kaiser Ferdinand II.

Die zweite Türkenbelagerung
In das ausgehende 17. Jahrhundert fielen bedeutsame Ereignisse: eine katastrophale Pestepidemie (1679), die mindestens 75 000 Opfer forderte, und die zweite Türkenbelagerung (1683). Der Sieg über die Türken markiert eine städtebauliche

▲ **Der Kohlmarkt, als er noch
keine Fußgängerzone war, 1784.**

Gesellschaft erfassendes Repräsentationsbedürfnis führten zu dem Wunsch, die Siege und damit sich selbst zu glorifizieren. Der Barock mit seiner Prunkentfaltung bot die rechte Form, sich auszudrücken. Die Innenstadt begann sich in ihrem Aussehen grundlegend zu wandeln, die Vorstädte wurden baulich aufgewertet. In einer gewaltigen Bautätigkeit im weltlichen und kirchlichen Bereich und unter Einbindung aller Zweige der Kunst und Kultur entstand eine Barockmetropole von europäischem Rang. Unter Leopold I. (1659 bis 1705) wurde Wien auch ein Mittelpunkt der europäischen Musik- und Theaterwelt.

Die großen Architekten dieser Zeit kamen aus dem eigenen Land: Johann Bernhard Fischer von

Erlach und Johann Lukas von Hildebrandt. Der ältere Fischer von Erlach verstand es, den Barock des Südens in genialer Weise in eine der Wiener Mentalität entsprechende Kunstform zu modifizieren. Seine hervorragendsten Werke schuf er für den Kaiser: die Hofbibliothek am Josefsplatz (heutige Nationalbibliothek), die Böhmische Hofkanzlei am Judenplatz und die Hofstallungen. Sein bedeutendstes sakrales Werk ist die Karlskirche, deren Bau Karl VI. während der Pestepidemie von 1713 gelobt hatte. Außerdem

Prinz Eugen von Savoyen → 1663–1736, wurde in den Türkenkriegen großer Feldherr und Berater dreier Kaiser, förderte die Kunst.

ner, Balthasar Permoser), Freskanten (Daniel Gran, Franz Anton Maulpertsch, Johann Michael Rottmayr) sowie zahllose Maler und Stukkateure zu großen Trägern des Wiener Barock.

Unter Maria Theresia entwickelte sich Wien zur Hauptstadt eines absolutistischen Zentralstaates. Die Bürgermeister wurden zu Helfern der Obrigkeit degradiert, die Bürger begannen vielfach das Interesse an der Kommunalpolitik zu verlieren. Kultur und Wissenschaft wurden in erheblichem Maße von Franzosen beeinflußt, die im Gefolge von Maria Theresias Gemahl Franz Stephan (Kaiser Franz I.) nach Wien kamen. Der Kaiser griff auch aktiv in die Wirtschaftspolitik ein und leitete Maßnahmen zur Förderung der heimischen Produktion ein. Seit den fünfziger Jahren war der Barock allmählich in den Rokoko übergegangen; markantestes Beispiel in der Innenstadt ist die Aula der Alten Universität.

Kaiser Joseph II. (1780–1790), der als Mitregent seiner Mutter (seit 1765) Wien zur Garnisonsstadt gemacht hatte, ist durch ein gewaltiges Reformwerk in die Geschichte eingegangen. Das Toleranzpatent, die Klosteraufhebungen (die den entsetzten Papst Pius VI. 1782 nach Wien eilen ließen) und die Wien entscheidend beeinflussende Magistratsreform (1783), welche die städtische Selbstverwaltung beendete, sind neben Maßnahmen zur Förderung von Wissenschaft, Technik und Erziehung sowie der Gründung des Hofburgtheaters als Nationaltheater (1776) die hervorstechenden Maßnahmen seiner Regierung.

baute er Adelspalais, u. a. für die Familien Batthyany-Strattmann und Trautson. Manche Bauwerke wurden nach seinem Tod (1723) von seinem Sohn Joseph Emanuel vollendet, der auch den Reichskanzleitrakt der Hofburg errichtete. Hildebrandt arbeitete vorwiegend für Prinz Eugen (Belvedere, Winterpalais) und für den Adel, der ihn mit Aufträgen überhäufte (Schönborn-, Harrach- und Daun-Kinsky-Palais). Für den Hof schuf er die Geheime Hofkanzlei, außerdem baute er die Peters- und die Piaristenkirche.

Die Stadtverwaltung ließ das Rathaus in der Wipplingerstraße und durch Anton Ospel das Zeughaus Am Hof bauen. Gemeinsam mit den Architekten wurden Bildhauer (Georg Raphael Don-

Der Weg zur Metropole Europas

Die Auswirkungen der Französischen Revolution, die Machtansprüche Napoleons und die Überwindung des Rokoko durch den Klassizismus kennzeichneten den Aufbruch in ein neues Jahrhundert. Es begann turbulent: Napoleon brachte Wien zweimal (1805 und 1809) in seinen Besitz. In der Schlacht bei Aspern erlitt er 1809 zwar

▲ **Der Architekt Johann Bernhard Fischer von Erlach.**
▶ **Die junge Maria Theresia, eine resolute Kaiserin.**

eine Niederlage, doch konnte dies den Ausgang des Krieges nicht beeinflussen. Kaiser Franz hatte sich 1804 die österreichische Kaiserkrone aufs Haupt gesetzt, nachdem sich Napoleon zum Kaiser der Franzosen ernannt hatte, und 1806 auf Druck des Korsen die deutsche niedergelegt – das Ende des Heiligen Römischen Reiches. Die Kriegswirren gingen an Wien nicht spurlos vorüber; die Bevölkerung litt unter drückender Wohnungsnot und steigenden Lebenshaltungskosten.

Die infolge der enormen Militärausgaben in Unordnung geratenen Staatsfinanzen führten 1811 zu einem Staatsbankrott und Währungszu-

sammenbruch, von dem sich die Wiener Wirtschaft zwei Jahrzehnte lang nicht erholen konnte. Die Stadt wurde dadurch für die Herrscher als Partner wertlos und unterlag strengen Kontrollen, die Bürgermeister mußten den ihnen erteilten Weisungen gehorchen und verloren in der Bevölkerung an Ansehen.

Der Wiener Kongreß
Nach außen hin war die Stellung Wiens jedoch glänzender denn je: 1814–1815 tagte der Wiener Kongreß, an dem Staatsmänner aus ganz Europa teilnahmen, um nach Napoleons Verbannung auf St. Helena Europa neu zu ordnen. Für die glanzvollen Feste, die monatelang gegeben wurden, ist in der Rückschau der Slogan »Der Kongreß tanzt« geprägt worden. Die von Staatskanzler Metternich dominierte Zeit bis 1848 wird als Vormärz oder Biedermeier klassifiziert. Vormärz – das bedeutet Überwachung, Zensur und Entmündigung der Bürger durch einen Polizeistaat, der sämtliche freiheitlichen, nationalistischen und liberalen Ideen im Keim zu ersticken versuchte. Biedermeier – darunter versteht man bürgerliche Wohnkultur und Blüte der Kunst im Zeichen politischer Resignation und Rückzug aufs Private. Im Baustil des Klassizismus entstanden bedeutende Bauwerke, darunter die Albertina.

Das Areal der 1809 von den Franzosen gesprengten Burgbastei nutzte man als Burg- und Volksgarten. 1817 wurden die übrigen Basteien zur Promenade freigegeben und so der Festungscharakter der Stadt aufgehoben. Die 20er und 30er Jahre brachten innovative Ereignisse: 1823 die Begründung der Donaudampfschiffahrt, 1828 den Bau des ersten Gaswerks, 1835 die erste Ausstellung gewerblicher Erzeugnisse und 1837 die Eröffnung der ersten Eisenbahnstrecke. Die rasche Verbreitung der Dampfmaschine bewirkte die Ablösung der veralteten Manufakturen durch frühindustrielle Betriebe.

Das Revolutionsjahr 1848
Mit den ökonomischen Umwälzungen verschärften sich die sozialen Probleme. Schlechte Arbeitsbedingungen, niedrige Löhne, katastrophale Wohnverhältnisse und politische Rechtlosigkeit führten 1848 zur Revolution, bei der Bürger und Arbeiter zeitweise gemeinsame Ziele verfolgten. Kaiserliche Truppen schossen den Aufstand zusammen. Ferdinand I. mußte zurücktreten, sein 18jähriger Neffe Franz Joseph folgte auf den Thron. 1850 beschloß die Regierung, die Vorstädte administrativ mit der Innenstadt zu verbinden. Die Stadt wurde in acht Bezirke geteilt und hatte nun 431 000 Einwohner.

Klemens Wenzel Fürst von Metternich
→ 1773–1859, Staatskanzler bis 1848, sicherte beim Wiener Kongreß Österreichs Vormachtstellung in Europa.

Die Ringstraßenära
1857 ordnete Franz Joseph die Schleifung der Befestigungen und die Verbauung des Glacis an. Mit der Ringstraßenzone,

Die Kultur des Biedermeier

Seit der Französischen Revolution verlangten Adelige und Bürger in ganz Europa Freiheit, Nationalstaatlichkeit und Liberalismus von ihren Herrscherhäusern. Staatskanzler Metternich hielt in der Donaumonarchie alle Begehrlichkeiten mit einem polizeistaatlichen Regime klein und hatte damit bis zum Ausbruch der Revolution 1848 Erfolg. Das Bürgertum, das von der Politik ferngehalten wurde und sich auch in der Wirtschaft kaum engagieren konnte, zog sich in die private Sphäre zurück und kon-

auch bereits soziale Probleme an. In der Musik dominierten Beethoven und Schubert neben den Vätern des Wiener Walzers, Strauß Vater und Lanner. Die Gesellschaft der Musikfreunde und das Orchester der Wiener Philharmoniker begründeten mit Komponisten und Musikverlegern Wiens Ruf als klassische Weltstadt der Musik.

In der Dichtkunst ragten neben Grillparzer Ferdinand Raimund und Johann Nestroy hervor. Die Theater erlebten eine Blütezeit, die zahlreichen

zentrierte sich in seinen Salons auf die Pflege der Kultur. Die Architekten, etwa Josef Kornhäusel, bauten Wohnhäuser und repräsentative Villen, deren verspielte Fassadendekors noch heute im Stadtbild auffallen. In der Bildhauerei finden wir Zauner und Marchese mit ihren Herrscherdenkmälern neben Klieber mit qualitätsvollen Bauplastiken.

Ein Lieblingskind des Biedermeier aber war die Malerei. Ferdinand Waldmüller erreichte mit Landschafts- und Genregemälden europäisches Format, Friedrich von Amerling war der gesuchteste Gesellschaftsporträtist, Kriehuber begründete die Porträtlithographie, Moritz Michael Daffinger malte Miniaturen, und Peter Fendi beeindruckende Kinderporträts; nicht selten klangen aber in den Motiven

Vergnügungsetablissements wurden stark frequentiert. Das rege gesellschaftliche Leben und die Pflege des gemütlichen Heims schufen ideale Voraussetzungen für eine gepflegte Wohnkultur: Möbel (viele nach Entwürfen Joseph Danhausers), Gemälde, Porzellan und Silber, Uhren und bemalte Gläser der Zeit sind bis heute in Museen und Antiquitätengeschäften zu bewundern.

◄ **1848 hängten die Aufständischen den Kriegsminister Graf Latour auf offener Straße.**
▲ **Beschauliches Biedermeier: Franz Schubert am Klavier.**

wurde eine in Europa einmalige städtebauliche Leistung vollbracht.

1861 wurde der Gemeinderat erstmals wieder gewählt; wahlberechtigt war allerdings nur ein durch Besitz oder Bildung privilegierter Teil der Bevölkerung, kaum mehr als ein Prozent. In seiner geistig-politischen Ausrichtung war der Gemeinderat liberal. In den 60er und 70er Jahren kam es neben dem Bau der Ringstraße auch zu Verbesserungen der Infrastruktur; der Bau der 1. Hochquellenwasserleitung, die Donauregulierung, der

Dr. Karl Lueger
→ 1844–1910, Gründer der Christlich-sozialen Partei, bewirkte als Bürgermeister Wiens Ausbau zur modernen Großstadt.

Stadt bedrohliche Ausmaße annahm. 1905 griff Lueger mit der Eingemeindung von Floridsdorf (Wien 21) auf das linksseitige Donauufer über, stellte aber auch den Wald- und Wiesengürtel im Westen der Stadt unter Schutz. 1910 hatte Wien mehr als 2 Mio. Einwohner. Das von den Sozialdemokraten geforderte allgemeine Wahlrecht lehnte Lueger ab, da er befürchtete, dadurch seine Mehrheit zu verlieren.

Die zweite Hälfte des 19. Jahrhunderts stand architektonisch unter dem Einfluß des Historismus, dem um die Jahrhundertwende der Sezessionismus zur Seite trat. Bedeutende Gebäude entstanden, vielfach an der Ringstraße: die Wiener Staatsoper, das Burgtheater, das Künstlerhaus, der Musikverein, die Secession und viele andere.

Das Rote Wien

Mit dem Zusammenbruch der Donaumonarchie kam es 1918 zu tiefgreifenden politischen und gesellschaftlichen Veränderungen. Österreich schrumpfte auf ein Zwölftel seiner Größe, Wien wurde zum Wasserkopf der ausgerufenen Republik. Das 1919 eingeführte allgemeine Wahlrecht brachte den Sozialdemokraten im Gemeinderat die absolute Mehrheit. Die Zeitspanne bis 1934 ist in Europa unter der Bezeichnung »Rotes Wien« bekanntgeworden. Die Leistungen auf den Sektoren des Kommunalen Wohnungsbaus und des Sozial- und Gesundheitswesens erregten das Interesse anderer europäischer Städte, wurden aber im Innern Österreichs von demokratiefeindlichen Kräften mißtrauisch verfolgt. Bürgermeister Karl Seitz und Stadtrat Julius Tandler traten als wichtigste Garanten für den Erfolg der sozialdemokratischen Verwaltung hervor, die weder durch Repressalien der Regierung noch durch die Weltwirtschaftskrise von ihrem Kurs abzubringen war.

Zentralfriedhof und der Bau des (neuen) Rathauses waren markante Ereignisse. Nach einer Erweiterung im Süden (1874) wurden 1892 zahlreiche Vororte eingemeindet (Bezirke 11 bis 19). Die praktische Abwicklung fiel allerdings bereits dem seit 1895 von der Christlich-sozialen Partei dominierten Gemeinderat unter Bürgermeister Dr. Karl Lueger (1897–1910) zu. Es kam zu einem radikalen Kurswechsel in der Wirtschaftspolitik (Bau städtischer Gas- und Elektrizitätswerke, Kommunalisierung und Elektrifizierung der Straßenbahn, Bau der 2. Hochquellenwasserleitung) und zu ersten Maßnahmen auf dem Gebiet des Sozial- und Gesundheitswesens. Die Finanzierung erfolgte durch Anleihen, so daß die Verschuldung der

Austrofaschismus und NS-Zeit

1934 kam es zum Zusammenstoß zwischen sozialdemokratischen paramilitärischen »Schutztruppen« und der christlich-konservativen Landesregierung im Verein mit der rechtsradikalen »Heimwehr«. Wiener schossen auf Wiener. Bundeskanzler Dollfuß setzte nach seinem Sieg dem Aufbauwerk Wiens ein Ende: Die SPÖ wurde verboten, der Bürgermeister verhaftet, der demokratisch gewählte Gemeinderat aufgelöst. Wien wurde einem Regierungskommissär unterstellt und zur bundesunmittelbaren Stadt erklärt. Wenig später ermordeten nationalsozialistische Putschisten Dollfuß im Amt. Sein Nachfolger Schuschnigg wurde 1938 von Hitler zum Rücktritt gezwungen, einen Tag später besetzten deutsche Truppen Österreich.

Wien wurde räumlich stark erweitert, doch machte man die Eingemeindungen 1946 weitestgehend rückgängig. Große Eingriffe in das Stadtbild blieben Wien trotz nationalsozialistischer Pla-

vergessen werden wie die in die Emigration Getriebenen und jene Opfer, die im Widerstand gegen Hitler ihr Leben verloren.

Der Neubeginn

Im Bombenkrieg erlitt Wien schwere Schäden, die aber im wesentlichen zu beheben waren. Die öffentlichen Gebäude wurden in ihrer ursprünglichen Gestalt wiederhergestellt. Nach der Befreiung Wiens vom Nationalsozialismus im April 1945 – während der Kämpfe ging auch der Stephansdom in Flammen auf – und nach dem Ende der Vier-Mächte-Besetzung kam es 1955 zum Ab-

nungen erspart, weil die Zeit zur Ausführung nicht ausreichte. Die gewaltsame Auslöschung des jüdischen Bevölkerungsanteils und die fast lückenlose Vernichtung der Wiener Synagogen in der Reichskristallnacht dürfen aber ebensowenig

◄ **Erinnerungsplakette an die
Kämpfe des »Roten Wien«
gegen die christlich-konservative
Landesregierung, zu sehen
am Karl-Marx-Hof, dem Zentrum
der Auseinandersetzungen.
▲ Seit 1995 ist Österreich
Mitglied der EU.**

schluß des Österreichischen Staatsvertrags und zur Erklärung der immerwährenden Neutralität Österreichs. Seither haben Teile der Vereinten Nationen sowie andere einflußreiche internationale Organisationen Wien zu ihrem Sitz gewählt. Bis heute ist Wien darauf bedacht, Tradition und Moderne in geeigneter Weise zu verbinden und zu erhalten. Die Metropole will zwar keine Museumsstadt sein, aber die Innere Stadt steht als Ensemble unter Denkmalschutz. Seit den historischen Veränderungen im Osten ist Wien eine neue Aufgabe zugewachsen. Bis 1989 im Winkel Mitteleuropas gelegen, entwickelte es sich zur Stadt der Begegnung und zur Brücke zwischen Ost und West, zur Drehscheibe der Diplomatie.

der Natur gezeichnet und gestochen von Carl Schütz in Wien 1784.

Haupt Ansicht der Residenzstadt Wien,
und des größten Theils ihrer Vorstädte, von Belvedere anzusehen.

- Maria Hilf.   - St. Ulrich.   - Kirche.   - Augustiner Hofkirche.
- Paulaner auf der Wieden.   - Pfarrkirche in der Josephstadt.   - Pfarrkirche in der Alstergaße.

Vüe de la Capitule de Vienne, et d'une grande partie de ses Fauxbourgs, prise du coté du Belsedere.

St. Stephan Domkirche. die Universität. Salspaunerinnen auf dem Renweg. Elisabethaerinnen.

die Leopoldstadt. Pfarrkirche zu Silber... Augustiner auf der Landstraße.

Die Habsburger

Stoff für eine Seifenoper? Aber gerne, für 1001 TV-Folgen, wenn es sein muß. Wie wäre es mit dem Titel »Die Habsburger«? Machtkämpfe und Liebesdramen, siegreiche Schlachten und verlorene Ländereien, Genies und Versager, Naturburschen und Rokoko-Perückenträger, Tragik und Komik – der Versatzstücke und großen Gefühle sind keine Grenzen gesetzt.

Am Anfang: Schweizer Landadel

Um 1020 entstand die Habsburg, der Stammsitz des Geschlechts, im schweizerischen Aargau. Die Habsburger waren ursprünglich schlichte Landadelige, und als dem Grafen **Rudolf von Habsburg** in einer Septembernacht des Jahres 1273 die Nachricht überbracht wurde, er sei soeben in Frankfurt zum König des Heiligen Römischen Reiches gewählt worden, hielt er dies zunächst für einen Scherz. Aber schon bald fand er sich in der neuen Rolle glänzend zurecht und legte den Grundstein zur habsburgischen Hausmacht. Die reichen Herzogtümer Österreich (entlang der Donau) und Steiermark fielen an die Söhne Rudolfs und blieben für über 600 Jahre im Familienbesitz.

Im 14. und 15. Jahrhundert verloren die Habsburger zwar nahezu alle ihre Stammbesitzungen in der Schweiz, konnten dafür aber Kärnten und Krain, Tirol und Triest erwerben. Und mit Herzogshut und Königsornat gab man sich auch nicht zufrieden. Die römisch-deutsche Kaiserkrone haben Mitglieder der Familie mit Unterbrechungen bis zum durch Napoleon erzwungenen Erlöschen des Reiches 1806 getragen, und als dieses Ende unausweichlich war, begründete man vorher noch schnell das österreichische Kaiserreich als Gegengewicht zum bedrohlichen Korsen.

Große Persönlichkeiten

Einzelne Herrscher haben einen besonderen Platz in der Geschichte eingenommen und sind im Bewußtsein Europas fest verankert.

◀◀ **Wien vom Oberen Belvedere aus gesehen, 1784.**
◀ **Kaiser Franz Joseph …**
▲ **… und Kaiserin Elisabeth.**

Der letzte Ritter

Maximilian I. etwa, »der letzte Ritter«, kam 1493 an die Macht. Noch heute ist die hochragende Martinswand im Norden von Innsbruck ein beliebtes Ausflugsziel. In ihren unwegsamen Felsnischen hatte sich der volksnahe Kaiser Max dereinst bei der Gamsjagd gefährlich verkraxelt, konnte jedoch im allerletzten Moment von einer Heerschar himmlischer Engel errettet werden (bei

welchen es sich allerdings mit großer Wahrscheinlichkeit um stämmige Tiroler Bergführer gehandelt haben dürfte, vielleicht sogar um einen kaisertreuen Wilderer). Maximilian war aber nicht nur ein waghalsiger Kletterer, Turnierreiter und Bogenschütze, ein begabter Sänger und Poet, sondern auch ein gewitzter Realpolitiker. Durch äußerst geschickte Heiratspolitik fielen das wohlhabende Burgund sowie Spanien mit Neapel-Sizilien und den amerikanischen Kolonien an die Habsburger. Maximilians Enkel, der spätere Karl V., konnte als Erbe ein Reich übernehmen, »in dem die Sonne nie unterging«.

Gerne nutzte das Herrscherhaus eheliche Bande als politisches Instrument. Auf dem Heiratsmarkt der europäischen Fürstenhäuser waren die Habsburger stets präsent und erfolgreich. Ehen wurden wie in allen Fürstenhäusern nach realpolitischen Gesichtspunkten geschlossen, ohne Rücksicht auf persönliche Gefühle oder gar Herzensneigungen. Vor allem die Prinzessinnen fanden vielfach noch in den Windeln liegend bereits ihre künftigen Ehepartner. Tu, felix Austria, nube – Kriege mögen die anderen führen, du, glückliches Österreich, heirate – dieser geläufige Spott der Nachbarländer zog sich durch die Jahrhunderte, ersparte dem Land aber auch manchen Waffengang.

Haus Habsburg mehr!« Aber Maria Theresia erwies sich als Kämpfernatur. In einem tränenreichen Auftritt bat sie im September 1741 die ungarischen Stände zu Preßburg um Hilfe. Die Magnaten zeigten sich tief beeindruckt und schworen ihrer bezaubernden jungen Herrscherin Treue bis in den Tod. Die Bayern wurden aus Österreich vertrieben, Frankreich machte Frieden, und Maria Theresias Gatten Franz Stephan von Lothringen wurde die deutsche Kaiserkrone zugesprochen.

Ihrem geliebten Mann mußte diese energiegeladene Frau allerdings so manchen Seitensprung und so manche Spielschulden nachsehen.

Resolute Frau auf dem Thron

Auch die große **Maria Theresia** hat mitleidlos ihre Kinder verschachert, inmitten derer sie sich doch so gerne als gütige Mutter porträtieren ließ. Ihr selbst ist es jedoch gelungen, aus der vorgeschriebenen Rolle auszubrechen und eine für Frauen in der damaligen Zeit geradezu unerhörte Machtfülle zu erringen. Als 1740 ihr Vater Karl V. ohne männlichen Erben starb, sah es so aus, als ob alle Feinde der Familie nur auf diesen Augenblick gewartet hätten. Was bedeutete es da schon, daß der Vater zu Lebzeiten bei den europäischen Fürstenhäusern die weibliche Thronfolge durchgesetzt hatte. Bei seinem Tod galt das wenig, Paris, Potsdam und München jubelten: »Es gibt kein

Als Franz Stephan es wieder einmal zu bunt trieb, kam die sonst so realitätsnahe Kaiserin auf die absurde Idee, in ihrem Reich das Laster einfach abzuschaffen. 1753 gründete sie eine »Keuschheitskommission«, die in ganz Europa verspottet wurde. Geheimagenten mußten fortan in Theatern und Ballsälen nach frivolem Geschehen Ausschau halten, das Gepäck von Reisenden wurde nach unsittlicher Literatur durchstöbert und ganze Wagenladungen von Straßenmädchen verfrachtete man aus der lebenslustigen Metropole Wien in die tiefste Provinz. Sogar der große Casanova bekam es mit den Tugendwächtern zu tun – und hat sich später in seinen Memoiren bitterlich über die »Bigotterie« der Kaiserin beklagt.

Ein tragischer Soldat

Ein gütiger Monarch, der über allem thront, ein leutseliger Übervater – wer füllt dieses Klischee besser aus als Kaiser **Franz Joseph**? Unvorstellbare 68 Jahre herrschte er über sein Vielvölkerreich, das in Zeiten der Aufgeklärtheit, der Freiheitsbestrebungen und des Nationalismus längst ein Anachronismus geworden war. Dennoch mußte alles bleiben, wie es war, der Kaiser stand liberalen Strömungen und Neuerungen zutiefst mißtrauisch gegenüber. Mit soldatischer Disziplin versuchte er an einem Herrschaftssystem festzuhalten, das in seiner Unterdrückung der Völker keine

seines Sohnes Rudolf 1889, die Ehe mit Elisabeth von Bayern, die für beide eine Hölle war, wie jene wissen, die ihre Kenntnis nicht nur aus den »Sissi«-Spielfilmen beziehen. Die bildhübsche, hochintelligente Frau entfloh dem Gatten und dem strengen Hofzeremoniell und reiste immer wieder durch Europa. Ja, sie nahm sich sogar die Freiheit, eine Liebesbeziehung zu Franz Josephs großem Feind, dem ungarischen Grafen Andrássy, einzugehen. Und wie muß dem Kaiser zumute gewesen sein, als er 1898 die Nachricht empfing, seine Ehefrau sei von einem italienischen Anarchisten erstochen worden?

Zukunft hatte. Was mußte er nicht alles an Katastrophen erleben: Revolution 1848, der verlorene Bruderkrieg mit Deutschland 1866, Weltwirtschaftskrise und Börsenkrach, zuletzt die Ermordung seines Neffen und Thronfolgers Franz Ferdinand und der Ausbruch des Ersten Weltkrieges, von dem der Kaiser ahnte, daß er das Ende der Habsburger Herrschaft bringen würde. Dazu die Tragödien im familiären Bereich: der Selbstmord

◀ **Otto von Habsburg.**
▲ **Zita, die letzte österreichische Kaiserin, starb 1989 und wurde in der Kapuzinergruft bestattet.**

Ein Reich geht unter

Mitten in der Katastrophe des Ersten Weltkrieges wurde Kaiser Franz Joseph 1916 zu Grabe getragen. Sein Nachfolger **Karl I.** war ohne jede Chance, den Zerfall des riesigen Reiches aufzuhalten. 1918 mußte er auf die Ausübung der kaiserlichen Gewalt verzichten, 1922 starb der letzte Habsburger auf dem österreichischen Kaiserthron im Exil auf Madeira an Lungenentzündung.

Karls ältester Sohn, **Otto von Habsburg-Lothringen,** verzichtete 1961 auf seine Thronansprüche und darf seither die Republik Österreich wieder betreten. Politisches Glatteis wird tunlichst vermieden. **Erzherzog Karl** wählte den Beruf des Juristen: etwas Solides halt.

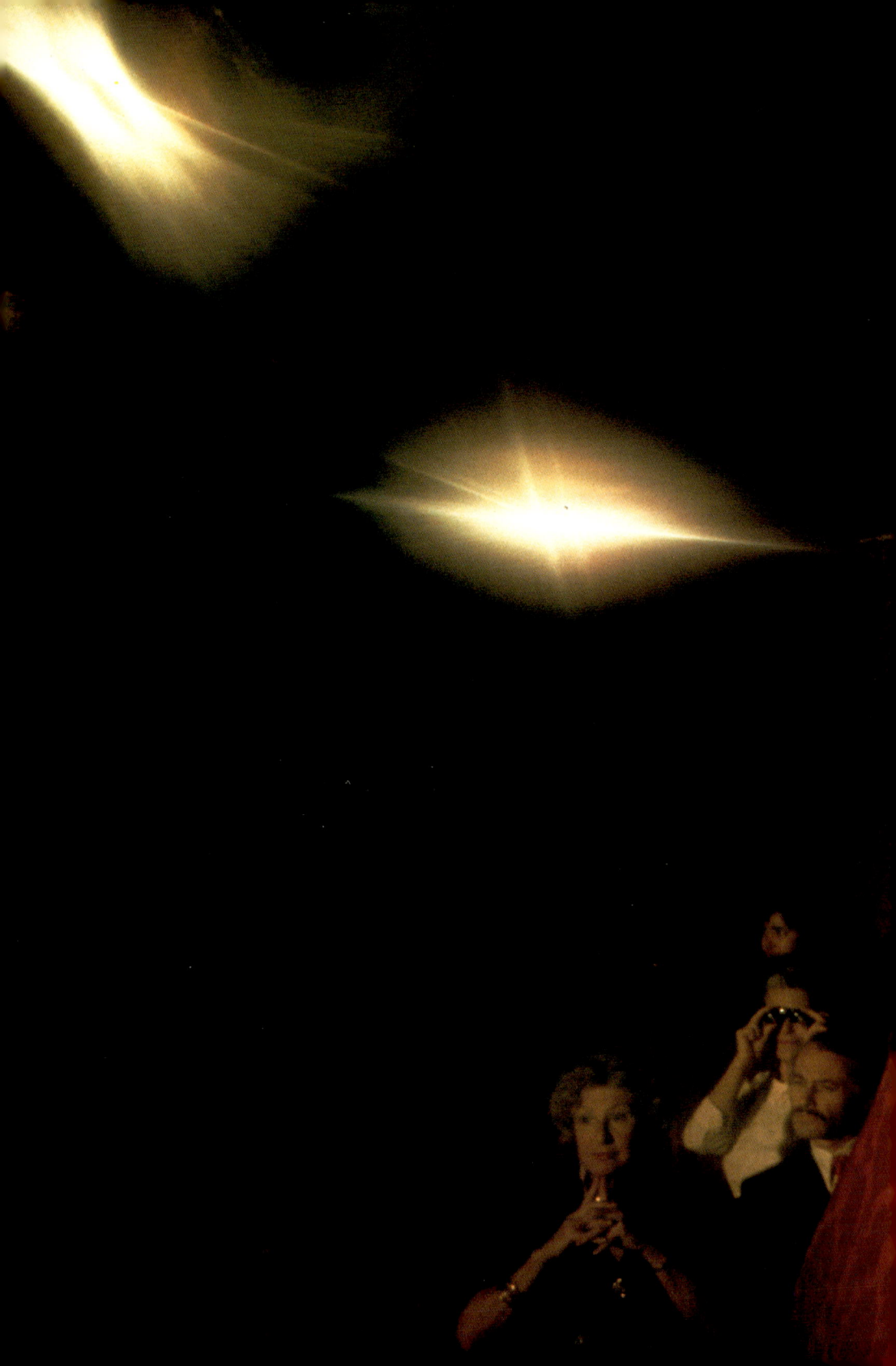

Der Stadt auf der (Ton-)Spur

Vom Hörensagen ist es ja bekannt. Dieser Stadt liegt die Musik im Blut, Musik ist ihr Lebenselixier. Eine Reise nach Wien, das heißt den Tönen frönen, denn der Notenschlüssel verschafft Zugang zu manchen Geheimnissen. Musik gibt es hier in allen Größen, von der Staatsoper über die Volksoper bis zur Taschenoper, aber stets mit Format. Wien brilliert in den Spitzentönen, wiegt sich walzerselig, läßt sich gern von raunzigen Wienerliedern einlullen, ist aber auch aufmerksam und hellhörig, wenn es um Neues geht. Neue Oper oder Jazz, respektloses Crossover, rauchige Rockröhren oder zutiefst Bodenständiges: Am besten hören Sie selbst.

Solisten, Orchester und Chöre

Die Babenberger hatten im hohen Mittelalter Wien noch kaum als Hauptstadt etabliert, als die magnetische Kraft des Wiener Hofs auch schon die vazierenden Minnesänger anlockte. Ihre mittelhochdeutsche Liebeslyrik nahm damals wesentlichen Einfluß auf die Entwicklung einer höfischritterlichen Kultur an allen europäischen Fürstenhöfen. Allzuviel ist über die schillerndste Figur unter ihnen, **Walther von der Vogelweide,** heute nicht bekannt. Sicher ist aber, daß Herzog Leopold V. und auch Friedrich I. ein offenes Ohr für die zeitgenössische Lyrik hatten, daß Walther in Wien in die Kunst des »Singen und Sagen« – in die Geheimnisse der Dicht- und Tonkunst – eingeweiht wurde und sie schließlich selbst entscheidend bereicherte.

Walther mußte Wien wieder verlassen, doch einer der Grundsteine für Wien als Stadt der Musik war gelegt. Und bis heute scheut Österreichs Hauptstadt weder Kosten noch Mühen, um den Ruf als Stadt der musikalischen Superlative zu behaupten. Die klingenden Namen, die das ganze

Jahr über an den Plakatsäulen prangen, sprechen ebenso für sich wie die Zahlen: 500 Millionen Menschen bekommen jeden 1. Januar das Neujahrskonzert der **Wiener Philharmoniker** via Fernsehen ins Haus geliefert, der golden dekorierte Saal des Musikvereins aus dem Jahr 1870 gilt bis heute als bester Konzertsaal der Welt. Seine 2000 Sitze umfassen nur ein Viertel der täglich in Wien zur Verfügung stehenden Lauschplätze für ernste Musik. Und der Bogen des Angebots spannt sich natürlich viel weiter, vom Philharmonischen im Musikverein bis zum raunzigen Wienerlied beim Heurigen, denn die Musik gilt hier als integraler Bestandteil des sozialen Lebens auf allen Ebenen.

Bereits 1498 begründete der Habsburger Maximilian I. die Hofmusikkapelle, an deren Dirigentenpult sich namhafte Komponisten das Brot verdienten, das allerdings nicht selten reichlich kärglich ausfiel. Im selben Jahr berief er auch zwölf Knaben an den Hof und setzte den Auftakt für eine heute 500 Jahre alte Institution, die **Wiener Sängerknaben.** Ihre kaiserliche Uniform haben die heute rund hundert auserwählten Buben in-

◄◄ In einer Loge des Burgtheaters. – Eleven auf dem Opernball.
◄ Im Goldenen Saal des Musikvereins.
▲ Papageno aus (und mit) der »Zauberflöte«.

zwischen gegen den blau-weißen Matrosenlook eingetauscht, ihre glockenhellen Stimmen erklingen jedoch nach wie vor der Tradition gemäß jeden Sonntag um 9.15 Uhr in der Hofmusikkapelle der Hofburg, wo mit Mitgliedern des Staatsopernorchesters unter regem Publikumsinteresse eine Messe zur Aufführung kommt.

Eine Reihe gekrönter Häupter griff einst gar selbst zum Notenpapier und brachte recht respektable Kompositionen hervor. Den Anfang machte dabei Ferdinand I. 1637, seinem Beispiel folgten Leopold I., Joseph I. und Karl VI. Sie alle traten zudem wie Maria Theresia und Joseph II. als Mä-

us Mozart. Der Salzburger war von seinem Vater als Wunderkind halb Europa präsentiert worden. 25jährig ließ er sich als freier Komponist in Wien nieder, wo er – als charmanter Genius herumgereicht, als freidenkender Vertoner von Beaumarchais' revolutionärem »Figaro« fallengelassen – seine bedeutendste Werkphase erlebte und voll dunkler Ahnungen über der Arbeit am von einem Unbekannten in Auftrag gegebenen »Requiem« starb. Ein bereits am Hof des Grafen Esterházy in Eisenstadt erfolgreicher Zeitgenosse und Bewunderer – **Joseph Haydn** – hatte ihn überredet, sein künstlerisches Glück in Wien zu versuchen.

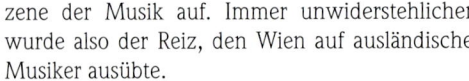

zene der Musik auf. Immer unwiderstehlicher wurde also der Reiz, den Wien auf ausländische Musiker ausübte.

Wiens große Komponisten

Christoph Willibald Gluck, Hofkapellmeister unter Maria Theresia, ist zwar heute nicht allzuoft auf den Spielplänen der Opernhäuser zu entdecken, hat aber mit »Orpheus und Euridike«, dessen Uraufführung er 1762 selbst dirigierte, wesentliche Vorarbeit für die Oper der Wiener Klassik geleistet. Er war einer der Glücklichen, der sich künstlerisch und materiell etabliert zur Ruhe setzen und neidlos seinen Einfluß für ein junges Genie geltend machen konnte: **Wolfgang Amade-**

Haydn lud auch ein junges Pianistengenie aus Bonn nach Wien ein, über das Mozart, als er den 17jährigen **Ludwig van Beethoven** erstmals spielen hörte, sagte: »Auf den gebt acht, der wird einmal in der Welt von sich reden machen«. Zwar ließ sich Beethoven erst nach Mozarts Tod definitiv in Wien nieder und arbeitete dort nicht mehr allzu lange mit Haydn zusammen. Dennoch vereint die Musikgeschichte jene drei zur »1. Wiener Schule«, deren musikalischer Zauber die Grenzen von Schwere und Leichtigkeit, von Ernst und Heiterkeit auflöst. Unter Haydns Feder reift das Streichquartett zur Kammermusik heran, Mozarts Werk bedeutet nicht nur in der Oper den Aufbruch in neue Welten (auch wenn das die Zeitgenossen nicht unbedingt erkannten), Beethoven sprengt die bisherigen Normen und verleiht seinen aufklärerischen Idealen von Freiheit und Humanität eine einzigartige Ausdruckkraft.

Der einzige tatsächlich in Wien geborene der großen Wiener Komponisten war **Franz Schubert.** Lange haftete dem früh Verstorbenen das Image des Biedermeier-Künstlers an, spätestens die Werkbetrachtung anläßlich seines 200. Geburtstags räumte aber mit dem alten Klischee auf. »Ich bin für nichts als das Komponieren auf die Welt gekommen«, sagte der introvertierte Tondichter von sich, der nur im engsten Freundes-

das ernste Fach in der Stadt, die sich allerdings zunehmend auch der leichten Muse hingab. Die ersten Walzertakte schlugen **Johann Strauß (Vater)** und **Josef Lanner** an und leiteten damit einen der schwungvollsten Abschnitte der Wiener Musikgeschichte ein, die unter **Johann Strauß (Sohn)** ihren Höhepunkt erreichte. Die »Goldene Operettenära«, die **Franz von Suppé** und **Carl Millöcker** mitprägten, klang schließlich in der »Silbernen Ära« aus, getragen von den ungarischen Komponisten **Franz Lehár** und **Emmerich Kálmán.**

Die berauschende Leichtigkeit verbarg aber nur für kurze Zeit die Tatsache, daß sich die künstleri-

kreis während der legendären Zusammenkünfte, den Schubertiaden, aus sich herausging, über 600 Kunstlieder schrieb und dieses Genre zu seiner romantischen Vollendung führte. Erst **Hugo Wolf** setzte gegen Ende des 19. Jahrhunderts u. a. mit seinen Goethe- und Mörikevertonungen neue Maßstäbe in der Gattung des Liedes.

Neben Beethoven bestimmten **Johannes Brahms** und **Anton Bruckner** im 19. Jahrhundert

◀ **Christoph Willibald Gluck. –
Johannes Brahms.
▲ Johann Strauß Sohn. –
Gustav Mahler.**

schen Ausdrucksmöglichkeiten der tonalen Musik langsam erschöpften und sich eine Revolution ankündigte. **Arnold Schönberg** schuf 1909 erstmals völlig atonale Kompositionen. Aus dem Bedürfnis nach einer neuen Ordnung und Gesetzmäßigkeit entwickelte er ab 1920 die Methode der Zwölftontechnik. Gemeinsam mit seinen Schülern **Alban Berg** und **Anton Webern** markiert er den Wendepunkt in der Musikauffassung, die sich von da an immer weiter und radikaler auffächerte. Fortgeführt wurde diese Tradition von **György Ligeti, Friedrich Cerha** und **Ernst Krenek.** Die junge zeitgenössische Komponistengeneration hat mit **Olga Neuwirth** endlich eine weibliche Protagonistin gefunden.

Jazz und Rock

1997 – Schuberts 200. Geburtstag und Brahms' 100. Todestag. 1998 – 500jähriges Jubiläum der Wiener Sängerknaben. 1999 – 100. Todestag von Johann Strauß Sohn. Kaum ein Jahr vergeht, ohne daß nicht irgend ein Mythos der Wiener Musiktradition geehrt wird, indem er ein Jahr lang den künstlerischen Ton in Konzert- oder Opernprogramm angibt.

Kein Wunder also, daß die Szene der Unterhaltungsmusik eher diskret im Hintergrund bleibt. Nicht aus Gründen der Qualität, ganz im Gegenteil: Es ist nur eine Musik fürs kleinere Publikum,

'n' Roll seinen regionalen Kolorit, der aus einer Gratwanderung zwischen Gefühl, Verstand und überzeugender Humanität entstand. Die Songs vom Ostbahn Kurti vermitteln eine Idee vom Charakter der Menschen dieser Stadt, die die Klischees alter Wiener Lieder in den Schatten stellt.

Das Wienerlied

Den traditionellen **Wienerliedern,** jenen einmaligen, sich ins Ohr schmeichelnden Abgesängen auf Weinrausch, Tod und Vergänglichkeit, und der **Schrammelmusik** (Violine und Zieharmonika) begegnet man am ehesten beim Heurigen. Dem le-

für Kenner, Insider und Neugierige, eine Musik, die entdeckt werden will. Das wohl größte internationale Renommee im Jazzbereich erspielte sich **Joe Zawinul.** Er hat sich in den USA als kongenialer Partner von Miles Davis, als Leader seines »Weatherreports« und als innovativer Geist etabliert, der in den verschiedensten Bereichen der U-Musik Impulse lieferte. Ebenfalls weit über die Grenzen hinaus machten sich die Jazzgitarristen **Wolfgang Muthspiel** und **Karl Ratzer** einen Namen. Das vom Schweizer Mathias Rüegg gegründete **Vienna Art Orchester** verfolgt seit mehr als 20 Jahren seinen experimentellen Stil. Einer urwienerischen Ikone, **Kurt Ostbahn,** und seinen Begleitern, der »Chefpartie«, verdankt der Rock

gendären Schrammel-Ensemble, das in der originalen Besetzung erstmals 1878 mit zwei Geigen, Gitarre und Klarinette (die später durch das Akkordeon ersetzt wurde) auftrat, geht auf die Brüder Johann und Josef Schrammel zurück. Dem Quartett ist im 17. Bezirk am Elterleinplatz ein Denkmal gesetzt.

Musikbühnen und Konzertsäle

Sehr originelle zeitgenössische Interpretationen von Wienerlied und Schrammelmusik kann man im **Metropol** (17., Hernalser Hauptstr. 55, Tel. 4 07 77 40) oder aber bei einer Session im Ottakringer **Vorstadt-Gasthaus** (16., Herbststr. 37, Tel. 4 93 17 88) hören. Als interessantester Jazzklub hat sich neben dem Klassiker **Jazzland** (1., Franz-Josefs-Kai 29, Tel. 5 33 25 75) das vom Vienna Art Orchester-Chef Matthias Rüegg geleitete **Porgy & Bess** (1., Spiegelg. 1, Tel. 5 12 84 38) etabliert. Auf das eine oder andere unspektakuläre Schmankerl kann ein wachsames Ohr in Wien aber ganz zufällig stoßen – beim in Mode gekommenen Jazz-Brunch oder in einer der unzähligen Bars mit Live-Musik. Hörerlebnisse lauern überall.

Allererste Adresse für Operngenuß vom feinsten mit hochdotierten Stars auf Bühne und Dirigentenpult ist die **Wiener Staatsoper** (1., Opernring 2, Tel. 5 14 44–29 59). 1869 als erster der

regelmäßigen Angriffen ist das »Haus am Ring« bis heute, zwar nicht in künstlerischen Fragen, jedoch dann, wenn das nächste Kulturbudget zur Diskussion ansteht. Mit einem Mangel an Beliebtheit hat das nichts zu tun. Die Wiener Musiktempel erfreuen sich immer noch steigender Besucherzahlen. Im Fall der Staatsoper liegt das auch am Hausorchester, den **Wiener Philharmonikern,** die von September bis Juni täglich ihren Dienst tun. Abendkonzerte geben sie keine. Umso begehrter sind die Karten für die wenigen philharmonischen Konzerte (und die öffentlichen Generalproben), die an Sonntagvormittagen im **Musik-**

zahlreichen Prachtbauten an der Ringstraße fertiggestellt, mußte sich der Entwurf wie jedes architektonische Wagnis in Wien böse Kommentare gefallen lassen. Die beiden Architekten, Siccardsburg und van der Nüll, hätten »beide keinen Stül«, lautete der nicht gerade geistreiche Vorwurf der Kritik, was den einen in den Selbstmord trieb, den anderen in eine tiefe Depression, die nach wenigen Monaten mit dem Tod endete. Ziel von

◄ Sonntagmorgens im Augarten.
▲ Am Rathausplatz werden
im Sommer Opern- und Konzert-
filme gezeigt.

verein (1., Bösendorferstr. 12, Tel. 5 05 81 90) stattfinden. Das Gros ist jedoch in festen Händen der Abonnenten. Ein ehernes Gesetz des traditionsreichen Orchesters wurde jüngst nach massiven Protesten von außen trotz unbeugsamer innerer Widerstände gebrochen. Der stolze Männerbund bekannte sich offiziell dazu, auch Virtuosinnen Zutritt zum prestigereichen Klangkörper zu gewähren und erhob die Harfenistin des Orchesters in den ihr bisher verwehrten Status der ersten Philharmonikerin. Ein nicht endendes Defilee von international namhaften Orchestern, erstklassigen Solisten und Dirigenten im Musikverein bietet jedoch das ganze Jahr hindurch Entschädigung für jene, die die Wiener Philharmoniker

Walzerkönige

Mit Schuberts Tod 1827 ging die Wiener Klassik zu Ende. Von da an wurden in der österreichischen Metropole in voller Lautstärke neue Saiten angeschlagen, vorzugsweise im Dreivierteltakt. Was im Lauf des 18. Jahrhunderts schon bei manchen Komponisten sachte anklang, auf Wurzeln im böhmischen Ländler verwies, machte während des Wiener Kongresses Furore. Die Gesellschaft tanzte paarweise und erlag dem Sinnesrausch des neuen Taktgefühls. Walzer, Polka und etwas später die Operet-

ein stattliches Orchester heran, mit dem Erfolg jedoch blieben auch Rivalität und Unstimmigkeiten nicht aus. Lanners Werk gipfelte im Walzer »Die Schönbrunner«, Strauß Vater schrieb mit seinem »Radetzkymarsch« einen Ohrwurm erster Klasse.

Der Jahrhunderthit gelang jedoch seinem gleichnamigen Sohn mit »An der schönen blauen Donau«. Daß er den größten Konkurrenten in der eigenen Familie hatte, wollte der Vater zuerst nicht wahrhaben, doch mit 19 Jahren warf ihm der Sohn

te begannen die anspruchsvolle Musikstadt zu erobern. Ernsthafte Musiker wandten sich entsetzt von der einstigen Wiege der seriösen Tonkunst ab, da man hier offensichtlich dem Zauber der Massenware, den frivolen Unterhaltungsmelodien anheimgefallen war.

Johann Strauß Vater (1804–1849) und Josef Lanner (1801–1843) waren die ersten komponierenden Kapellmeister, denen es gelang, mit ihrer gefälligen Musik die Leute quer durch alle Gesellschaftsschichten anzusprechen. Sie verstanden es, ihr Publikum süchtig zu machen mit immer neuen, verfeinerteren Variationen in Rhythmus, Melodie und Tanz. Zunächst geigten die beiden gemeinsam in einem Streichquartett auf. Nach und nach wuchs

den künstlerischen Fehdehandschuh zu, als er mit einer eigenen Kapelle an die Öffentlichkeit trat. Knappe zehn Jahre später spielten beinahe 300 Musiker, in mehreren Ensembles, unter dem Namen des jüngeren Strauß (1825–1899). Er selbst hetzte von Ort zu Ort, um auf seinen Podien nicht nur den Taktstock zu schwingen, sondern auch die erste Geige zu spielen. Dem Theater ging er sehr lange aus dem Weg. Entwürfe ruhten zwar in der Schublade, um ihn zur ersten Operettenkomposition zu bewegen, bedurfte es jedoch zäher Überredungskunst. Aber schon mit der dritten, 1874 uraufgeführten Operette, »Die Fledermaus«, landete er einen epochalen Coup und krönte mit diesem Meisterwerk die Goldene Operettenära.

nicht live in deren legendärem Konzertsaal erleben können.

Das zweite große Renommierorchester, die **Wiener Symphoniker,** haben ihr Stammhaus nur einige Schritte weiter. Das 1913 erbaute **Konzerthaus** (3., Lothringerstr. 20, Tel. 71 24 68 60), zweite Pflichtadresse für Freunde der E-Musik, bietet ein hochkarätiges Standardprogramm, hat sich aber zugleich in den letzten Jahren durch seine unkonventionellen Konzertzyklen, die sich der Avantgarde ebenso wie der Alten Musik widmen, sowie mit Festivals wie »Wien Modern« oder »Film und Musik« das dynamischere Profil

erfolgreich an einem neuen Image und tritt langsam aus dem Schatten der Staatsoper heraus. Kammeropern des 17., 18. und 20. Jahrhunderts stehen auf dem Programm von Wiens dritter ständiger Opernbühne, der kleinen, aber feinen **Kammeroper** am Fleischmarkt (1., Fleischmarkt 24, Tel. 5 13 60 72). Hier verdienen sich junge Talente ihre ersten Sporen, hier findet eins der interessantesten Phänomene im aktuellen Musikgeschehen – die neue Wiener Opernszene – eine ihrer raren konventionellen Bühnen.

Neue Oper Wien (3., Ungargasse 17–19, Tel. 7 12 14 87) und **Wiener Taschenoper** (5.,

unter den beiden großen Konzerthäusern erspielt und erarbeitet.

Bewegung ist auch in die Opernszene gekommen. Die **Volksoper** (9., Währinger Str. 78, Tel. 5 14 44–29 59), lange Zeit milde belächeltes Zweithaus, in der seichtes Divertissement in Form von Operette oder Musical gegeben wurde, feilte

◀ **Der Walzerkönig inmitten
seines Orchesters.**
▲ **Musik und Ballett in schöner
Tradition im Kursalon
am Rande des Stadtparks.**

Straußengasse 14, Tel. 5 86 51 49) – so heißen nur zwei jener freien Gruppen, die sich von Alban Berg bis zur Multimedia-Oper ausschließlich mit der Oper des 20. Jahrhunderts auseinandersetzen und jährlich rund zehn Produktionen an den verschiedensten Spielstätten auf die Beine stellen, mal in den großzügigen Räumlichkeiten des Museumsquartiers oder des Semperdepots, mal im intimen Ambiente eines Altstadt-Hotels. Mehr als zehn Aufführungen erlebt eine Inszenierung trotz des beachtlichen Publikumsinteresses selten. Der Traum vom eigenen Opernhaus für zeitgenössische Werke und den Tanz wurde aber schon mit offiziellen Stellen diskutiert. Ob er auch zur Realisierung kommt, ist zur Zeit noch Zukunftsmusik.

Musik in Wien

Diese Stadt verzaubert nach Noten. Wer hat in ihren Mauern nicht alles gewirkt: Mozart, Haydn und Beethoven, Schubert, Bruckner, Brahms, Strauß Vater und Sohn, Mahler, Arnold Schönberg, Alban Berg und Anton von Webern, die drei großen Komponisten der Wiener atonalen Schule. In keiner Metropole der Welt hört man wie in dieser: Zauberklänge aus gleich zwei herausragenden Konzerthäusern, Musicals aus mehreren Theatern, Beschwingtes im Dreivierteltakt aus Salons und Sälen, modernere Rhythmen aus Jazzkellern, Fetziges aus Szene-Lokalen. Das ganze Jahr über wiegt sich Wien in der Musik von Festivals und Festwochen.

Wien also weltweit die Musikmetropole? Ja und nein. Denn seinen heute so gefeierten Komponisten und Musikern zeigte Wien zu deren Lebzeiten oft eine kalte Schulter. Mozart kämpfte sein ganzes kurzes Leben um Anerkennung und eine adäquate Entlohnung. Schönberg, Berg und von Webern wurden »nicht einmal ignoriert«, wie man in Wien die konsequenteste Form der Nichtbeachtung nennt. Hugo Wolf hungerte still vor sich hin, Anton Bruckner erfuhr allenfalls als Organist und Lehrer eine gewisse Wertschätzung.

»In Wien mußt erst sterben, damit sie dich hochleben lassen. Aber dann lebst lang.« Das treffende Aperçu des unvergessenen Kabarettisten Helmut Qualtinger gilt für Wiens Musiker zuallererst.

▲ **Musik in der Luft**
Bei schönem Wetter erklingt in Wien auch im Freien Musik, etwa in der stimmungsvollen Römischen Ruine im Garten von Schloß Schönbrunn. (13., Schönbrunner Schloßstraße)

▼ **Ludwig van Beethoven, 1815**
Ein unsteter Geist und schwieriger Zeitgenosse war der Schöpfer der »Eroica« und des »Fidelio«. In Wien wechselte er ca. 80 mal seinen Wohnsitz.

◄ **Instrument aus alter Zeit**
Ein Hammerflügel (1796), aus dem Besitz Joseph Haydns. (6., Haydngasse 19)

▶ **Der Walzerkönig**
»Glücklich ist, wer vergißt« wurde das Leitmotiv einer ganzen Epoche, die Johann Strauß Sohn mit seinen Walzerklängen in selige Traumwelten entführte.

◄ **Der besondere Rahmen**
Neujahrskonzerte, Haydn-Tage, Frühlingsfestival, Festwochen, der Klangbogen des Wiener Musiksommers. So viele Konzerthallen kann auch eine Musikmetropole gar nicht haben, um alle Veranstaltungen unterzubringen. So weichen Orchester und Chöre gerne in Palais und Kirchen aus, um ihre Kunst in einem besonderen Rahmen vorzuführen.

▼ **Der Geigenbauer**
Was wäre die Kunst der großen Orchester ohne klanglich vollendete Instrumente? Otmar Lang repariert und betreut die heiligen Violinen, Bratschen, Cellos und Kontrabässe der Wiener Philharmoniker. (1., Canovagasse 4)

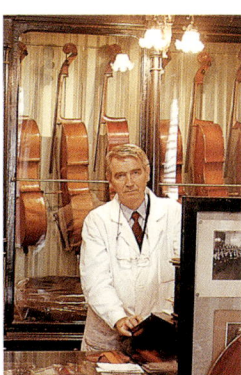

◄ **Die Zauberflöte**
Wolfgang Amadeus Mozarts letzte Oper erhielt bei ihrer Uraufführung am 30. 9. 1791 im Freihaustheater (dem Vorgänger des Theaters an der Wien) nur mäßigen Beifall. Den rasch zunehmenden Erfolg in den folgenden Jahren erlebte der große Künstler nicht mehr.

Musikergedenkstätten

Zahlreiche ehemalige Wohnstätten großer Tonkünstler wurden in Museen verwandelt. Den größten Besucherstrom verzeichnet natürlich das Figarohaus (1., Domgasse 5), in dem Wolfgang Amadeus Mozart von 1784 bis 1787 seine glücklichsten Wiener Jahre verbrachte. Im Pasqualatihaus (1., Mölker Bastei 8) komponierte Ludwig van Beethoven unter anderem »Fidelio«. Franz Schuberts Geburtshaus entführt den Besucher in die Zeit des Biedermeier (9., Nußdorfer Str. 43), und auch sein Sterbezimmer hat sich erhalten (4., Kettenbrückengasse 6). Joseph Haydns Wirken ist in seinem Wohnhaus dokumentiert (6., Haydngasse 19). Letzte Station der Spurensuche: die Johann-Strauß-Wohnung, in der er 1863 bis 1870 lebte und am Stehpult komponierte (2., Praterstr. 54).

Szene im Aufwind

Wiens Klima war stets wechselhaft, der Boden um so fruchtbarer. Mit Temperaturstürzen im kulturellen Umfeld war ebenso zu rechnen wie mit frischem Wind und belebender Wärme, je nachdem welche Interessen die Herrschenden verfolgten. Schon Maria Theresia trug Sorge, daß sich die Kunst entfaltete. Unter Metternich wieder ins Korsett gepreßt, explodierte der kreative Geist im Wien um 1900 und entfachte die Moderne. Das Nazi-Regime entriß der kreativen Hochblüte die Wurzeln und hinterließ auch kulturell Totenstille. Nur langsam begann wieder ein Selbstbewußtsein unter den Kreativen zu gedeihen. Heute zeigt sich die Kulturszene wieder erfrischend erfinderisch und lädt zu interessanten Entdeckungsreisen.

Ins Bild gerückt
Liebhaber der bildenden Kunst kommen beim Wienbesuch ganz gewiß in zeitliche Bedrängnis: ein kunsthistorisches Museum mit einzigartigen Zeugnissen flämischer wie italienischer Meisterschaft, eine neu restaurierte Galerie des 19. und 20. Jahrhunderts, zwei Museen, die sich dem regen Schaffen von Moderne und Postmoderne widmen, und zusätzlich eine vielschichtige Galerienszene, wo vom Landschaftsaquarell bis zur Videoskulptur, vom virtuellen Spaziergang bis zur fotorealistischen Weltsicht alles zu finden ist.

Die alten Meister
Will man es ganz genau wissen und auch die Anfänge in der österreichischen Malerei erkunden, dann ist man mit einem Rundgang durch die sakralen Bauten der Innenstadt am besten beraten. Wiens ältestes Gotteshaus, die Ruprechtskirche (s. S. 116), birgt die älteste Glasmalerei aus dem 13. Jahrhundert. Ebenfalls gotisch ist das erste erhaltene Tafelbild, heute einer der wertvollsten Schätze des Dom- und Diözesanmuseums (s. S. 113) nächst St. Stephan. Das um 1365 entstandene Porträt Rudolphs IV. gehört zu den allersten Brustbildern der abendländischen Malerei. Zweites Schlüsselwerk ist das Altarbild »Flucht nach Ägypten« in der Schottenkirche (s. S. 102). Die aus dem 15. Jahrhundert stammende Arbeit findet nicht nur bei Kunsthistorikern lebhaftes Interesse. Kartographen entdeckten im Hintergrund die älteste topographische Ansicht der Hauptstadt.

Zum ersten Höhepunkt schwangen sich Wiener Architektur und Malerei im Barock auf. Form-

vollendung und Opulenz im Sakralbau wie in der habsburgischen Prestigearchitektur sprachen die universelle Sprache des Machtanspruchs in der Hauptstadt des Vielvölkerreiches, das unter Maria Theresia seinen Status im europäischen Kontext festigte. Wien wurde Magnet für kreative Geister. Nachdem er sich mit seinen Arbeiten in der Melker Stiftskirche einen Namen gemacht hatte, vollendete **Johann Michael Rottmayr** das Kuppelfresko der Karlskirche sowie das der Peterskirche. Das Deckenfresko der Annakirche und die Dekoration des Prunksaales der Nationalbibliothek tragen die Handschrift von **Daniel Gran**. Die letzten Retouchen an diesem Werk vollzog der unangefochtene Meister dieser Epoche, **Franz Anton**

◄ **Kunst in der Gemälde-
galerie des Kunsthistorischen
Museums und ...**

▲ **... im Palais Liechtenstein.**

Maulbertsch. Eine Auswahl seiner Arbeiten, die den Gipfel des Hochbarock überschritten und der Malerei des 19. Jahrhunderts den Weg wiesen, ist in der Sammlung des Unteren Belvedere (s. S. 179) zu sehen.

Eine neue Zeit

Nach der Extrovertiertheit der Repräsentationsmalerei schlug das Pendel zu Beginn des neuen Jahrhunderts zurück. Die Formate wurden kleiner, die Sujets orientierten sich an der Natur und näherten sich langsam der

> *Tafelbild*
> → im Gegensatz zur Wandmalerei freie Malerei auf Holztafeln u. a. transportablen Materialien; in Westeuropa beginnend erst mit der Gotik.

– der Epoche des Historismus und des Ringstraßenbaus – in Verbindung gebracht. Intensive Farben, enorme Formate und historische Themen kennzeichnen den barock anmutenden Stil Makarts, der in der materiellen Euphorie der Gründerzeit zum Modemaler avancierte. Konformismus und Konservativismus waren im Kaiserhaus wie in der Wiener Gesellschaft oberstes Gebot. Um so suspekter er-

Momentaufnahme des Impressionismus. **Ferdinand Georg Waldmüllers** idealisierte Darstellungen von der ländlichen Idylle, vor allem aber seine Landschaftsstudien aus der Wiener Umgebung wurden zum Synonym für die Kunst des Biedermeiers. **Rudolf von Alt, Moritz von Schwind** und **Peter Fendi** prägten mit Waldmüller diese Periode des österreichischen Realismus. Im Kreis um den Stimmungsmaler **Emil Jakob Schindler** trat erstmals auch eine Frau auf den Plan – **Tina Blau.** Sie lieferte mit ihren Praterlandschaften einen wesentlich Beitrag zur wienerischen Variante der aus Frankreich inspirierten Freilichtmalerei.

Wie Waldmüller mit der ersten Jahrhunderthälfte, so wird **Hans Makart** mit der zweiten

schien ihnen alles Neue, um so intensiver bekämpften sie jede Irritation des Ist-Zustandes. Doch im Wien der Jahrhundertwende war der Aufbruch durch nichts mehr aufzuhalten.

Wiener Secession und Moderne

Gustav Klimt war allerdings der einzige, dem schon zu Lebzeiten zumindest maßvolle Anerkennung vergönnt war. Er gehörte zu jenen 19 Malern, Architekten und Grafikern, die sich 1897 von der konservativen, von Makart dominierten Künstlerhaus-Vereinigung abspalteten, um unter dem Motto »Der Zeit ihre Kunst, der Kunst ihre Freiheit« die Vereinigung der **Secession** zu gründen. »Krauthappel« entschlüpfte es damals dem

Volksmund beim Anblick der filigranen goldenen Kuppel des Jugendstilbaus, den **Joseph Maria Olbrich** als provozierendes Vereinsgebäude nicht im Schatten, sondern im Rücken der Akademie der bildenden Künste errichtete, auf daß frischer Wind in die erstarrte Kunstszene wehe. Wie beinahe alle bedeutenden Kollegen ging Olbrich durch die Schule **Otto Wagners,** der Leitfigur unter den Secessions-Architekten, der die Nützlichkeit zum Credo in der Architektur erhob und sich an neue Baumethoden und Materialien wagte. Das Postsparkassengebäude, die restaurierte Stadtbahn-Station am Karlsplatz und das Majolikahaus mit seiner einzigartig dekorierten Fassade an der Linken Wienzeile sind heute die signifikantesten Botschaften eines Baumeisters, der trotz Erfolg und öffentlicher Aufträge eine Reihe seiner Projekte nie verwirklicht sah. Noch viel kompromißloser ging der 30 Jahre jüngere **Adolf Loos** an das Prinzip der Funktionalität heran. Er attackierte die mit historistischen Gebäuden gesäumte Ringstraße als »Potemkinsche Stadt« und sorgte

1912 mit seinem ersten Hausbau gleich für einen gehörigen Skandal. Als »Scheusal von einem Haus« beschimpfte man die völlig nackte Fassade, die am Michaelerplatz kühn der Nordfront der barocken Hofburg die Stirn bot, und der greise Kaiser Franz Joseph soll sich fürderhin gar geweigert haben, den Ausgang am Michaelerplatz zu benutzen, um dieses Zeichens der Respektlosigkeit seiner Person gegenüber nicht ansichtig zu werden.

Als ebenso geschmacklose Provokation empfand man zum Zeitpunkt ihres Entstehens die kantig-linearen Aktstudien **Egon Schieles.** Der österreichische Expressionismus hatte mit ihm

den aufsehenerregendsten, keineswegs jedoch ersten Protagonisten. Vor ihm distanzierte sich bereits der junge **Richard Gerstl,** der 1908, erst 25jährig, Selbstmord beging, sowohl vom Akademismus als auch vom dekorativen Secessionsstil.

Dritter im Bunde war **Oskar Kokoschka.** Er trat zu Beginn seiner langen Laufbahn auch als Theaterdichter hervor, verließ Wien aber bereits 1916. Nach dem frühen Tod von Klimt und Schiele verblieb einzig und allein Kokoschka als zentrale Figur der Wiener Moderne. Er repräsentiert mit seinen Landschaften, Porträts und Allegorien wie kein anderer die ganze Spannbreite österreichischer Malerei dieses Jahrhunderts. 1933 kehrte er kurz nach Wien zurück, mußte es jedoch auf-

◄ **Goldkabinett im Oberen Belvedere.**
▲ **Fassadenschmuck an der Secession.**

grund der politischen Entwicklungen überstürzt wieder verlassen. Auch seine Kunst erhielt wie jede Art der Avantgarde das Stigma »entartet«. Dem einzigartigen kreativen Klima, in dem Wien jahrzehntelang blühte, wurde nach dem Trauma des Ersten Weltkriegs von christlich-konservativer und rechtsradikaler Seite, schließlich von den Nationalsozialisten der vernichtende Stoß versetzt. Künstler wie Financiers der Moderne, von denen vielen aus dem Judentum stammten, wurden vertrieben oder ermordet. Diese brutale Zäsur im Kunstschaffen des Landes hat bis heute ihre Nachwirkungen auf das kulturelle Leben.

Nach 1945

Die erste schillernde Szene-Figur der Nachkriegszeit war ein Geistlicher. Monsignore **Otto Mauer** eröffnete 1954 unweit seines primären Schaffensbereichs die Galerie nächst St. Stephan, die jungen Künstlern zwar kein solides finanzielles Fundament, jedoch eine erste liberale Plattform bot. Vor allem aber hatten sie mit dem unkonventionellen Kirchenmann im Hinblick auf die Pionierarbeit, die es im öffentlichen Bewußtsein zu leisten galt, ein respektiertes und eloquentes Sprachrohr. Arnulf Rainer, Josef Mikl, Markus Prachensky, Maria Lassnig, Ernst Fuchs und Friedensreich Hundertwasser – heute liest sich die Liste der jungen Kreativen, die Otto Mauer um sich vereinte,

wie das Professorenverzeichnis der Wiener Kunsthochschulen der letzten Jahrzehnte. Wenn auch in höchst unterschiedlichen Richtungen, gelang es allen, sich zu etablieren.

Größte Beachtung am internationalen Kunstmarkt erfuhr **Arnulf Rainer**. Anfang der fünfziger Jahre lautete seine Devise »Malerei, um die Malerei zu verlassen«. Er begründete ein radikales (Selbst-)Vernichtungskonzept, das von seiner »Selbstdarstellung als Toter« bis zu den für sein Werk charakteristischen Übermalungen von Selbstporträts oder Arbeiten von Goya und Rembrandt führte.

Alfred Hrdlicka, Grafiker und Bildhauer, Provokateur und Prophet, bannte den Schrecken von Krieg und Gewalt in eindringlichen Fratzen. **Josef Mikl** gestaltete zuletzt das Deckengemälde des rekonstruierten, 1992 bei einem Brand vernichteten Redoutensaals der Wiener Hofburg. **Maria Lassnigs** Werk durchzieht ein interessanter Zyklus von Selbstbildnissen.

Neben Einzelpersonen wie **Fritz Wotruba, Bruno Gironcoli** und **Walter Pichler** bestimmten auch zwei Schulen das bildnerische Geschehen der Nachkriegsjahrzehnte. Konträrer hätten sie nicht sein können. Wenn heute **Hermann Nitsch** eine seiner Malaktionen ankündigt, dann ist bekannt, daß es sich dabei um ein ritualisiertes Mal-Happening handelt, bei dem der Künstler unter bevorzugter Verwendung von Tierblut seine Idee vom Gesamtkunstwerk zu verwirklichen sucht. Kaum vorstellbar ist der Schock, den Anfang der sechziger Jahre eine junge Künstlergruppe in der Öffentlichkeit auslöste, als sie den menschlichen Körper, Blut, Exkremente und Tierkadaver in den Mittelpunkt der künstlerischen Aktionen stellte. Die **Wiener Aktionisten** suchten den radikalen Bruch mit den traditionellen Mitteln der Malerei und neue Wege des Ausdrucks, ihre Kunst ist als Antwort auf das beengte konservative Klima zu verstehen, das Wien beinahe 20 Jahre nach Kriegsende noch beherrschte.

Die Schule des **Phantastischen Realismus** hingegen traf genau den damaligen Publikumsgeschmack. Die um einige Jahre verzögerte Reaktion auf den Surrealismus durch Künstler wie **Ernst Fuchs, Arik Brauer** oder **Rudolf Hausner** wurde zum ersten kommerziellen Erfolg der Nachkriegskunst. Einer, der sich so gar nicht einordnen läßt, ist **Friedensreich Hundertwasser,** vielleicht der populärste aller Wiener Maler der Gegenwart.

Maler ist allerdings zu wenig gesagt, denn seine größten Erfolge erzielte er als Architekt des kunterbunten Hundertwasserhauses, das innerhalb von wenigen Jahren in den Rang eines Wiener Wahrzeichens aufstieg. Hundertwassers höchstpersönliches Konzept von einer schöneren Welt, das er an Kirchen ebenso wie an Raststätten verwirklicht, brachte ihm Beifall, aber auch jede Menge Kritik ein. Skeptiker halten ihn für einen geschäftstüchtigen Künstler, der aufgehört hat, sich weiterzuentwickeln, seine Anhänger jedoch für einen ökologisch orientierten, unermüdlichen Erneuerer.

wie **Hubert Schmalix, Gunther Damisch** und **Herbert Brandl,** der Konzeptkünstler **Heimo Zobernig** oder die Lichtkünstlerin **Brigitte Kowanz** traten im Boom der achtziger Jahre mit interessanten Ansätzen in Erscheinung. Inzwischen ist es wieder ruhiger geworden, Neo-Geo und der Neo-Konzeptualismus kamen in Mode. **Eva Schlegels** schematisierte Wortbilder oder die Installationen der Zwillingsschwestern **Hohenbüchler** sind nur zwei Beispiele der jungen Kunst aus Wien. Es regiert der Pluralismus, ein interessantes Galeriennetz und eine Reihe von Plattformen moderner Kunst bieten die nötige Struktur.

Ein Neubeginn?

Von der temperamentlosen Galerieszene Wiens gingen bis Anfang der achtziger Jahre keinerlei Impulse aus, die Omnipräsenz der Etablierten ließ wenig Raum für die Jungen. Doch plötzlich kam Wind auf. Mit dem Erfolg des »Neuen Wilden« **Siegfried Anzinger** gerieten Kunstmarkt und Galerien in Bewegung, erwachte neues Interesse an moderner Kunst, stiegen schnell die Preise. Maler

◀ **Das KunstHausWien ist ein Werk ...**
▲ **... des Malers und Architekten Friedensreich Hundertwasser.**

Buch und Bühne

Theaterinszenierungen werden in Österreichs Hauptstadt nicht nur von Freunden der Bühne wahrgenommen. Mitunter rücken sie für einen kurzen Moment gar ins Rampenlicht der öffentlichen Diskussion. Große und kleine Medien, Politiker, Intellektuelle, Zaungäste, alle reden mit – vor der Premiere. Dann läßt es sich am trefflichsten diskutieren, unbelastet vom mühsamen eigenen Theaterbesuch. Als Theaterstadt hat Wien einen einzigartigen Ruf. Die Angst vor dem, was auf den Brettern gesagt werden könnte, kann hier noch einen präventiven Aufschrei bewirken, wie kaum anderswo vermag das Theater seine Funktion des unbequemen Provokateurs zu erfüllen.

Thomas Bernhard, Elfriede Jelinek, Peter Turrini und **George Tabori** waren jene Autoren, deren unbarmherzige und grelle Visionen der österreichischen Gesellschaft in den letzten Jahren von **Claus Peymann** mit großem medialem Echo auf die Bühne des **Burgtheaters** gebracht wurden.

Das 19. Jahrhundert

Viel subtiler mußten einst die Dramatiker des **Wiener Volkstheaters** agieren, das in der ersten Hälfte des vorigen Jahrhunderts seinen Höhepunkt mit den dichtenden Schauspielern **Ferdinand Raimund** und **Johann Nestroy** erreichte. Sie

re versteckte er hinter der exzellenten Komik seiner Possen mit Gesang, als deren idealer Interpret er natürlich selbst in Szene trat. »Der Talisman« und »Lumpazivagabundus« sind Klassiker, die große und kleine Bühnen bis heute immer wieder auf ihre Spielpläne setzen.

Den Zwiespalt einer künstlerischen Seele im Korsett des biedermeierschen Beamtenstaates verdeutlichte **Franz Grillparzer** in seinen Griechendramen und Habsburgertragödien. Das ernste Fach wuchs jedoch erst gegen Ende des Jahrhunderts zu voller Größe, als das Unterbewußtsein in Wissenschaft und Kunst thematisiert wurde. Der

hatten in einer Zeit der politischen und künstlerischen Repression des Reichskanzlers Metternich wachsame Zensoren zu überlisten. Raimund war einer jener Stückeschreiber, die beim beharrlichen Versuch, im tragischen Fach zu reüssieren, einen einmaligen Komödienschatz hinterließen. Seine romantischen Zaubermärchen – allen voran »Der Alpenkönig und der Menschenfeind« und die von ihm selbst komponierten Lieder, wie das »Hobellied« aus »Der Verschwender« – gehören zu den Glanzstücken der Wiener Komödie. Der etwas jüngere Johann Nestroy, ebenfalls ein gefragter Komödiant, bevor er zu schreiben begann, wählte die scheinbar harmlose Dialektkomödie, um durch die Zensur zu schlüpfen. Die beißende Sati-

Arzt **Arthur Schnitzler** brachte seine Erkenntnisse zur gleichen Zeit zu Papier wie der bedeutende Begründer der Psychoanalyse, Sigmund Freud, allerdings in literarischer, v. a. dramatischer Form. Schnitzler richtete seinen Blick auf die Doppelmoral der besseren Wiener Gesellschaft und leuchtete in die Abgründe der Decadénce der nahenden Jahrhundertwende. Das »Junge Wien« nannte man jene Gruppe von Literaten und Dramatikern, die sich ab den achtziger Jahren des 19. Jahrhunderts endgültig vom naturalistischen Stil lösten. Einer ihrer wichtigsten Väter und Förderer war **Hermann Bahr. Peter Altenberg,** der dem Wiener Kaffeehaus als idealem Arbeitsplatz des Literaten zu Berühmtheit verhalf, entwickelte sich zum

Meister der kleinen Form. Im Zentrum des »Jungen Wien« stand ein junges Genie, das schon als Gymnasiast zum Mittelpunkt von Dichterlesungen wurde: **Hugo von Hofmannsthal.** Das Gedicht und das Drama waren seine Formen. Sein »Jedermann«, der das mittelalterliche Mysterienspiel wieder aufnimmt, ist jedes Jahr Fixpunkt bei den Salzburger Festspielen. Und in einer intensiven Zusammenarbeit mit Richard Strauss entstanden Operetten wie »Der Rosenkavalier«.

Eloquentester Querkopf und Polemiker und zugleich prominenteste Figur des intellektuellen Wiens der Jahrhundertwende war **Karl Kraus.** Als Herausgeber der Monatsschrift »Die Fackel« ging er sprachlich treffsicher und erbarmungslos mit den Mißständen seiner Zeit ins Gericht und hinterließ in seinem umfassenden Dialogwerk »Die letzten Tage der Menschheit« eine hellsichtige Abrechnung mit den Verantwortlichen des Ersten Weltkriegs.

Zwischen den Kriegen

Die wenigen Jahre der Zwischenkriegszeit brachten eine ungeheure Romanfülle hervor. **Robert Musils** »Der Mann ohne Eigenschaften« gilt bis heute als Meisterwerk. Im selben Atemzug sind **Stefan Zweig, Josef Roth, Egon Friedell** und **Franz Werfel** zu nennen. Doch auf den Höhenflug folgte ein jäher Absturz. Der Einmarsch Hitlers trieb die geistige und künstlerische Elite ins Exil oder in den Selbstmord. Wenige Jahre später, nach verheerenden Bombenangriffen der Alliierten, war der kulturelle Umschlagplatz der ersten Jahrzehnte dieses Jahrhunderts auch optisch ein Trümmerhaufen.

Neues literarisches Leben

Lange Zeit lag Wiens literarisches Leben darnieder. Nur wenige Emigranten kehrten zurück, wie **Friedrich Torberg.** In den fünfziger Jahren vollendete **Heimito von Doderer** mit »Die Strudelhofstiege« und »Die Dämonen« zwei Schlüsselromane der Nachkriegsliteratur. Die **Wiener Gruppe** um **Ernst Jandl** und **Friederike Mayröcker** entwickelte Experimentelles und Absurdes im Be-

◀ Burgtheater und Theater
an der Wien.
▲ Arthur Schnitzler, Arzt
und Dramatiker.

reich der Lyrik und des Theaters. Ein weiteres Mitglied der Truppe, **H. C. Artmann,** machte mit seinen Dialektgedichten »Med ana schwoazn Tintn« (»Mit schwarzer Tinte«) Furore. Identitätssuche, Analyse und bittere Abrechnung mit den Verbrechen der Vergangenheit sowie den Widersprüchen in der österreichischen Seele bestimmten die Roman- und Theaterliteratur der letzten Jahrzehnte. Besonders **Thomas Bernhards** geniale Feder war gefürchtet. Neue Produktionen seiner Stücke hat der 1989 verstorbene Bernhard testamentarisch untersagt – so sind die Inszenierungen seines letzten Stücks, »Heldenplatz«, oder

von »Ritter, Dene, Voss« auf den Bühnen von Burg- und Akademietheater inzwischen zu Klassikern der zeitgenössischen Bühnenliteratur geworden und behaupten ihren Platz im Repertoire.

Vorhang auf

Unbestritten die bedeutendste deutsche Sprechbühne ist das **Burgtheater,** dem Claus Peymann während seiner Zeit als Direktor so heftig neues Leben einhauchte, daß er mehr als einen Sturm der Entrüstung im Publikum und in der Politik entfachte. Adressen für Brandneues und Experimentelles sind das **Schauspielhaus** oder eine der unzähligen Bühnen wie das **Theater in der Drachengasse** oder **dietheater Künstlerhaus,** die der freien Theaterszene vom phantasievollen »Theater des Augenblicks« bis zum finsteren »Theater des Fürchtens« ihre Bretter bieten. Als Musicalbühnen haben sich das **Theater an der Wien** und das **Raimundtheater** etabliert, zu den klassischen Wiener Bühnen zählen das **Theater in der Josefstadt** und das **Volkstheater.** Eine Kuriosität bietet im Sommer die **Tschauner Stegreifbühne,** wo unter freiem Himmel und ohne genaue Textvorlage deftiger Theaterspaß getrieben wird.

Kulturgourmets hingegen sollten bereits im Mai und Juni anreisen, denn während der **Wiener Festwochen** gastiert hier europäisches Theater der Luxusklasse. Aus der Not, daß die großen Bühnen dieser Stadt für zwei Monate ihre Pforten schließen, hat sich längst eine Tugend in Form einer lebhaften Sommerszene entwickelt: Das Jazzfest Wien, Opernfilme zum Nulltarif am Rathausplatz, Tanzwochen im Volkstheater und »Kino unter Sternen« im Augarten sind nur die Highlights des sommerlichen Kulturgenusses.

Museumsmix

Kunstschätze und Kaiserroben, wissenschaftliche Kuriositäten, teils lasterhafte Kultobjekte – kaum etwas, was in Wien nicht gesammelt, geordnet und der Betrachtung preisgegeben wurde. Von der Hofburg bis in den Prater, von Schloßräumen bis in Privatwohnungen – in den über 80 Museen kann man sich ein vielschichtiges Bild von den Facetten dieser Stadt machen. Zwar wird im dichtgedrängten Programm an architektonischen Sehenswürdigkeiten und Freiluftattraktionen jeder Spaziergang durch die innere Stadt oder am Ring entlang in kürzester Zeit zum musealen Erlebnis. Doch gänzlich auf die geschlossenen Räume zu verzichten, wäre ein schwerer Fehler, türmen sich dort doch unbezahlbare Schätze.

Schätze der Vergangenheit ...

Das **Kunsthistorische Museum** (1., Maria-Theresia-Platz) reiht sich mit seiner Gemäldegalerie weltweit unter die Top Five der Sammlungen Alter Meister: Tizian und Veronese, höfische Porträts von Velásquez und Werke von Peter Breughel d. Ä. krönen die insgesamt acht Abteilungen des Hauses, unter denen die Ägyptische, die Antiken- und die Sammlung für Plastik und Kunstgewerbe einen eigenen Besuch verdienen. Das **Naturhistorische Museum,** im gegenüberliegenden Gebäude untergebracht, ergänzt den Museums

komplex, der seit 1891 dem Publikum offensteht. Nicht so hoch dotiert in der Besuchergunst wie das berühmte Pendant, birgt die naturhistorische Schau unter anderem die Venus von Willendorf, jene kleine, rundleibige Kalksteinstatuette aus der Wachau, die als zweitältester prähistorischer Fund in Österreich Berühmtheit erlangte. Bei Kindern besonders beliebt: die Dinosaurierskelette und die knarzenden Holzböden.

Meisterwerke der Grafik haben in der **Albertina** (1., Augustinerstr. 1) ihren ständigen Aufenthaltsort. Das nach dem Sammler Herzog Albert von Sachsen-Teschen benannte Palais verfügt

über die größte grafische Sammlung der Welt, in deren Archiven Tausende von Zeichnungen und Druckgrafiken vor sich hinschlummern, denn es ist völlig unmöglich, alles auszustellen. Stolz des Hauses sind die Blätter von Albrecht Dürer. Im gleichen Gebäude bietet das **Österreichische Filmmuseum** Cineasten eine erlesene Auswahl an Meisterwerken der Siebten Kunst.

Weltliche und geistliche Kostbarkeiten zeigt die **Schatzkammer** (1., Hofburg, Schweizerhof) in besonders geschmackvollem Rahmen. Unter den Insignien des Heiligen Römischen Reiches Deutscher Nation stechen Reichsapfel und Zepter sowie die aus dem 10. Jahrhundert stammende Reichskrone hervor, die vielleicht schon Otto der

Große auf dem Haupt trug. Daneben reihen sich Prachtstücke textiler Kunst in Form von Krönungs- und Meßornaten.

... und der Gegenwart

Jene Schauräume, die kunstgeschichtlich die Verbindung zwischen dem Kunsthistorischen und den Museen des 20. Jahrhunderts herstellen, sind nach mehrjähriger Generalsanierung nun endlich wieder zugänglich: **Unteres** (3., Rennweg 6a) wie **Oberes Belvedere** (3., Prinz-Eugen-Straße 27) strahlen in neuem Glanz. Die **Österreichische Galerie des 19. und 20. Jahrhnderts,** vielbesuch-

am unteren Ende des Gartenparterres: Das **Österreichische Barockmuseum** zeigt Gemälde und Skulpturen aus dem 17. und 18. Jahrhundert (Rottmayr, Maulpertsch, Troger, Donner u. a.), das **Museum Mittelalterlicher Österreichischer Kunst** Tafelbilder und Plastiken aus dem 12. bis 16. Jahrhundert.

Im Schweizergarten unweit des Oberen Belvederes steht eines der Häuser, das sich ausschließlich der zeitgenössischen Kunst widmet. Die bauliche Hülle des **Museums des 20. Jahrhunderts** wurde ursprünglich für den Österreichpavillon der Brüsseler Weltausstellung 1958 geschaffen

te Pilgerstätte zu den Werken Klimts, Schieles und Kokoschkas, lenkt nun auch die Aufmerksamkeit auf Klassizismus und Romantik sowie auf die Biedermeiersammlung, die G. F. Waldmüller als herausragende Malerpersönlichkeit jener Epoche in den Mittelpunkt rückt. Zwei Kontrapunkte

◀ **Detail aus Pieter Brueghels »Bauernhochzeit«, im Kunsthistorischen Museum.**
▲ **Im Heeresgeschichtlichen Museum steht der Wagen, in dem 1914 Franz Ferdinand erschossen wurde.**

und dann erst in Wien als Raum für temporäre Ausstellungen aufgestellt. Das **Museum moderner Kunst** (9., Fürstengasse 1) im Palais Liechtenstein dokumentiert die Höhepunkte unseres Jahrhunderts und setzt mit Retrospektiven quer durch das internationale Kunstgeschehen Akzente.

Konträre Künstlerhäuser

1861 schlossen sich die bildenden Künstler Wiens zu einem Verein zusammen und ließen sich am Karlsplatz das **Künstlerhaus** (1., Karlsplatz 5) errichten, das sich heute geradezu als Kulturzentrum präsentiert. Für die Schauräume werden mehrmals im Jahr angesehene Großausstellungen konzipiert. Nach dem Krach in der Vereinigung, der zur Spaltung zwischen den Traditionalisten und den Avantgardisten führte (s. S. 128), entstand Josef Maria Olbrichs **Secession** (1., Friedrichstraße 12) , wo man heute zwar Klimts restaurierten Beethovenfries permanent zeigt, bei der Programmplanung von Ausstellungen aber nur dem aktuellen Zeitgeist auf der Spur ist.

Die Freud am Tod und anderen Dingen des täglichen Lebens

Zur selben Zeit, als die Secessionisten die Regeln der Alten Schule in der Kunst über Bord warfen, erschütterte ein Seelenarzt die Erkenntnisse der

den Hang des Wieners zu Skurrilem und Makabrem. Ein Sarg mit Alarmglöckchen für Scheintote, die sich so wieder zurückmelden konnten, ist dort ebenso zu bestaunen wie der von Kaiser Joseph II. eingeführte Sparsarg, der dank eines zu öffnenden Bodens wiederverwendet werden konnte.

Wer da plötzlich fürchtet, daß ihm die Zeit davonläuft, sollte dem **Uhrenmuseum** (1., Schulhof 2) besser keinen Besuch abstatten, denn dort ticken auf kleinem Raum nicht weniger als 9200 Zeitmesser. Es empfiehlt sich wohl eher die Flucht ins Laster: Ihre verführerischen Pforten öffnen z. B. das **Tabakmuseum** (7., Mariahilfer Straße 2)

Schulmedizin. Die Wohn- und Praxisräume, in denen Sigmund Freud über die Hintergründe der Hysterie und den Ödipuskomplex forschte, sind heute zugänglich: im **Sigmund-Freud-Museum** (9., Berggasse 19). Einzelne Facetten der Geschichte der Medizin werden im neunten Bezirk dokumentiert. Joseph II., besorgt um die Gesundheit seiner Soldaten, ließ Wachsmodelle aus Italien importieren, die den angehenden Militärärzten ein zeitgemäßes Anatomiestudium ermöglichen sollten. Jetzt sind die Plastiken, wunderschöne Frauen und edle Männer, im **Museum für Geschichte der Medizin** des Josefinums (9., Währinger Str. 25) ausgestellt. Und auch das **Bestattungsmuseum** (4., Goldeggasse 19) verrät

oder das **Sexmuseum** (2., Straße des 1. Mai 51a). Oder darf es die Welt der Phantasie sein? Tricks, Kostüme und Masken zeigt das **Zirkus- und Clownmuseum** (2., Karmelitergasse 9), gar eine eigene Kinderabteilung hat das **Theatermuseum** (1., Lobkowitzplatz 2). Die Liebe zur Bühnenwelt kennt dort keine Grenzen, denn der Fundus birgt nicht nur Bühnenmodelle und Zeichnungen bis zurück ins Barock, neben den Autographen von Gustav Mahler oder Kafka wird auch ein Schuhabsatz wie ein Schatz gehütet, den der Dramatiker Gerhart Hauptmann im Burgtheater verlor.

Zu den Hits gehören zwei Häuser neueren Datums, entworfen von Friedensreich Hundertwasser (s. S. 143). Nachdem das Publikum durch den

Bau des **Hundertwasser-Hauses** (3., Kegelgasse/Löwengasse) den Reiz der krummen Linienführung und der bunten Fassade in der Architektur entdeckt hatte, kam man auf die Idee, den Stil in Form eines Museums allen zugänglich zu machen. Das **KunstHausWien** (3., Untere Weißgerberstr. 13) eröffnete 1991 in dem Gebäude, in dem einst die Brüder Thonet ihre Bugholzstühle entworfen hatten. Außen ist das Haus eine Hommage an Unebenheit und Farbenfreude, innen bietet es eine ständige Schau, die das Gesamtwerk des Meisters zeigt sowie wechselnde Retrospektiven, die sich zugkräftigen Namen widmen.

tion von Peter Noever unterzogen. Im Zuge der Renovierung erhielten zehn Künstler den Auftrag, die nicht allzu spektakulären Sammlungen von Orientteppichen, Jugendstil-Stühlen u. ä. in einem zeitgemäßen Konzept zu präsentieren. Auch für die Gegenwartskunst ist das MAK zu einem erstklassigen Forum geworden.

Eine weitere Unterkunft für aktuelles Kunstgeschehen wurde Anfang der neunziger Jahre in Form eines gelben Quaders auf dem Karlplatz abgelegt. Eigentlich sollte die **Kunsthalle Wien** (4., Treitlstraße 2/Karlsplatz) nur eine Übergangslösung bieten, bis die Avantgarde endlich im adä-

Neuere Kunsttempel

Große Namen des 19. und 20. Jahrhunderts sowie Raritäten aus bedeutenden Privatsammlungen machen die Ausstellungen im **Kunstforum Bank Austria** (1., Freyung 8) zu einer der attraktivsten Kunsthallen. Einer höchst erfolgreichen Verjüngungskur wurde das **Museum für angewandte Kunst** (1., Stubenring 5) unter der Direk-

◀ **Gold und Glas in der Hofsilber-
und Tafelkammer der
Hofburg. – Im Museum für
Geschichte der Medizin.
▲ Zirkus- und Clownmuseum.**

quaten Ambiente des **Museumsquartiers** (7., Messepalast) auf dem Areal der einstigen Hofstallungen einziehen würde. Der ambitionierte Plan vom dynamischen Kulturbezirk feiert demnächst seine Volljährigkeit, liegt jedoch seit Jahren in den verschiedensten Schubladen. Des endlosen Wartens seit langem müde, hat sich die innovative Szene auf dem weitläufigen Gelände einfach eingenistet. An den verschiedensten Ecken und Enden des alten Gemäuers – im Architekturzentrum, bei der Lomografischen Gesellschaft oder in der »Public Netbase« für Kunst im Internet – schaltet und waltet bereits die Avantgarde bereits, bevor ihr – vielleicht im nächsten Jahrtausend? – das zeitgemäße Outfit verpaßt wird.

Wiener Secession

»**D**er Zeit ihre Kunst, der Kunst ihre Freiheit«. Mit Aplomb, Getöse und einem griffigen Slogan verließen 1897 19 Architekten, Maler und Graphiker das Künstlerhaus, erklärten der von Hans Makart dominierten konservativen Vereinigung bildender Künstler den Krieg und widmeten sich fortan einer ganz anderen Kunst, die sie nach dem Akt des Auszugs benannten: Secession.

Provinzialismus warf die Jugendrevolte den saturierten alten Herren der Kunst vor, die im Historismus immer nur verklärten Blickes nach hinten, auf die großen Stile der Vergangenheit, aber nie nach vorne, in die Zukunft, blickten. Im Rücken der Gegner in der Akademie der bildenden Künste erbaute Joseph Maria Olbrich 1898 das Gebäude der Secession, alles andere als ein Manifest der Bescheidenheit, sondern ein glanzvolles Zeichen, das das Credo der Jungen lauthals hinausrief.

Zu den großen Persönlichkeiten des bald zu einem Mythos werdenden Jugendstils gehörten neben Olbrich Gustav Klimt, Koloman Moser, Josef Hoffmann und Otto Wagner. Vor allem Wagner wurde zum Bahnbrecher einer neuen Architektur, bei der die Funktionalität und schlichte Ornamentik im Vordergrund standen. Viele seiner Werke haben sich in Wien erhalten, etwa einige Gebäude, Geländer, Lampen und Schriftzüge der Wiener Stadtbahn, mit deren Planung und Bau er schon 1894 beauftragt worden war. Zu den Höhepunkten seines Schaffens gehören die zwei höchst unterschiedlichen Wagner-Villen in der Hüttelbergstraße, das Postsparkassenamt und die wundervolle Kirche Am Steinhof.

▲ **Duftiger Blumen-vorhang**
Innen ein funktional gestaltetes Mietshaus, außen ein poetisches Blumenspiel: das Majolikahaus, entworfen von Otto Wagner 1898 (4., Linke Wienzeile 40)

▶ **Kunst über den Dächern**
Den gläsernen Dachaufbau des von ihm 1893 entworfenen Ankerhauses nutzte Otto Wagner selbst als Atelier. Heute malt dort Friedensreich Hundertwasser seine bunten Bilder. (1., Graben 10)

◀ **Haltestationen**
Wunderbare Haltestellen
der Stadtbahn schuf
Otto Wagner 1894 mit den
beiden zierlichen Pavillons
am Karlsplatz. Grünes
Eisenskelett, Marmorplatten
und Sonnenblumenorna-
mente in Gold vereinen sich
zu einem heiteren kleinen
Gesamtkunstwerk.

▼ **Die Zeit fließt**
Bis ins Detail gestaltete
Otto Wagner seine Kunst-
werke selbst, verstand also
Architektur im umfassend-
sten Sinne. Uhr im Innern
eines Stadtbahngebäudes
am Karlsplatz.

Kunsthandwerk

Den Gegensatz zwischen
»freier« und »angewand-
ter« Kunst löste die Se-
cession mit der Forderung
auf, den gesamten per-
sönlichen Lebensbereich
mit künstlerischen Objek-
ten zu durchdringen.
Vor allem die von Josef
Hoffmann, Koloman
Moser und Fritz Waern-
dorfer 1903 gegründete
Wiener Werkstätte setzte
diese Idee konsequent
um. Schlichtheit und Vielfalt der geometrischen
Formen in Gläsern, Lam-
pen, Möbeln, Servicen
und Behältnissen aller Art
galten anfangs weit mehr
als das dekorative Orna-
ment, das erst ab 1906
wieder stärker geach-
tet wurde.

◀ **Wagners
Sommerresidenz**
Die sog. Wagner-Villa I wird
von einer dreiachsigen
ionischen Säulenhalle mit
Kassettendecke beherrscht.
(14., Hüttelbergstr. 26)

▼ **Krauthappel**
So nannte der Wiener Volksmund das Secessionsgebäu-
de mit der funkelnden Lor-
beerkuppel despektierlich,
wohl auch wegen der Nähe
zum Naschmarkt. (1., Friedrichstr. 12)

Verspieltes Golddekor ...
...h das Haus Nr. 38 in der
...en Wienzeile ist ein Werk
... Otto Wagner: außen ver-
...wenderische Ornamentik
...ein innen eher nüchternes
...äude.

▶ **... mit Medaillons**
... Frauenköpfe aus vergolde-
tem Stuck im typischen Secessionsstil schuf Kolo Moser.

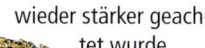

DER·ZEIT·IHRE·KVNST·
DER·KVNST·IHRE·FREIHEIT·

Die Wiener

Wiener Schmäh und Wiener Grant, die Wiener Gemütlichkeit und das Goldene Wiener Herz – ja gibt's denn das alles überhaupt, in einer Stadt, die von sich behauptet, zu den Metropolen Europas zu gehören, und die ja – immerhin – der UNO drittes großes Zentrum beheimatet? Da müßte man doch von einem erheblichen Sinn der Einwohner fürs Reale, Machbare ausgehen. Ist also all das vielleicht bloß Chimäre, wie die Engerln, die auf Urlaub natürlich nur »nach Wean« kommen, wenigstens im Wienerlied? Wo steht der Wiener wirklich, wenn es um die Pole Traum und Wirklichkeit, Zerrbild und Original geht?

Klischees werden eifrig gehütet und vor jedem neuen Touristenansturm sorgfältig aufpoliert. Sind wir gerade nicht lustig, na dann simma halt grantig, bitt' sehr, bitt' schön, gschamster (gehorsamster) Diener. Auch nuscheln zu können wie einst die Filmlegende Hans Moser, gehört zum stehenden Repertoire jedes selbsternannten Alleinunterhalters zwischen Grinzing und Kagran. Und schimpfen können die Wiener, auf ihre Stadt zum Beispiel. Aber wehe, man pflichtet ihrer Kritik bei oder eröffnet sie als Besucher gar. Dann stehen die Einwohner zusammen, schließlich gibt es nichts, wofür man sich zu schenieren bräuchte, auch nicht für braune Flecken auf der weißen Weste. Undank ist eben der Welt Lohn, ein in Wien oft gehörter Seufzer. Denn was haben wir dieser Welt nicht schon alles geschenkt: die Maria Theresia und den Bruno Kreisky, einen UN-Generalsekretär, dem man dann eine unsaubere Vergangenheit andichten wollte, auf daß er an der Kandidatur zum österreichischen Bundespräsidenten scheitere, den Strauß Schani, das Wiener Würstchen und die Sachertorte. Unermüdlich umkreisen Sängerknaben und Lipizzaner als Botschafter des guten Geschmacks den Erdball, beim Neujahrskonzert geigen die Philharmoniker via Satellit von Grönland bis Timbuktu vor, was Kultur ist.

Mögen sich auch die Schaltstellen der großen Weltpolitik heute ganz woanders befinden, wir brauchen nur kurz in der Kapuzinergruft vorbeizuschauen, um uns zu vergewissern: Wir sind wer. Oder wenigstens: Wir waren einmal wer. Von den Zinsen dieser Vergangenheit leben wir ja auch heute noch durchaus vergnügt: Meine Verehrung, Euer Gnaden, große Stadtrundfahrt gefällig? Schönbrunn, Hofburg, Heldenplatz und Ste-

phansdom, Krieg, Liebe und echter Weltschmerz. Und was noch fehlt zum Bild des Wieners: in den Beiseln und Kaffeehäusern, am Würstelstand und beim Heurigen ist's zu finden. Und wenn es nicht ganz mit der Realität übereinstimmen sollte, liegt das ganz einfach daran, daß die Welt sich eben ein Bild von Wien und den Wienern gezimmert hat, in das wir uns seufzend dreinschicken.

Kruspelspitz und Powidltatschkerl

In Wien wird gerne gegessen, das ist ausnahmsweise kein Klischee, sondern augenfällige Tatsache. »Gut schaust aus«, ist eines der höchstmöglichen Komplimente zwischen Einheimischen und bedeutet, daß der Angesprochene ein auffälliges

◄◄ **Renaissance-Innenhof in der Bäckerstraße.**
◄ **Ein Fiaker in typischem Outfit.**
▲ **Auf dem Bauernmarkt an der Freyung.**

Übergewicht mit sich herumträgt. Wien ist sicherlich die einzige westliche Hauptstadt, in der Modehäuser seit Jahren höchst erfolgreich mit dem Slogan »Mollig ist schön« um Kundschaft werben können. Statt abzuspecken, werden halt ein paar Nähte erweitert, so einfach ist das. Zur Mäßigung rufende Mahner im Schlaraffenland werden »net amal ignoriert«, weshalb der Cholesterinspiegel steigt und steigt. Denn die »Wiener Küche« ist fett und schwer, Nouvelle cuisine und Körndlkost bleiben asketischen Spinnern vorbehalten.

Die bodenständige Küche darf für sich beanspruchen, ein weltweit einzigartiger Schmelztiegel zu sein. Eine spezifische Pariser, Berliner oder gar Londoner Küche gibt es nicht, wohl aber eine Wiener Küche, auch wenn diese ihre Rezepte aus allen Teilen der einstigen Vielvölkermonarchie zusammengetragen hat: aus Ungarn, Böhmen, Italien, Kroatien, Slowenien, Friaul, Dalmatien, ja sogar aus der Türkei, zu der man zwar wenig freundschaftliche Beziehungen unterhielt, deren Gaumenfreuden aber doch unbezähmbare Neugier erregten. Grundingredienz der meisten Speisen ist bis heute die berühmt-berüchtigte »Einbrenn«, eine Sauce aus Butter und Mehl. Vom Süppchen über die Gemüsebeilage bis zum paprikagewürzten Eintopf à la Gulasch wird damit gnadenlos »verfeinert«.

Das Wiener Schnitzel

Fleisch verzehrt man am liebsten paniert, also in Mehl, Ei und Semmelbröseln gewendet und dann anschließend in Schmalz oder Öl schwimmend herausgebacken. Angeblich wurde ja das weltberühmte Wiener Schnitzel in Mailand erfunden, eine Unterstellung, die jede Hausfrau und Köchin als persönliche Beleidigung wertet. Historikerfunde im Staatsarchiv belegen indes, daß Feldmarschall Joseph Wenzel Graf von Radetzky nach seiner Rückkehr aus Italien im Jahre 1848 der Kaiserlichen Regierung zu Wien nicht nur über die Niederwerfung der Aufständischen berichtete,

sondern auch über ein gewisses Costoletta alla Milanese – und das Rezept an die Hofküche weitergab, streng vertraulich natürlich. In einem freilich sind sich die Köchinnen und Historiker grundeinig: Das echte Wiener Schnitzel muß vom Kalb sein, auch wenn es heute vielfach anders gehandhabt wird.

Der Kult ums Rind

Als unbestrittene Besonderheit der Wiener Küche gilt der Kult ums Rindfleisch. Rindfleischgerichte haben ihren Stammplatz auf jeder Speisekarte, vom kleinen Beisel bis zum Nobelrestaurant. Tafelspitz etwa, das Lieblingsgericht des Kaisers Franz Joseph, wird nicht gegessen, sondern zelebriert. In seinem Roman »Radetzkymarsch« beschreibt der Schriftsteller Joseph Roth den traditionellen sonntäglichen Verzehr von Tafelspitz bei der Beamtenfamilie Trotta, gleichsam als Symbol für die versinkende k.u.k.-Welt: »Nach der Suppe trug man den garnierten Tafelspitz auf, das Sonntagsgericht des Alten seit unzähligen Jahren. Die wohlgefällige Betrachtung, die er dieser Speise widmete, nahm längere Zeit in Anspruch als

Tafelspitz
→ hochwertiges, kleinfaseriges Rindfleischstück, gekocht; wird serviert mit Apfelmeerrettich und Röstkartoffeln.

che Spielzeuge erinnerten … Mit einem glücklichen Geschick vereinigte Trotta also die Sättigung seiner Lust mit den Forderungen der Pflicht. Er war ein Spartaner. Aber er war ein Österreicher.«

Das berühmte, heute leider nicht mehr existierende Restaurant »Meissl & Schadn« am Graben führte einst sage und schreibe 26 verschiedene Sorten gekochten Rindfleisches auf seiner Karte, vom Tellerfleisch bis zum Kruspelspitz. Nach Genuß einer dieser Spezialitäten am 26. Oktober des Jahres

die halbe Mahlzeit. Das Auge des Bezirkshauptmannes liebkoste zuerst den zarten Speckrand, der das kolossale Stück Fleisch umsäumte, dann die einzelnen Tellerchen, auf denen die Gemüse gebettet waren, die violett schimmernden Rüben, den sattgrünen ersten Spinat, den fröhlichen hellen Salat, das herbe Weiß des Meerrettichs, das tadellose Oval der jungen Kartoffeln, die in schmelzender Butter schwammen und an zierli-

◄ Hochgelobter Zuckerbäcker des Tortentempels Demel.
▲ »A Gurkerl dazu?« Feines am Würstelstand.

1916 tupfte sich der junge Friedrich Adler, Sohn des legendären Begründers der österreichischen Sozialdemokratie Viktor Adler, sorgfältig die Lippen an der Serviette ab, trat auf den Grafen Stürgkh zu, der am Nebentisch tafelte, stellte sich artig mit einem Bückling vor – und erschoß den unliebsamen Ministerpräsidenten. Nobel geht die Welt zugrund, jedenfalls in Wien.

Um den Faden nicht zu verlieren: Wer weniger das Ableben des Grafen bedauert als vielmehr das des »Meissl & Schadn«, kann sich im **Hietzinger Bräu** (13., Auhofstr. 1, Tel. 8 77 70 87) immerhin noch an 15 Variationen zum Thema Rindfleisch schadlos halten: an Schulterscherzl, Hüferl, Fledermaus, Meise …

Mehlspeisen

Powidltatschkerln, Guglhupf, Wuch-teln, Millirahmstrudel, Palatschin-ken, Mohnbeugerl und Golatschn entziehen sich jeder adäquaten Über-setzung und Beschreibung – man muß sie kosten. Denn zergeht ein »mit Pflaumenmus gefüllte Kartoffel-teigstücke, gerollt in mit Butter gerö-steten Bröseln« vielleicht auf der Zunge, so wie es Powidltatschkerln vermögen? Na also. Höchstes Lob für eine besonders gelungene Wiener Mehl-speise besagt, sie sei »wie ein Gedicht«.

> *Mehlspeise*
> → Sammelbegriff im Öster-reichischen für alle Süß-speisen, Kuchen und Torten; müssen nicht unbedingt Mehl enthalten.

Der Würstelstand

Nahrungsaufnahme ist in Wien immer mit Kommuni-kation verbunden. Wer diese Behauptung vor Ort überprüfen will, der begebe sich zu einem der rund 200 Würstelstände, die Wien netzartig und strategisch ausgeklügelt bedecken. Beim Verzehr einer ge-kochten Burenwurst wird über Gott und die Welt, über Politik, die neueste Burgtheater-Aufführung und den Fußball sinniert. Die fleischliche Zusam-

Verdolmetschungen für ausländische Gäste ge-raten zumeist unfreiwillig komisch: »Besoffene Kapuziner«, mit Alkohol getränkte kleine Kuchen, werden da zu Drunk Monks, Topfengolatschn zu Puff-Pastry Cottage-Cheese Buns, auf Hoch-deutsch »zusammengefaltete Kuchenstücke, mit Quark gefüllt«.

Am Probieren kommen auch des Deutsch-österreichischen mächtige Gäste ohnehin nicht vorbei, denn erstens ist die Mehlspeis' fester Be-standteil jeder dreigängigen Hauptmahlzeit, und zweitens sind die Auslagen der Konditoreien so vielfältig und verführerisch dekoriert, daß an Selbstbeherrschung oder gar ein achtloses Vor-übergehen ohnehin nicht zu denken ist.

mensetzung der »Heißen« kümmert den Wiener, der ja als Weltmeister im Verdrängen die Entste-hung der Psychoanalyse geradezu provoziert hat, wenig. Er vertraut vielmehr auf die antitoxische Wirkung der beigelegten Pfefferoni der Schärfe-klasse zwölf. »Kleines Sacher« wird der Würstel-stand in Wien liebevoll genannt – eine Ehrung, der sich auch das Hotel Sacher nicht widersetzt.

Das Kaffeehaus

»Nicht zu Hause und doch nicht an der frischen Luft«. Diesem Motto folgen seit Jahrhunderten die Liebhaber der wohl berühmtesten Wiener Institu-tion, des Kaffeehauses. Die Geschichte seiner Ent-stehung ist tausendmal erzählt worden und wird

Juden in Wien

Im Wien des ausklingenden 19. Jahrhunderts, der 20er und 30er Jahre war die jüdische Minderheit ungleich stärker als in anderen westlichen Hauptstädten Europas. Zehn Prozent der Bevölkerung waren Juden, vom assimilierten Großbürgertum bis zu den kleinen Händlern, die aus den »Schtetln« Galiziens und der Bukowina zugewandert waren. Zum Zentrum des jüdischen Lebens hatte sich die Leopoldstadt (»Mazzesinsel« genannt, nach dem ungesäuerten Brot der Juden) entwickelt, seit Ferdi-

lerischen Zentren Europas erreicht. Antisemitismus gab es auch in dieser Blütezeit, er war aber wirtschaftlich und nicht religiös oder rassisch motiviert.

Das sollte sich durch einen Mann ändern, der in Wien als Kunstmaler kläglich scheiterte, viele Jahre später aber zurückkehrte, um auf dem Heldenplatz die »Heimkehr Österreichs ins Reich« zu vollziehen: Adolf Hitler. In der Wiener Reichskristallnacht vom 9. November 1938 splitterten die Auslagenscheiben jüdischer Geschäfte, wurden fast alle Synagogen

nand II. hier Anfang des 17. Jahrhunderts ein Ghetto einrichten ließ. Zu gewissen Zeiten waren die Juden in Wien wohlgelitten. 1781 hatte ihnen der fortschrittliche Kaiser Joseph II. im Toleranzpatent wesentliche Rechte zuerkannt. Sie wurden zu Handwerk und Gewerbe zugelassen, diskriminierende Kleidervorschriften fielen. Auf der Mazzesinsel wuchs ein Kosmos der Orthodoxen mit Thoraschulen, Betshäusern und koscheren Läden heran.

Die Welt des aufgeklärten, assimilierten jüdischen Bürgertums hat der Arzt und Schriftsteller Arthur Schnitzler in seinen Romanen präzise geschildert. Jüdische Intellektuelle prägten Kunst und Wissenschaft, Literatur und Presse, ohne sie hätte Wien niemals seinen Nimbus als eines der geistig-künst-

und Bethäuser niedergebrannt. Von Wiens zuletzt 183 000 jüdischen Mitbürgern fielen 181 000 Deportation und Holocaust zum Opfer – ein Schlag, von dem sich Wiens Kultur nie wieder erholte.

Vergeblich suchte man nach 1945 in den Gäßchen der Mazzesinsel nach Spuren der alten Tradition. Erst in den letzten zwei Jahrzehnten ist die jüdische Bevölkerung wieder zögerlich auf heute 20 000 angewachsen.

◀ Im Café Griensteidl, 1896.
▲ Im Sigmund-Freud-Museum.
Der jüdische Arzt ist der Begründer der Psychoanalyse.

gerne geglaubt, mag sie auch gut erfunden sein: 1683 erhielt Franz Georg Kolschitzky für seine Verdienste als Spion während der Türkenbelagerung vom Kaiser die Erlaubnis für eine öffentliche Kaffeesiederei. Angeblich buk er gleich das erste Kipferl, ein dem türkischen Halbmond nachempfundenes Blätterteiggebäck, welches bis heute gerne verstohlen in den Kaffee getunkt wird.

Wer ins Kaffeehaus geht, nur um Kaffee zu trinken, hat nichts verstanden und ist selber schuld. Ins Kaffeehaus geht man, um zu lesen, zu schreiben, Schach zu spielen oder zu tarockieren, zu träumen, zu flirten, zu streiten ... Es sei ein »Ort für Leute, die allein sein wollen und dazu Gesellschaft brauchen«, hat der Dichter Alfred Polgar einmal geschrieben. Wohnzimmer, Rauchsalon, Künstlerklause, Stelldichein und Raum für neue oder auch ganz alte Ideen – nur ein bißchen Phantasie braucht er halt, der Gast. Bis zur Zwischenkriegszeit spielte sich das literarische Leben Wiens hauptsächlich an Marmortischchen und auf roten Plüschsofas ab – eine »Bildungsstätte für alles Neue«, »eine Art demokratischer, jedem für eine billige Schale Kaffee zugänglicher Klub«, wie Stefan Zweig in seinem Rückblick »Die Welt von gestern« berichtet.

Als um die Jahrhundertwende das legendäre **Café Griensteidl** am Michaelerplatz der Spitzhacke zum Opfer fiel, schien eine Welt zusammenzubrechen, denn hier hatten Grillparzer und Laube verkehrt, hier diskutierten Bahr, von Andrian, Schnitzler, Beer-Hofmann und viele andere die genialen Gedichte eines jungen Gymnasiasten namens Loris, der sich später als Hugo von Hofmannsthal entpuppte und selbst Stammgast des Lokals wurde.

Doch die Kaffeehaus-Generation zog einfach weiter, vor allem das **Café Central** (1., Herrengasse 14) trat das Erbe an. Seine Gästeliste liest sich wie ein »Who is Who« der europäischen Geistesgeschichte: Theodor Herzl und Viktor Adler, Peter Altenberg und Egon Friedell, Rainer Maria Rilke und Egon Erwin Kisch, Hofmannsthal und Schnitzler, Sigmund Freud und Alfred Adler – sie alle verkehrten im Café Central in der Herrengasse. Man war kollegial befreundet oder erbittert verfeindet, stritt oder ignorierte sich. Wie wohl man sich hier fühlte, bezeugt Peter Altenbergs köstliches Bonmot, der, von Kürschners Literaturkalender nach seiner Adresse gefragt, einfach zurückschrieb: »Café Central, Wien«. So sehr war

dieser Meister der kleinen Form hier zu Hause, daß er sein Kaffeehaus nur nachts für ein paar Stunden verließ und selbst heute noch dort sitzt – nachgebildet in Papiermaché. So mancher Schachspieler wurde von den Zeitgenossen gründlich unterschätzt. »Wer soll denn in Rußland Revolution machen? Vielleicht gar der Herr Bronstein aus dem Café Central?«, schrieb der letzte Außenminister der Donaumonarchie, Graf Berchthold, an den Rand jener historischen Depesche, mit der ihm der Ausbruch der russischen Revolution gemeldet wurde. Zu diesem Zeitpunkt war »der Herr Bronstein« alias Leo Trotzki schon

längst auf dem Heimweg ins Zarenreich, um ihm bei seinem Untergang behilflich zu sein.

Im **Imperial** (1., Kärntner Ring 16) saß der geniale Zeitchronist Karl Kraus, der im Ein-Mann-Betrieb 37 Jahre lang die Zeitschrift »Die Fackel« herausgab und an seinem Monumentalwerk »Die letzten Tage der Menschheit« schrieb.

Prominent besetzte Künstlerstammtische standen auch im von Alfred Loos 1899 entworfenen **Café Museum** (1., Friedrichstr. 6). Neben Robert Musil, Alban Berg und Oscar Strauß verkehrten hier die Maler Klimt, Schiele und Kokoschka.

Ein oder mehrere begnadete Schnorrer gehörten zum Inventar jedes guten Kaffeehauses. Sie pendelten zwischen Central, Herrenhof und Museum, versorgten die jeweiligen Stammgäste mit Klatsch und Tratsch – wen zum Beispiel Karl Kraus gerade mit galliger Tinte in Grund und Boden schrieb –, halfen Intrigen spinnen und Mißverständnisse entstehen oder auflösen, konsumierten zwischendurch ein kleines Gulasch auf Rechnung des Hauses und träumten allesamt vom Aufstieg aus den Statistenniederungen in den Dichterolymp. Der Kaffeehausliterat Anton Kuh hat den verkrachten Existenzen des Milieus mit einem einzigen Satz ein Denkmal gesetzt: »Die wenigsten wissen, daß auch das Nichtschreiben die Frucht langer und mühseliger Arbeit ist.«

unrettbar erfaßt zu werden, wie Stefan Zweig, der sich schließlich selbst das Leben nahm. Eine ganze Generation jüdischer Intelligenz ging in den Gastod, manche mit einem Witz, der die ganze Verachtung für die Mörder zeigte. Als der Wiener Kabarettist Fritz Grünbaum kurz vor seiner Ermordung in Buchenwald um ein Stück Seife bat, wurde sie ihm als zu kostspielig verwehrt. Grünbaum konterte gelassen: »Wer kein Geld hat, soll sich kein KZ halten«.

In der Nachkriegszeit wurden viele traditionsreiche Kaffeehäuser in Bankfilialen verwandelt oder mußten gar den demütigenden Abstieg zum

Vom intellektuellen Aderlaß der Judenverfolgung und des Zweiten Weltkrieges hat sich das Wiener Kaffeehaus nie wieder erholt. Stammgäste emigrierten – Sigmund Freud mußte mit 82 Jahren nach London ins Exil – oder wurden in Konzentrationslager verschleppt. Selbst wer das Glück hatte, im Ausland Aufnahme zu finden, war nicht davor gefeit, vom Elend um die verlorene Heimat

Espresso mit chromblitzender italienischer Kaffeemaschine erdulden. Erst in den letzten Jahrzehnten hat eine Renaissance dieser ur-wienerischen Einrichtung eingesetzt. Studenten und Yuppies entdeckten es als Oase, die Touristen sitzen staunend in der renovierten Pracht etwa des Central oder des wiedereröffneten Griensteidl und werden vom Herrn Ober in der Kunst des Kaffeetrinkens unterwiesen.

Die Vielfalt des Angebots ist längst Legende, und wer nichtsahnend-simpel »einen Kaffee« bestellt, hat sich die tiefe Verachtung des Kellners zugezogen und braucht sich zumindest in diesem Kaffeehaus nie wieder blicken lassen. Der Kenner wählt gelassen zwischen wenigstens einem guten

◀ **Die Wiener Schauspielerin Julia Stemberger.**
▲ **Mönche am Graben. – Bedienung im Szene-Lokal Krah Krah.**

Dutzend von Kaffeespezialitäten (s. S. 169). Das obligate Glas Wasser wird auf silbernem Tablett mitserviert und vom stets aufmerksamen Ober in regelmäßigen Abständen erneuert. So läßt es sich bei einem kleinen Braunen um wenige Schilling stundenlang gemütlich im Warmen sitzen, plaudern, in den Zeitungen schmökern, eine Runde Schach spielen und die Leut' beobachten: »Aha, der Herr Redakteur mit dem Fräulein Ministersekretärin, schau schau.« Man weiß Bescheid.

Beim Heurigen

Nur an lauen Sommerabenden können passionierte Kaffeehausbesucher dazu verleitet werden, ihren Stammplatz am Fenster, gleich neben der Tortenvitrine, freiwillig aufzugeben. Sie vertauschen ihn dann mit einer harten Holzbank, welche vorzugsweise in einem kühlen Innenhof in der Gegend von Sievering, Nußdorf, Kahlenbergerdorf oder Strebersdorf stehen sollte. Draußen vor dem Tor baumelt an einer langen Stange der grüne Föhrenbuschen und signalisiert der Welt: Ausg'steckt is, es ist geöffnet. Man sitzt beim Heurigen, um den Heurigen, die jüngste Weinernte, zu verkosten, sprich »zu beißen«. Für Ausländer mag das am Anfang ein wenig kompliziert klingen, zumal der Begriff im Österreichischen auch noch in einer dritten Bedeutung Verwendung findet: für heurige (neue) Kartoffeln. Die Verwirrung löst sich aber nach dem Genuß mehrerer Viertel garantiert in behaglichem Verstehen auf.

Wien und der Wein, diese vielbesungene Verquickung, kann auf eine tausendjährige Geschichte zurückblicken. Traubenkernfunde beweisen, daß bereits die Kelten das milde Klima der Gegend zum Anbau von Rebstöcken nutzten. Auch die römischen Legionäre des einstigen Garnisonsstädtchens Vindobona waren keine Traubensaftverächter und offensichtlich mit der Qualität des hier angebauten Weins durchaus zufrieden. Die Kunst des Weinanbaus wurde von Generation zu Generation sorgsam weitervermittelt und veredelt, die des Trinkens und »Weinbeißens« ebenso. Zur Zeit von Leopold I. berichtete ein geistlicher Herr über das unfromme Treiben dieser Stadt: »Sonntag und Feiertag hört man ein beständiges Geigen, Leiern, Springen, Tanzen in allen Wirts- und Schankhäusern, nachmittags bis in die Nacht.« Über die Vorstadt Neulerchenfeld hieß es im 19. Jahrhundert gar: »Das größte Wirtshaus des Heiligen Römischen Reiches, worin an einem

einzigen schönen Sonntag jederzeit bei 16 000 Menschen sich Erholung suchen.«

Einheimische hüten heute wie damals die Adresse ihres Stammheurigen. Geheimtips werden nur unter der Hand an wenige Auserwählte weitergereicht. Denn leider ist es so, daß der erfolgreiche Heurige häufig expandiert und dann zum Heurigenrestaurant mutiert, so wie viele in der Touristenhochburg Grinzing. Streng genommen ist er dann gar kein Heuriger mehr und erfüllt nicht mehr die Kriterien eines solchen, die auf einen Erlaß Kaiser Josephs II. zurückgehen. Dieser hatte den Weinbauern 1784 erlaubt, an ei-

nigen Tagen im Jahr ihren eigenen Wein auszuschenken und auch für eine kleine Verköstigung der Gäste zu sorgen, woraus das typische Heurigenbüffett entstand.

Worauf ist also zu achten? Ein guter Heuriger ist nicht überlaufen – und Busse parken vor ihm schon gleich gar nicht. Eine Bedienung, die mehr bringt als nur die Getränke? Verdächtig, denn eigentlich stellt ein guter Wirt die Köstlichkeiten aus seiner Küche in einem Büffett zur Schau und der Gast wählt mit dem Tablett in der Hand genußsüchtig selbst aus. Der Wein sollte nur vom Hauer selbst erzeugt sein. Und durchgängig geöffnet hat ein echter Heuriger niemals, sondern nur einige Tage im Jahr oder am Wochenende.

Um die Grinzinger Touristenfallen, wo die Gäste wie am Fließband mit Backhendeln abgefertigt werden, während schon die nächste Busladung wartet, machen Einheimische schaudernd einen Bogen, fahren lieber nach Nußdorf oder Sievering und biegen in eines der krummen Gäßchen ein, wo sie das Kopfsteinpflaster scheinbar spurlos verschluckt. Da sitzen sie dann an einem rohgezimmerten Holztisch, holen sich am Büffett

Hauer
→ so wird im Österreichischen der Weinbauer bezeichnet; Hauerweine sind Eigenbauweine.

ander passenden Traubensorten, die gemeinsam gelesen, gepreßt und vergoren wurden. Fruchtig und herb soll der Wein halt sein, angenehm säuerlich. So vergeht stillvergnügt Stunde um Stunde, sie tauschen mit den Nachbarn am Nebentisch Salz und Pfeffer und ein paar tiefgründige Weisheiten aus, klatschen vergeblich nach den Gelsen (Mücken). Standesdünkel und gesellschaftliche Barrieren verflüchtigen sich mit einfallender Dämmerung, eine klassenlose Gesellschaft prostet sich mit dem Henkelglas

ein Schmalzbrot mit Zwiebelringen, Liptaueraufstrich und ein paar Salzstangerl. Vielleicht auch einen kalten oder warmen Schweinsbraten oder Kümmelbraten und Salat in vielerlei Variationen. Dazu einen Liter Weißen, fürs erste, in einer dickbauchigen Glaskaraffe. Vielleicht einen grünen Veltliner oder einen Müller Thurgau, einen Neuburger oder Riesling, in der Regel aber einen »gemischten Satz« aus mehreren harmonisch zuein-

zu: »Servus, du.« Vielleicht kommt sogar die ganz besondere Wiener Heurigenstimmung auf, die man nur aus Liedern und vielleicht Hans-Moser–Filmen kennt: ein bisserl traurig und ein bisserl sentimental, Weltschmerz und Wissen um die Vergänglichkeit ach so schöner Stunden. Jauchzend, lustig, übermütig, gemütlich, das ist ja nur das Klischee des Wieners, heißt es in einem Wien-Essay, in seinem Herzen ist der Wiener ein Melancholiker. Zum Tragiker reicht es meist nicht, wohl aber zum Räsoneur.

»Die edelste Nation unter allen Nationen ist die Resignation« heißt es beim genialisch-bösen Possenschreiber des 19. Jahrhunderts, Johann Nestroy. Im Wienerlied wird die Verantwortung für

◄ Im Café Landtmann.
▲ Deftig, süß, scharf oder sauer?
Am Naschmarkt.

persönliches Scheitern gerne außerirdischen Mächten angelastet: »Wann der Herrgott net will, nutzt des gar nix.« Zugereiste dürfen bei diesen Melodien zwar mitsummen, verstehen werden sie aber kaum etwas. Denn mit den ur-wienerischen Texten tut man sich bereits jenseits des Semmering schwer. Da hat der »Hallodri« (Schürzenjäger) wieder einmal ein »Gspusi« (Verhältnis), sind wir ausnahmsweise »fidel« (vergnügt), aber nur bis zum nächsten »Pallawatsch« (Schlamassel, Unglück), solange wir uns keine »Spompanadeln« (Flausen) leisten. Ein kosmopolitisches Durcheinander aus Tschechisch und Ungarisch, Italienisch

und Französisch, sowie dem für die Wiener Sprache so wichtigen Jiddisch.

Schrammelmusik

Ein ganz besonderer Zweig der an Facetten nicht gerade armen Gattung Wienerlied ist die Schrammelmusik. Das Urquartett wurde Ende des vergangenen Jahrhunderts von den Gebrüdern Johann und Josef Schrammel gegründet. Sie spielten beim Heurigen eine Knöpferlharmonika, dazu die Bässe der Kontragitarre – das ergibt zusammen jenen Klang, der süchtig macht, behaupten seine Anhänger. Gute Schrammelmusik ist niemals süßlich oder schmalzig, sondern eher ein bißchen herb, für manche Ohren vielleicht sogar derb. Wie

die Volksmusik überall, sind auch die Heurigen-Lieder heute in Gefahr, zum seichten Gedudel und Geschunkel zu verkommen.

Einer, der sich um die Erhaltung der echten Wienerlied-Kultur verdient macht, ist Roland Neuwirth mit seinen »Extrem-Schrammeln«. Die verlogene Wiener Gemütlichkeit ist ihm verhaßt, er serviert seinem begeisterten Publikum stattdessen »Delirium-Tanz« oder den Titel »Jeda Ratz liebt sein Kanäu« (»Jede Ratte liebt ihren Kanal«). In dem Song »Ein echtes Wienerlied« werden sechzehn verschiedene Ausdrücke fürs Sterben gemütvoll intoniert: »Er hat an Abgang gmacht, er hat die Patschn (Pantoffeln) gstreckt, er hat a Bankl grissn, hat si niedergelegt, er hat si d'Erdäpfl von unt angschaut, er hat si sozusagn in den Holzpyjama ghaut ...«

Die Trafik

Vor dem Sterben scheinen die Wiener aber keine große Angst zu haben, sonst würden die Glimmstengel verkaufenden Tabak-Trafiken nicht so zahlreich in der Stadt anzufinden sein. Die Trafik (mit Betonung auf der zweiten Silbe) ist den Wienern so vertraut, daß niemand mehr bewußt Notiz von ihr nimmt. Ihr Wahrzeichen gehört zum Stadtbild wie der Steffl oder die Donaustrom: ein roter Ring um eine milchigweiße Riesenzigarette. Das sehr schlichte, wie ein Relikt aus den sechziger Jahren wirkende Schild wird von vielen Wienern aus ganz verschiedenen Gründen als Verheißung empfunden. Nikotinsüchtige erstehen hier ihre tägliche Ration, im »Packerl« oder gleich stangenweise, es gibt jede Menge Lesestoff, ob großformatig oder kleinkariert, Brieflose für unverdrossene Optimisten und Papiertaschentücher für tropfende Nasen zur Grippezeit. Darüber hinaus sind die Trafiken aber auch ein unersetzliches Kommunikationszentrum für das gesamte Grätzel. Hier trifft man sich auf ein kurzes Plauscherl, hier wird auf einem handgemalten Plakat von der untröstlichen Besitzerin kundgetan, daß sich der Wellensittich Burli in einem unbeaufsichtigten Moment in die trügerische Freiheit schwang. Aber auch Fremdlinge, die auf der Suche nach der Oberunterglöckelgasse Nr. 27, zweiter Innenhof, Stiege sieben, ratlos umherirren, sind hier bestens aufgehoben: Herr oder Frau Trafikant/in wissen den kürzesten Weg zum Ziel.

»Trafik« ist ein zutiefst österreichischer Ausdruck, dem selbst Touristen aus dem nahen

Deutschland ratlos gegenüberstehen. Über seine Herkunft gibt es die unterschiedlichsten Theorien. Trafik kommt vom italienischen »traffico«, was soviel wie »Handel« heißt, vielleicht läßt es sich aber auch auf das arabische »tafriq« zurückführen, was »verteilen« heißt. Erstmals tauchte der Begriff jedenfalls 1784 in einem Schreiben von Kaiser Joseph II. auf, in dem dieser empfahl, »bey den Stellen der Traffikanten vornehmlich den militar Invaliden oder Soldatenwitwen nach Thunlichkeit einiges Unterkommen und Verdienst« zu verschaffen. Damit war eine Wohlfahrtsidee geboren, die durch die Jahrhunderte den Ärmsten zugute kam und unzählige Familien vor dem Sturz ins Elend bewahrte. Eine eigene Trafik wurde zum Traum der alten Soldaten, der Witwen und Waisen, welche die Kriege des großen und mächtigen Österreich-Ungarn im Überfluß produzierten, zum Symbol für einen zwar bescheidenen, aber gesicherten und zudem höchst angenehmen, nie einsamen Lebensabend.

Heute sind es zum Glück keine Kriegsinvaliden mehr, sondern einfache Pächter, die in ihren Geschäftslokalen die Kundschaft bedienen. Eine Schachtel »Memphis Light«, »Johnny Filter« oder »Milde Sorte«, dazu die Morgenausgabe der Tageszeitung und ein Schwätzchen mit dem Herrn Trafikanten. Ein schöner neuer Tag hat begonnen.

> *Grätzel*
> → wienerisch für Bezirk, Viertel oder Straße.

Die Fiaker

Ein Wiener Original verdient natürlich besondere Erwähnung. Der Fiaker (mit Betonung auf dem »a« und niemals anders!) ist das Abziehbild des Wieners, ein Typus mit viel Herz und Gemüt, was schon deshalb so sein muß, damit sich das Geldbörsel des gerührten Touristen weit öffnet, auf daß daraus ein ordentliches Trinkgeld fließe. Die Fiaker warten mit ihren hübschen Kutschen und geduldigen, verkehrserprobten Gäulen am Stephansplatz, am Heldenplatz und hinter der Oper auf Kundschaft. Ihr Name wird von der Rue Saint Fiacre abgeleitet, wo die Pariser Lohnkutscher einst ihre Droschken abstellten. Mit Peitscherl und Melone, die wohlgestriegelten Rösser fest im Griff, so kutschieren sie Amerikaner und Japaner über den Ring, geben dazu polyglott in breitem Wienerisch einen blumigen Abriß über Österreichs Geschichte. Ob die Fahrt selbst inmitten des Verkehrsaufkommens ein Genuß ist, mag jeder selbst entscheiden, die Begegnung mit dem Original ist die paar Hundert Schilling in jedem Falle wert.

Die erste Mietkutschenlizenz erteilte Leopold I. im Jahr 1693, ihre Blütezeit erlebten die Fiaker

während der Konjunktur der sogenannten Gründerjahre in der zweiten Hälfte des 19. Jahrhunderts. Es gab einige Fiakerbälle, auf denen bis zum Umfallen im Morgengrauen Walzer und Polka getanzt wurden. Eines der schönsten Wienerlieder handelt vom wehmütigen Abschied eines Fiakers von seinem »Zeugl« (Gespann): »Stellts meine Roß in Stall...« Heute zockeln noch rund 30 Wagen durch Wien, die natürlich auch gewisse Spuren, die sogenannten »Roßknödeln«, hinterlassen. Als die Wiener Stadtverwaltung 1979 ob dieser Verunreinigung des Straßenbildes ernsthaft verlangte, den Gäulen »Windelhosen« umzuschnallen, herrschte helle Aufregung im Kutschermilieu. Mit dem schlagenden Argument: »Dann

◄ **Grabstein für den Architekten Karl von Hasenauer im Zentralfriedhof.**
▲ **Fiakerfahrt gefällig?**

müßten aber auch die Tauben Sackerln tragen«, wurden die Amtsschimmel im Rathaus in die Defensive gedrängt und mußten schließlich nachgeben. Seither ist Ruhe eingekehrt, sogar das Auftauchen von Wiens erster Fiakerin, einer kecken jungen Frauensperson, wurde von der männlichen Kollegenschaft stoisch hingenommen.

Wiener Schmäh

Der Wiener Schmäh, was ist das? Ein guter Schmäh ist ja heutzutage fast schon eine echte Rarität. »Unwahrheit, Witz, Trick, aber auch Gewandtheit, Finte, Charme«, dolmetscht ein

Fremdwortregister, nicht ohne den doppelbödigen Schluß: »Jede eindeutige Übersetzung wäre im Grunde ein Schmäh.« Einfacher wird die Sache auch nicht, wenn man hört, daß man einen Schmäh machen, erzählen, reißen, führen, abziehen oder rennen lassen kann. Ein Schmähtandler ist einer, der nicht schmähstad ist. Sie verstehen noch immer nichts? Das verwundert nicht, denn den Wiener Schmäh kann man schwer beschreiben, und lernen wird man hier nur durch persönliche Erfahrung. Seien Sie einfach ein wenig auf der Hut: Schmäh ist eine spezielle Art des Sprechens, die nichts ernst meint und den Gesprächspartner schlitzorig auf den Arm zu nehmen, ja ihn vielleicht sogar zu übervorteilen versucht.

Wien – Vielvölkerstadt

Die Metropole Wien war schon immer ein Schmelztiegel der Nationen. Seit Jahrhunderten prägen Zuwanderer das Gesicht dieser Stadt, bringen ihre Bräuche und Traditionen mit, werden eingebürgert – und ein, zwei Generationen später bereits als »urwienerisch« vereinnahmt.

Vor allem gegen Ende des vorigen Jahrhunderts war die Sogwirkung enorm. Wien, das war die Zauberschöne, von der die Menschen an den öden Rändern des Reiches träumten, die Tschechen, Ungarn und Slawen, die Juden in ihren kleinen Schtetln. Um 1900 stellten die Tschechen 25 Prozent der Wiener Bevölkerung, die damals gerade die Millionengrenze überschritt. Noch heute gibt es unzählige Seiten im Wiener Telefonbuch, die genauso in Prag aussehen könnten, Spalten voller Navratils und Prohaskas, Pospisils und Swobodas. Allerdings sind nur wenige Nachkommen der alten Muttersprache mächtig.

Auch heute hat Wien einen hohen Ausländeranteil – für viele einen zu hohen, zumal auch Wien einen verstärkten Zustrom an Asylbewerbern und Kriegsflüchtlingen v. a. aus dem Balkan registriert. Das verleitet manchen dazu, den Parolen nationalistischer Spruchbeutel zu folgen, ohne daran zu denken, wo die eigenen Wurzeln liegen.

Dabei war die Hauptstadt der Donaumonarchie immer eine tolerante Vielvölkerstadt. In Wien beginne bereits der Balkan, hat der Staatskanzler Metternich einst ironisch festgestellt. Diese Stadt gab sich immer anders als ihre adretten Schwestern weiter westlich auf dem Kontinent, ein bißchen schäbig bei aller Pracht, chaotisch, vielfältig, ein gewaltiges »Durcheinander« eben. Daran hat sich bis heute nichts geändert, und daran wird sich hoffentlich auch in Zukunft nichts ändern. Unter dem Dach die Studenten aus Preßburg und Bozen, im ersten Stock der Herr Hofrat mit der ungarischen Großmutter und dem polnischen Onkel, zu ebener Erd' die Frau Hausbesorgerin aus einem kleinen Dorf bei Laibach, die so himmlisch auf Hernalserisch schimpfen kann. Ein ganz gewöhnliches Haus irgendwo zwischen Ringstraße und Gürtel. Typisch Wienerisch eben.

▲ **Eingang zum Winterpalais des Prinzen Eugen.**
▶ **Leopold Hawelka vor seinem berühmten Kaffeehaus.**

Wien – Insel in der Zeit

Das Riesenrad dreht sich hier ständig weiter, aber die Zeit hat in dieser Stadt eine andere Konsistenz«, sagt der französische Schriftsteller Jean-Louis Poitevin. Die erste Lektion, die diese Stadt ihrem Besucher erteilt, ist die Konfrontation mit der Langsamkeit. Ob man sich nun mit der Straßenbahn aus dem Hotel in der Vorstadt ins Zentrum vortastet oder eine Runde um die Ringstraße und den Franz-Josefs-Kai genießt, wo sich Fahrzeit und Stehzeit sicherlich die Waage halten, oder im Kaffeehaus eine Viertelstunde und länger darauf wartet, seine Rechnung begleichen zu können – alles geht »pomali« (gemächlich). »Nur net hudeln« (eilen), scheint der Wahlspruch der Wiener.

Das kommt den Flanierern und Promenierern, Denkern, Träumern und Beobachtern sehr entgegen. Das Herz der Stadt schlägt innerhalb des Rings, in der »Inneren Stadt«. In ihren alten Gassen bestimmen die Fiaker das Tempo, wenn sie gemächlich Touristen an die sehenswerten Stätten kutschieren, ohne auch nur die geringste Notiz von den Autofahrern zu nehmen, die in den engen Straßen verbissen, aber vergeblich auf eine Chance zum Überholen hoffen.

Passen Sie sich dieser Geschwindigkeit an. Wien braucht Zeit und Muße. Zeit, um das Gewicht und den Zauber der Vergangenheit auf sich wirken zu lassen und Schicht für Schicht aufzuspüren: die Reste des Römerlagers, das vor 2000 Jahren hier entstand, die ruhige Kraft der romanischen Ruprechtskirche oder das in den Himmel ragende gotische Hauptschiff des Stephansdoms, die verwinkelten mittelalterlichen Gäßchen des ältesten Stadtkerns, welche in die Wiener Sagenwelt

vom stinkenden Basilisken bis zum Lebenskünstler Augustin führen, der barocke Stolz der Kirchen und aristokratischen Herrschaftssitze, die imperialen Repräsentationsräume und -plätze der Hofburg und die großbürgerlichen Stadtpalais der Ringstraße.

Die folgenden Seiten legen mehrere Wege durch die Innenstadt. Der erste konzentriert sich auf die imperiale Welt der Babenberger und Habsburger. Der zweite Rundgang entführt abseits der noblen Adressen in die Gassen und Höfe des alten Wien und erzählt von einem Leben, das höfischen Glanz allenfalls aus weiter Entfernung sah. Die Ringstraße reflektiert nicht nur die Befreiung von den beengenden Stadtmauern. Das Bürgertum konnte endlich zeigen, was in ihm steckte: auf wienerische Art natürlich, historisierend, die schönsten Bauten der Vergangenheit nachzeichnend. So entstand ein Collier von imposanten Gebäuden um die Innenstadt. Auch hier sind es zwei Wege, die der opulenten Gründerzeit, aber auch der filigranen Schönheit des Jugendstils auf der Spur sind.

Die Lustschlösser, die sich die Aristokratie einst vor der Stadt errichten ließ, fügen sich heute harmonisch ins Stadtbild und dienen meist als Galerien oder Museen. Aber auch in weiterer Entfernung findet man Juwele der Barockarchitektur. Drei Wegweiser durch die Vorstadt und die Wiener Umgebung verraten die besten Plätze nah und etwas weiter entfernt: in der Wachau, im Burgenland, im Wienerwald, am Semmering.

Es wäre jedoch eine Fehlentscheidung, die Entdeckung dieser Stadt auf die Betrachtung der architektonischen Kulisse zu beschränken. Wie man sich am schnellsten hinter den Fassaden zurechtfindet und die Wiener Lebenskunst erlernt, beschreibt das Kapitel »Die Kunst zu leben«. Einzige Bedingung: Nehmen Sie sich Zeit.

◀◀ **Winterliches Wien. –**
Jugendstilfassade am Haus Linke
Wienzeile 38. – Im Prater.

Rund um den Kaiserlichen Hof

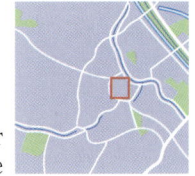

Seite
91

2000 Jahre Architektur und Geschichte, Befestigungsstrategien und
Kirchenpolitik drängen sich im Kern von Wien auf engstem
Raum aneinander. Mit Eleganz und Selbstbewußtsein lenkt der imperiale
Barock die Blicke auf sich und versetzt angesichts seiner Pracht
und Vielfalt immer wieder in Staunen. Ein erster Spaziergang läßt sich
vom Glanz an die Stätten der Glorie leiten.

Ausgangspunkt des ersten Innenstadt-
rundgangs ist die Kreuzung von zwei historisch interessanten Linien: der Ringstraße, die in der zweiten Hälfte des
19. Jahrhunderts das Zentrum von den
Vorstädten trennen sollte, und der Kärntner Straße, jener Achse, die stadteinwärts
beim Stephansdom endet, in der anderen
Richtung jedoch einst durch die Wieden,
die älteste der Vorstädte, den direktesten
Weg nach Triest anzeigte.

Von der Oper zum Stephansplatz

Im Mittelalter nahm die Stadt erst auf der
Höhe des heutigen Hotel Sacher ihren Anfang. Zunächst verschanzte sie sich hinter
einer aus dem 12. Jahrhundert stammenden Befestigungsmauer. Eine Renaissancefestung mit mächtigen Basteien übernahm später die Schutzfunktion vor allem
gegen den Feind aus dem Osten. Erst
1857, als eine Stadterweiterung und der
Bau der Ringstraße beschlossen war, wurden die Befestigungen geschleift. Der
erste Monumentalbau, der entlang des
neuen Prestigeboulevards konkrete Formen annahm, war die **Staatsoper ❶**.
Wiens erstes Opernhaus, in dem namhafte Dirigenten, Sänger und die Wiener
Philharmoniker von September bis Juni
täglich ein anderes Stück Operngeschich-
te zum besten geben, eröffnete 1869 und
löste damals das technisch veraltete und
viel zu kleine Kärntnertor-Theater ab. Obwohl im historischen, der Renaissance
nachempfundenen Stil erbaut, brüskierte
der massive Bau das ästhetische Empfin-
den der Wiener, die sich mit kritischen

Worten nicht zurückhielten. Keiner der
beiden Architekten erlebte die feierliche
Einweihung mit Mozarts »Don Giovan-
ni«: Eduard van der Nüll beging tief ver-
letzt Selbstmord, August Siccard von Siccardsburg starb bald darauf aus Gram.
Doch ist das Gebäude auch ohne Karte
für eine Abendvorstellung einen Besuch
wert. Das prachtvolle Treppenhaus – einer der wenigen Teile, der den Bombenangriff im März 1945 heil überstand –,
Moritz von Schwinds Fresken in Foyer
und Loggia, Gobelin- und Marmorsaal

◀ **Einzug der Lipizzaner in der Winter-reitschule.**
▶ **Brunnen vor der Staatsoper.**

▲ Malteser Kirche
in der Kärntner
Straße 37.
▼ Das legendäre
Hotel Sacher.

machen das »Haus am Ring« auch zu einem architektonischen Erlebnis. (1., Opernring 2.)

In der Philharmonikerstraße, gleich hinter der Oper, steht an der Stelle ihres Vorgängers, des ehemaligen k.u.k. Hofoperntheaters, das nicht nur für seine einzigartige süße Erfindung berühmte **Hotel Sacher.**

Die **Kärntner Straße,** urkundlich erstmals bereits im 13. Jahrhundert erwähnt, hat mehrmals ihr Äußeres grundlegend geändert. Die gotische wich der barocken Architektur, die wiederum den Gründerzeithäusern Platz machte. 1974 wandelte sich der Boulevard zur Fußgängerzone, die nur noch in den Morgenstunden befahren werden darf. Abends ist sie gerade im Sommer einer der belebtesten Treffpunkte: An allen Ecken sorgen Musiker und Straßenkünstler für Kurzweil.

Ernster geht es zu, nimmt man die kurze Marco-d'Aviano-Gasse nach links, die direkt auf den **Neuen Markt** führt.

Hinter der schlichten Fassade der Kapuzinerkirche verbirgt sich eines der bedeutendsten Habsburger-Monumente – die **Kaisergruft ❷**. Seit 1633 ist die Krypta Begräbnisstätte für Mitglieder des Kaiserhauses, heute mehr als 140. Nicht zur Gänze allerdings, denn die Regeln des Spanischen Bestattungszeremoniells sahen vor, daß die hochwohlgeborenen Herzen in der Augustinerkirche, die Eingeweide in der Krypta des Stephansdoms beigesetzt werden. Spektakulärstes Grabmal in den etwas modrigen Gewölben ist der Rokoko-Doppelsarkophag für Maria-Theresia und ihren Gemahl Franz Stephan von Lothringen, verblüffend der Kontrast zum betont schlichten Sarg ihres Sohnes Joseph II., der sich vergeblich um die Reduzierung des Pomps bemühte. Die letzte Beisetzung in der Gruft erlebte Wien 1990, als Zita, die Witwe des letzten Kaisers Karl I., hier ihre letzte Ruhe fand. (1., Tegetthoffstraße 2, geöffnet tägl. 9.30–16 Uhr.)

Alles Walzer

Jedes Jahr am letzten Donnerstag im Fasching ziehen sich die Stars von der Bühne und aus dem Orchestergraben der Staatsoper zurück, um dem nobelsten Ball des Jahres und einem der größten Medienspektakel Platz zu machen: dem Opernball.

Eindrucksvoll ist das Tempo, mit dem sich über Nacht die Staatsoper in einen mondänen Ballsaal verwandelt. Durch einen eingezogenen Boden werden Sitzreihen und Bühne auf gleiche Höhe gebracht. 24 000 Nelken schweben auf dem Flughafen Schwechat ein und sind kurz darauf zu kunstvollen Dekorationen gebündelt. Statt der üblichen 2000 Gäste, die die Oper an normalen Spielabenden aufnehmen kann, drängen 6000 Besucher auf den Jahrmarkt der Eitelkeiten. Eine Nacht lang klingeln in Österreichs teuerster Bundesbühne die Kassen. Der Eintritt allein scheint zwar mit zwei Tausendern noch gar nicht so teuer.

Damit kommt man allerdings nur durch das Eingangstor. Für einen Tisch sind schon bis zu 10 000 Schilling hinzublättern. Ein bißchen Intimität in einer der 150 Logen kann zwischen 60 000 und 130 000 kosten. Und wenn man repräsentieren muß, aber selbst nicht über das entsprechende Gesicht verfügt, lädt man vielleicht noch eine Berühmtheit ins familiäre Séparée, wie 1997 ein Wiener Geschäftsmann Prinzessin Fergie – auch nicht eben billig.

80 Grazien in weißen Roben und mit zarten Krönchen, 80 Herren im Frack sind für die Dauer von Zierers Fächerpolonaise Mittelpunkt der Aufmerksamkeit, ehe sich nach der offiziellen Aufforderung zum Tanz Journalisten und Fernsehteams ins Gewühl stürzen, um sich auf die Jagd nach königlichen Häuptern, Politikern oder Stars zu machen, und das jährliche Spiel vom Sehen und Gesehenwerden beginnen kann.

Der **Providentiabrunnen,** zentraler Blickfang des Platzes, entstand 1737 bis 1739 als erste Auftragsarbeit, die nicht von Kaiserhaus oder Kirche, sondern von der Wiener Stadtverwaltung, d. h. der Bürgervertretung, initiiert wurde. Die von Barockbildhauer Georg Raphael Donner entworfenen Brunnenfiguren mißfielen Maria Theresia ihrer spärlichen Verhüllungen wegen. Sie verfügte die Einschmelzung des Brunnens, was jedoch gekonnt verzögert werden konnte. Heute sprudelt die Quelle aus einer Bronzekopie des Donner-Entwurfs, die bleiernen Originalfiguren sind im Barockmuseum des Belvederes (s. S. 179) zu sehen.

Kreuzt man auf der Höhe der Kupferschmiedgasse die Kärntner Straße, so gelangt man auf der gegenüberliegenden Seite in die Himmelpfortgasse, wo eines der prächtigsten Barockpalais der Stadt – das **Winterpalais des Prinzen Eugen ❸** – heute das Finanzministerium beherbergt. Der hervorragendste Feldherr der öster-

Info gefällig?
Am Beginn der Kärntner Straße (Nr. 38) liegt die Tourist-Information. Hier erhalten Sie Tips, Informationsbroschüren und Anregungen aller Art für Ihren Wien-Aufenthalt.

▼ **Schläfchen am Providentia-brunnen.**

Süßes Geheimnis

Im zweiten Lehrjahr befand sich der Kocheleve Franz Sacher im Hause Metternich, als er 1832 als 16jähriger erstmals eine eigene Mehlspeiskomposition ins Backrohr schob: ein Tortenboden aus Schokolade, Ei, Butter, Zucker und Mehl, darüber eine feine Schicht Marillenmarmelade, obendrauf Schokoladenglasur. Vier Jahre später stand die Sachertorte erstmals auf einer Menüfolge des Kaiserhauses. 1888 berichtet der Sohn des Erfinders, daß er in seinem Betrieb vier Personen Tag und Nacht nur mit der Herstellung der Schokoladenspezialität des Hauses beschäftige, um den Bestellungen aus den Metropolen der Welt nachzukommen.

Nachahmungen gibt es unzählige, Rezepte wahrscheinlich so viele wie Kochbücher, Original Sachertorte darf aber nur genannt werden, was auch aus dem Sacher kommt.

reichischen Geschichte verantwortete als 20jähriger Newcomer Wiens Befreiung von der Türkenbelagerung im Jahr 1683. Zu Wohlstand gelangt, beauftragte Eugen zunächst Johann Bernhard Fischer von Erlach mit der Planung seines Stadtpalais, von 1702–1709 übernahm Lukas von Hildebrandt die Ausgestaltung der Winterresidenz. Besonders sehenswert in diesem Gebäude, das nur sehr eingeschränkt und zu den ministeriellen Amtsstunden besichtigt werden kann, sind das Treppenhaus und der Eingangsbereich mit seinen imposanten Atlanten- und Herkulesfiguren. (1., Himmelpfortgasse 8.)

Im unscheinbaren Kärntner Durchgang links der Kärntner Straße verbirgt sich eine Arbeit des Jugendstilarchitekten Adolf Loos. In der vor einigen Jahren restaurierten **American Bar** aus dem Jahr 1908 ist es ihm gelungen, auf nicht einmal 30 m² eine stilvolle Bar zu zaubern, die er bis ins kleinste Detail vorzugsweise mit edlen Materialien ausstattete.

Rund um den Steffl

Seite
91

Immer geradeaus auf der Kärntner Straße und über den Stock-im-Eisen-Platz, und Sie stehen vor dem **Stephansdom** ❹, heute symbolisches wie geographisches Zentrum Wiens. Kaum vorstellbar ist es also, daß die 1137 begonnene, zehn Jahre später vom Passauer Bischof geweihte und 1160 fertiggestellte dreischiffige Basilika zum Zeitpunkt ihrer Vollendung noch außerhalb der Stadt lag. Was heute schon von weitem als Wiener Wahrzeichen identifiziert wird, ist bereits der vierte Bau, zählt man die Arbeiten nach 1945 als eigenständig mit, die durch die Zerstörungen in den letzten Kriegstagen notwendig geworden waren.

Die Besichtigungsrunde um die Außenfassade beginnt am Riesentor, dem von den beiden 65 m hohen Heidentürmen gesäumten spätromanischen Trichterportal. Beachten Sie die kleinen Skulpturen: Sie geben eine Ahnung von den Ängsten

▲ Detail am Winterpalais des Prinzen Eugen. ▼ Franziskanerkirche am Franziskanerplatz.

des Mittelalters. Rechts davon ist das Geheimkürzel »05« der österreichischen Widerstandsbewegung gegen Hitler eingemeißelt, die beiden Ziffern 0 für O und 5 für den fünften Buchstaben des Alphabeths, E, symbolisierten »OE« für Österreich, das nach dem Zwangsanschluß an Deutschland Ostmark hieß. Weiter rechts betraten früher die Männer über das Singertor von der südlichen Seite den Kirchenraum. Weiter gegen den Uhrzeigersinn gelangt man an die Basis des 137 m hohen Stephansturms. Von der Capistrankanzel an der nordöstlichen Ecke pflegte der Franziskaner Johann von Capistran seine zündenden Appelle an die Gläubigen zum Kreuzzug gegen die Türken zu richten. Um den nie vollendeten Nordturm rankt sich die Legende, daß der Baugeselle Hans Puchsbaum einen Pakt mit dem Teufel schloß, um den Turm binnen Jahresfrist fertigzustellen. Unter dieser Bedingung hatte der Meister dem Gesellen seine Tochter Maria versprochen. Puchs-

▲ Anton Pilgram, der Fenstergucker.
▼ Auch von oben sehenswert: das Dach des Stephansdoms.

baum verstieß jedoch gegen die teuflische Auflage, nie den Namen des Mädchens auf dem Gerüst auszusprechen, und stürzte in die Tiefe. Trotz seiner Unvollkommenheit wurde dem Nordturm eines der wichtigsten Symbole des Doms anvertraut, die Pummerin. 20 Tonnen wiegt die aus Kanonenkugeln des Türkenkrieges 1683 entstandene Glocke, die beim Brand 1945 in die Tiefe stürzte, aus den Trümmern jedoch wieder neu gegossen wurde und seither verläßlich zu Silvester das neue Jahr einläutet.

Faszinierend ist der Anblick, der sich beim Eintritt ins Dominnere auftut: eine dreischiffige gotische Hallenkirche, ein Mittelschiff von 28 m Höhe und ein Netzrippengewölbe, das auf beinahe 3 m starken Bündelpfeilern seinen Ausgang nimmt. Spätgotische Hauptattraktion des Mittelschiffes ist die filigrane, aus sieben Sandsteinblöcken gemeißelte Pilgram-Kanzel. Die Porträts von vier wenig sympathisch gezeichneten Kirchenvätern prägen die Balustrade, unterhalb hat sich jedoch wider alle damaligen Regeln der Zunft auch der Baumeister und Bildhauer Anton Pilgram selbst verewigt: als »Fenstergucker« in seinem Meisterwerk. Ein zweites Selbstbildnis, mit Zirkel und Winkel in der Hand, hinterließ er auf einem Orgelfuß im linken Seitenschiff. Den im nördlichen Chor gelegenen Wiener Neustädter Altar aus dem 15. Jahrhundert zieren nicht weniger als 72 Heiligendarstellungen. Das marmorne Grabmahl seines Stifters, Friedrich III., befindet sich gegenüber im rechten Seitenschiff. Bis ins 18. Jahrhundert wurden Tausende von Wienern in den Katakomben des Stephansdomes bestattet, die unzähligen Gebeine in den unterirdischen Gewölben des Doms liefern davon heute noch Zeug-

> **Anton Pilgram**
> → um 1460–1515, arbeitete in Südwest-Deutschland, Brünn und Wien. Aus seinen Werken spricht ein neues, bisher unbekanntes künstlerisches Selbstbewußtsein.

nis. Auch die Eingeweide der in der Kapuzinergruft ruhenden Habsburger werden hier verwahrt – ein schaurig-schöner Rundgang mit Einblick in grauenvolle Pestzeiten und das spanische Bestattungszeremoniell.

Bevor Sie den »weihevollsten Kirchenraum der Welt« (Adolf Loos) durch das Riesentor verlassen, wenden Sie sich noch nach rechts: In der kleinen Kreuzkapelle ist Prinz Eugen bestattet. (Dom geöffnet tägl. 6–22 Uhr, Führungen durch die Katakomben tägl. 10, 11, 11.30, 14, 14.30, 15.30, 16, 16.30 Uhr.)

Danach die Gegenwart mit dem einzigen zeitgenössischen Wagnis im historischen Innenstadtkontext: Der Bau von Hans Holleins **Haas-Haus** Ende der achtziger Jahre provozierte, wie jede architektonische Neuerung in dieser Stadt,

Seite
91

Der Steffl
Versäumen Sie nicht, auf den Stephansdom zu klettern, auch wenn die enge Wendeltreppe manche Überwindung kostet. Die Aussicht von der Türmerstube ist grandios!
(Tägl. 9–17.30 Uhr.)

▼ **Der Steffl im Winter. – Der Hochaltar des Doms.**

zunächst eine Welle des Protests. Die postmoderne Glasfassade setzt nicht nur einen interessanten Kontrast zum 850 Jahre alten Sakralbau, durch die Spiegelungen in der imposanten Glasfassade des schicken Geschäftshauses wurde gleichzeitig eine ästhetische Verbindung im architektonischen Generationenkonflikt hergestellt. Eine kurze Pause bietet sich an dieser Stelle geradezu an. Zur Auswahl steht die Luxusvariante beim Szene-Gourmet **Do&Co** im 7. Stock des Haas-Hauses. Der Ausblick auf den »Steffl« aus dieser Höhe tröstet auch über die Preise hinweg. Die kostenbewußten Wiener lassen sich allerdings lieber im ersten Stock der **Aida** an der Mündung von Graben und Kärntner Straße nieder. Diese Filiale der Kaffeehauskette mit den rosa-braun uniformierten Kellnerinnen, den stillosen Plastikstühlen, aber einem bemerkenswerten Mehlspeissortiment bietet neben einem Moment Wiener Alltagskultur einen einmaligen Beobachterposten auf den **Stock-**

◄ Die Dreifaltigkeitssäule am Graben erinnert an die verheerende Pestepidemie von 1679, die 100 000 Wiener hinwegraffte.

im-Eisen-Platz. Seinen Namen verdankt der Platz einem in einer Nische des Equitablepalais verwahrten, von einem Eisenring umschlossenen und von Nägeln übersäten Stück Holz. Hineingeschlagen wurden sie einst von Schlossergesellen, die nach Wien gereist kamen.

Zurück zu den Babenbergern

Eine der engsten Seitengassen des Grabens, die Dorotheergasse, führt vorbei an einer Institution unter den Wiener Kaffeehäusern, dem **Café Hawelka** (s. S. 161) und am **Jüdischen Museum** im Palais Eskeles zum Auktionshaus **Dorotheum ❺** Bereits im 17. Jahrhundert hatte Joseph I. eine Pfandleihanstalt gegründet, um das Unwesen der Wucherer etwas einzudämmen. An der Stelle des vom Reformkaiser Joseph II. aufgehobenen Dorotheenklosters entstand dann 1788 das großzügig angelegte Haupthaus des Dorotheums. Natürlich gibt es zu festgelegten Zeiten Kunstauktionen und Versteigerungen, zu allen Stunden aber laden die Schauräume zum Bummeln ein, wo u. a. Schmuck, alte Möbel, Glas und Porzellan gelegentlich überraschend günstig im freien Verkauf erworben werden können (1., Dorotheergasse 17; geöffnet Mo–Fr 10–18, Sa 8.30–12 Uhr).

Über Stallburggasse und Bräunerstraße flaniert man wieder hinaus auf den **Graben,** wo zu Zeiten des Römerlagers Vindobona (s. S. 21) tatsächlich eine Wehrgrube ausgehoben war. Erst das von den Engländern erpreßte Lösegeld für die Befreiung von Richard Löwenherz aus seinem Gefängnis auf der Burg Dürnstein (s. S. 202) soll die Planierung dieses Einschnitts und die Nutzung für die Stadtentwicklung ermöglicht haben. Als Blickfang steht hier die **Dreifaltigkeitssäule,** ein Musterbeispiel des Wiener Hochbarocks, das Leopold I. im Pestjahr 1679 in Auftrag gab. Eine Wolkenpyramide mit Engelsfiguren und eine Dreifaltigkeitsgruppe sollten den Sieg des Glaubens über die Epidemie bestärken.

Dort, wo ein Fahrstreifen motorisierter Fahrzeugen und Fiakern das Kreuzen der

Fußgängerzone erlaubt, steht leicht nach hinten versetzt die **Peterskirche ❻**. 1701 war eine romanische Kapelle abgerissen und an ihrer Stelle ein Kuppelbau errichtet worden, an dem mehrere Barockmeister Hand anlegten. Lukas von Hildebrandt zeichnete für die Pläne verantwortlich, Andrea Altomonte für den später hinzugefügten Portalvorbau, der Bildhauer Mathias Steindl für die geschnitzte Kanzel, der Maler Johann Michael Rottmayr für das Kuppelfresko mit der Himmelfahrt Mariens. (1., Petersplatz 6.)

Der römische und mittelalterliche Befestigungswall setzte sich in der um vieles engeren **Naglergasse** fort, durch die sich nicht nur wegen der verlockenden Gastgärten und Geschäftsauslagen ein Bummel lohnt, denn am Haarhof in der Mitte

---

Heinrich II. Jasomirgott

→ Margraf und Herzog von Österreich 1141–1177. Verdankt seinen Beinamen dem wohl zu häufig geäußerten Nachsatz »ja, so mir Gott helfe«.

---

der Gasse hat sich noch eine Senke des einstigen Grabens erhalten. Bemerkenswert ist aber auch die sehr alte, teils noch barocke Häuserfront, die sich einst entlang der Stadtmauer hinzog.

Verläßt man die Naglergasse bereits auf der Höhe der kurzen Irisgasse, steht man auf dem größten der Innenstadtplätze, **Am Hof.** Hierher verlegte Heinrich II. Jasomirgott im Jahr 1156 den Sitz der Babenberger und war somit der erste Herrscher, der sich um den Ruf Wiens als Haupstadt bemühte. Die riesige freie Fläche bot den idealen Rahmen für Feste und Turniere, für höfisches Leben.

Nach der Verlegung der Residenz in die Hofburg ging das ehemalige Herrscherhaus an die Karmeliter, die an dieser Stelle eine gotische Hallenkirche, die **Kirche zu den neun Chören der Engel ❼**, er-

**Seite
91**

▼ **Lange Zeit ein Zankapfel: das Haas-Haus am Stephansplatz.**

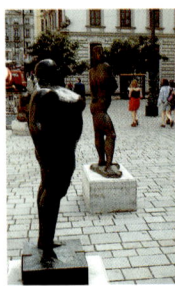

richten ließen. Die frühbarocke Fassade mit der mächtigen Altane, von der aus Papst Pius VI. 1782 den Segen spendete, geht auf die Jesuiten zurück, ebenso die Barockisierung des Innenraumes (1., Schulhof 1). Direkt daneben steht das **Palais Collalto,** das 1720 mit einer Barockfassade versehen wurde. Hier trat 1762 Wolfgang Amadeus Mozart als Sechsjähriger erstmals vor das Wiener Publikum. Setzt man die Platzrunde gegen den Uhrzeigersinn fort, kommt man zunächst am barocken **Urbanihaus** mit seinem Gasthauszeichen aus dem 18. Jahrhundert vorbei. Der extravagante dunkelrote Bau ist mit 1570 datiert und war einst das **Bürgerliche Zeughaus;** heute hat hier die Feuerwehr ihr Hauptquartier eingerichtet. Das von Lukas von Hildebrandt entworfene **Märkleinsche Haus** bildet den Abschluß in der illustren Runde um den großzügig angelegten Platz, den in der Mitte Balthasar Herolds barocke **Mariensäule** schmückt.

Freyung

→ **bedeutet Freistatt; die Mönche hatten im Mittelalter das Recht, Verfolgte aufzunehmen und vor dem Zugriff der weltlichen Gerichtsbarkeit zu schützen.**

Kaum hundert Meter weiter folgt mit der **Freyung** ein weiterer Platz, auf dem sich die Prestigebauten aneinanderdrängen. Lange bevor die adeligen Familien ihre Palais bezogen, stiftete Heinrich Jasomirgott im Jahr 1155 seiner Niederlassung Am Hof eine Benediktinerabtei. Irische, nicht, wie der Name vermuten läßt, schottische Mönche begründeten das Klosterleben des Schottenstiftes. Die **Schottenkirche ❽**, ein ursprünglich romanischer Bau, wurde im Lauf ihrer Geschichte mehrmals neu gestaltet. Heute präsentiert sie sich als Barockkirche, den Innenraum veränderte zuletzt 1883–1889 der Ringstraßenarchi-

▲ Kontrast: Moderne Skulpturen an der mittelalterlichen Freyung.
▼ Barocke Fassaden zieren den Platz Am Hof.

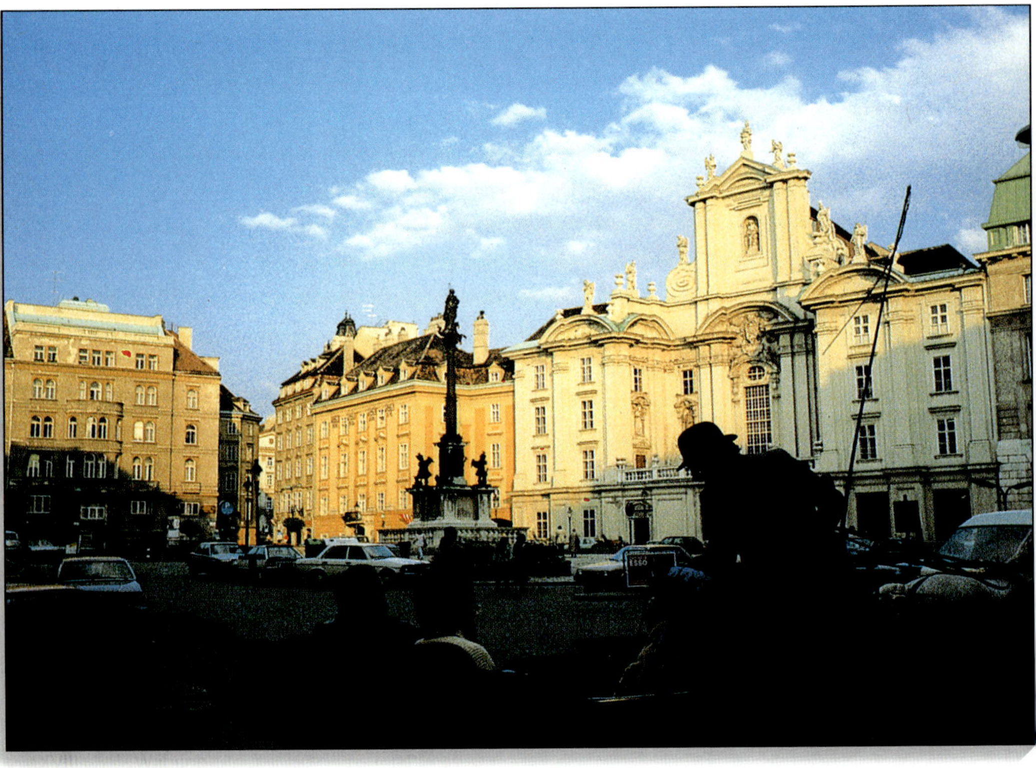

Seite 91

tekt Heinrich Ferstel. Ein besonderes Juwel, die älteste, um die Mitte des 13. Jahrhunderts entstandene Mariengnadenstatue Wiens, befindet sich über dem Tabernakel des linken Querschiffaltars. In der **Gemäldegalerie** ist eines der ältesten Zeugnisse österreichischer Malerei, die »Flucht nach Ägypten« (1469), zu sehen; sie gehört gleichzeitig zu den frühesten Ansichten von Wien (geöffnet Do–Sa 10 bis 17, So 12–17 Uhr).

Palais, Palais …

Auf dem heute feinsäuberlich gepflasterten Platz der Freyung ging es in früheren Zeiten bei weitem turbulenter zu. Gaukler und Wanderbühnen fanden hier ihr Publikum, und auch die Leitfigur des Wiener Volkstheaters, Joseph Anton Stranitzky, warf die frechen Sprüche seines »Hanswurst«, der Wiener Variante des Harlekin, in die Menge, bevor er im Theater am Kärntner Tor seßhaft wurde.

Interessant ist ein Blick auf das von Johann Bernhard Fischer von Erlach im imperialen Stil entworfene **Palais Batthyány-Schönborn** in der Renngasse 4. Es ermöglicht später den direkten Vergleich mit Erlachs größtem Konkurrenten Lukas von Hildebrandt, dem man den Bau des Palais Kinsky (s. u.) übertrug. Nicht verzichten sollte man aber vorher auf den Besuch im **Kunstforum Bank Austria,** das Meistern des 19. oder 20. Jahrhunderts sehr sehenswerte temporäre Ausstellungen widmet (1., Freyung 8; tägl. 10–18, Mi bis 21 Uhr).

Das nach seinem Architekten benannte **Palais Ferstel** entstand in den Jahren 1856–1860 und gehört zu den jüngsten Palais um die Freyung. Ferstel konzipierte das Gebäude der Österreichisch-Ungarischen Bank im Stil der Frührenaissance. Der Arkadengang, eine außergewöhnlich elegante Geschäftszeile, führt zum Brunnenhof mit dem Donaunixenbrunnen und weiter in Richtung Herrengasse zum **Café Central,** dem legendären Intellektuellentreff zur Zeit der Jahrhundertwende. Einem seiner damals treuesten Gäste,

dem Literaten Peter Altenberg, hat das Café am Eingang einen Stammplatz reserviert. Da sitzt er nun wie eh und je, wenn auch in Papiermaché.

Zurück auf die Freyung, wo noch drei Palais eines Blickes gewürdigt werden sollten. Unmittelbar benachbart ist das 200 Jahre ältere **Palais Harrach,** dessen Räumlichkeiten das Kunsthistorische Museum für Ausstellungen nutzt. Zu den prächtigsten Wiener Barockpalais zählt das bereits erwähnte **Palais Daun-Kinsky.** Zunächst für den Reichsgrafen Daun erbaut, ging das Hildebrandt-Werk, in dem Leichtigkeit und Verspieltheit dominieren, 1784 in den Besitz der Familie Kinsky über (1., Freyung 4). Gleich anschließend in der Herrengasse eine architektonische Seltenheit für Wien: Das **Palais Porcia** (Nr. 23) aus der Mitte des 16. Jahrhunderts gehört mit seiner original erhaltenen Fassade italienischen Typs zu den raren Renaissancebauten dieser Stadt.

► **Rund um die Freyung konzentrieren sich besonders schöne Adelspalais, wie das prachtvolle Palais Daun-Kinsky.**

Auf dem Weg zur Hofburg

Die **Herrengasse,** die Verbindung zwischen Freyung und Hofburg, verdankt ihren Namen der Tatsache, daß sich die adeligen Familien möglichst nahe der Habsburgerresidenz anzusiedeln versuchten. Die Dichte der Prestigebauten steigt proportional mit der Nähe zur Hofburg. Vor dem ehemaligen Niederösterreichischen Landhaus, das erst 1997 seiner Funktion enthoben wurde, als die Landesregierung ihr neues Regierungviertel auf niederösterreichischem Boden in St. Pölten bezog, führt die Bankgasse nach rechts zum **Minoritenplatz,** wo sich wiederum ein Repräsentationsbau an den anderen reiht: das **Palais Dietrichstein,** Rokokobau des Hildebrandtschülers Franz Hillebrand, daneben das raumgreifende **Palais Liechtenstein** mit seinem monumentalen Portal zur Bankgasse und dem nicht gerade bescheidenen, mit Giuliani-

▲ Nobel bis ins kleinste Detail: die Türklingel des Café Central im Palais Ferstel.
◄ Portal der Minoritenkirche am gleichnamigen Platz.

Skulpturen flankierten Nebeneingang auf den Minoritenplatz. Heute beherbergt es wie das benachbarte **Palais Starhemberg** Abteilungen der Bundesministerien.

Die Platzmitte dominiert die **Minoritenkirche Maria Schnee ❾**. In der ersten Hälfte des 13. Jahrhunderts errichteten Ordensbrüder der Minoriten einen ersten Bau, zwischen 1340 und 1400 entstand die Kirche in ihrer heutigen Form. Ungewöhnlich ist das Fehlen der Turmspitze, die, während der ersten Türkenbelagerung 1529 schwer in Mitleidenschaft gezogen, durch den pyramidenförmigen Abschluß ersetzt wurde. Französischen Einfluß verrät das Mittelportal mit seinem dreiteiligen Tympanonrelief. Ebenfalls einem Franzosen, keinem geringeren als Napoleon, verdankt die Kirche das Mosaik mit der Nachbildung von Leonardo da Vincis »Abendmahl«, das er 1806 bei Giacomo Raffaelli in Auftrag gab, um es nach Paris zu bringen. Nach der Niederlage bei Waterloo kaufte das Haus Habsburg die Arbeit und gab ihr einen Platz in der Kirche, die Joseph II. der italienischen Gemeinde von Wien stiftete.

Verläßt man den Minoritenplatz in Richtung Hofburg, so passiert man zunächst das **Bundeskanzleramt** am Ballhausplatz. Über die Schauflergasse, an deren Ende das zur Jahrhundertwende geschlossene, heute wiederbelebte **Café Griensteidl** (s. S. 74) zu Melange und Apfelstrudel lädt, gelangt man an den **Michaelerplatz,** den Eingang zur Alten Hofburg. Wie lange hier schon Wiener Geschichte geschrieben wird, zeigen die in der Platzmitte freigelegten Reste der römischen Besiedlung aus dem 1. bis 5. Jahrhundert. Mit dem Einzug der Babenbergerherzöge nach Wien wurden die bestehenden Mauern des römischen Legionslagers langsam zu eng. Das mittelalterliche Wien begann über seine Begrenzungen hinauszuwachsen, im damaligen Vorstadtbereich entstand hier, an der Straßenkreuzung zwischen der parallel zur Donau verlaufenden Limesstraße und der nach Süden führenden Bernsteinstraße, der Witmarkt, auf dem Holz und Holz-

In den Tiefen der Geschichte

1989 wurden die Autos vom Michaelerplatz verbannt. Im Zuge der Umbauten stand er den Archäologen drei Jahre lang zur Erkundung zur Verfügung. Neben den neuzeitlichen und mittelalterlichen Funden spürten sie auch Teile der römischen Lagervorstadt (Cannabae) auf. In dieser Ansiedlung waren Kinder und Frauen, genauer gesagt meist Lebensgefährtinnen der Soldaten untergebracht, da es den römischen Legionären bis ins dritte Jahrhundert nicht gestattet war, zu heiraten. Ihre Freizeit durften sie jedoch mit ihrer Familie in der Cannabae verbringen, wo im übrigen auch für die Freuden der alleinstehenden Soldaten gesorgt war. Über das Ende der Cannabae herrscht Ungewißheit, da die obersten Schichten der römischen Siedlung möglicherweise schon im Mittelalter zerstört wurden.

kohlen verkauft wurden. Der Name **Kohlmarkt,** heute eine der nobelsten Wiener Geschäftsadressen, erinnert noch an das frühere Markttreiben. Alles andere als ein Geheimtip, aber dennoch den Preis einer Heißen Schokolade wert ist die **Hofzuckerbäckerei Demel,** die seit 1888 auf Nummer 14 zu finden ist. Zur Gaumenfreude gesellt sich hier der Augenschmaus, der an der Auslage voll fragiler Zuckerskulpturen beginnt und im feinzielierten Interieur hält, was schon die Außenfassade verspricht. In der gegenüberliegenden **Parfümerie Ruttner** sind noch Reste der Innenausstattung des Architekten Adolf Loos zu sehen, der sich zur Jahrhundertwende vehement gegen jede Art von verspielter Dekoration auflehnte. Die Schneiderfirma Goldman & Salatsch schrieb für ihr Haus am Michaelerplatz einen Wettbewerb aus, lehnte jedoch alle Einreichungen ab und beauftragte schließlich den damaligen Revolutionär in der Architektur mit dem Neu-

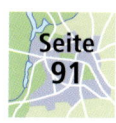

Seite
91

▼ Der Eingang zur Alten Hofburg am Michaelerplatz. – Wiegenbett des Herzogs von Reichstadt, Sohn Napoleons und Marie Louises, zu sehen in der Schatzkammer der Hofburg.

bau. Loos' Bruch mit der Tradition hätte um 1910 nicht radikaler ausfallen können. Die in die Platzmitte ausgerichtete Fassade mit dem weißen, völlig schmucklosen Wohntrakt löste einen Skandal aus. Der Bau des **Looshauses** wurde vorübergehend sogar eingestellt und durfte nur mit der Auflage weitergeführt werden, daß für lebenden Pflanzenschmuck zu sorgen sei (1., Michaelerplatz 3).

Die ältesten Bauelemente der **Michaelerkirche** ❿ stammen aus der ersten Hälfte des 13. Jahrhunderts. Im Inneren präsentiert sie sich als dreischiffige Pfeilerbasilika mit Kreuzrippengewölbe und spätromanischen Arkaden und Kapitellen. Das Wandgemälde am Triumphbogen entstand im 14. Jahrhundert, das Altarbild im Nordchor trägt die Handschrift des Barockmeisters Franz Anton Maulpertsch, ebenfalls barock ist Lorenzo Matiellis Engelssturzgruppe am Portal. Die klassizistische Fassadengestaltung machte 1792 das Stilgemisch komplett.

▲ Reichskreuz von 1024, Schatzkammer.
▼ In den Kaiserappartements.

In der Hofburg

Am **Michaelertrakt** begann schon Johann Bernhard Fischer von Erlach 1726 zu arbeiten, später setzte sein Sohn Joseph Emanuel den Auftrag fort. Bis jedoch der prächtige Kuppelbau von Ferdinand Kirschner 1889–1893 fertiggestellt werden konnte, vergingen mehr als 150 Jahre. Eine Reihe von Häusern mußte 1888 dem Neubau weichen, der schmerzlichste Abriß war sicherlich der des alten Hofburgtheaters, das im neuen Burgtheater am Ring einen Ersatz geboten bekam, den viele Zeitgenossen als ganz und gar nicht würdig empfanden. Den Haupteingang in der konkaven Portalwand des Michaelertraktes bewachen vier Herkulesfiguren, seitlich davon symbolisieren die zwei imposanten Wandbrunnen Österreichs einstige Militärmacht, links zur See, rechts zu Lande. Durch ein prachtvolles schmiedeeisernes Tor betritt man die Rundhalle, über die sich eine gewaltige Kuppe wölbt, und steht auch schon vor einem der Eingänge zu den vielen Museen, die die Hofburg vereint. Rechts geht es zur **Hofsilber- und Tafelkammer,** die allein durch Porzellanschätze und Tafelsilber (bzw. -gold) einen interessanten Eindruck vom Lebensstil bei Hofe vermittelt. In den **Kaiserappartements ⓫** öffnen sich die Kulissen und geben den Blick bis ins hoheitliche Schlafzimmer frei: Franz Josephs spartanisches Soldatenbett, Elisabeths Turngeräte, an denen sie sich für ihre vielbewunderte Taille abmühte, Audienzzimmer, Rauchsalon oder die für das Staatsbankett gedeckte Tafel. Durch etwa 20 Räume führt der Rundgang, der sich nicht auf die von Franz Joseph und Elisabeth bewohnten Teile des Reichskanzleitraktes beschränkt, sondern auch einen Blick in die von Zar Alexander während des Wiener Kongresses 1815 benutzten Gemächer gewährt (bei Ausstellungen geöffnet Mo bis Sa 8.30–12, 12.30–16, So 8.30 bis 2.30 Uhr). Diese liegen aber bereits in

der **Amalienburg,** dem Renaissanceflügel der Hofburg, der ursprünglich frei stand, ehe der im frühbarocken Stil von Philiberto Lucchese 1660–1666 geschaffene **Leopoldinische Trakt** – heute der Sitz des Bundespräsidenten – die Verbindung zum gotischen Kern, dem **Schweizer Hof,** herstellte. Die vierte Seite des Hofes, der **Reichskanzleitrakt,** entstand 1723–1730 nach Plänen von Joseph Emanuel Fischer von Erlach.

Die zweite Besichtigungsrunde im immensen Komplex eröffnet sich, indem man nach Besichtigung der Kaiserappartements vom Ballhausplatz durch das Tor den Platz **In der Burg** mit dem Denkmal von Kaiser Franz I. betritt. Am gegenüberliegenden Ende liegen die Anfänge der Hofburg. Ende des 13. Jahrhunderts wurde der Bau des **Schweizerhofes** in Angriff genommen, der in erster Linie als kompakte Festung gedacht war. Die Gräben links und rechts des Eingangs weisen heute noch auf den wehrhaften Charakter

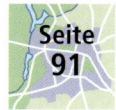

Seite 91

▼ **Das Schweizertor. – Franz I., erster Kaiser von Österreich, letzter Kaiser des Heiligen Römischen Reiches Deutscher Nation.**

▲ **Die Reichskrone des Heiligen Römischen Reiches, getragen vielleicht schon von Otto dem Großen.**
▼ **Das Kuppelgemälde des Prunksaals in der Nationalbibliothek ist das bedeutendste Werk Daniel Grans.**

hin. Der spirituellen Seite wurde jedoch von Anfang an ebensolches Gewicht beigemessen. Die **Hofburg-Kapelle** ⓬, bereits im Jahr 1296 erstmals erwähnt, entstand 1447–1449 neu. Als knapp fünfzig Jahre später Maximilian I. zwölf Knaben als Chorsänger an den Hof holte, agierte er ganz im Sinne der zeitgenössischen Avantgarde. Damals bestimmten Burgund und die Niederlande die Trends in Musik und Malerei, mit der Einführung der Hofsängerknaben setzte der Wiener Hof ein Zeichen, im modernen europäischen Kunst- und Kulturgeschehen mitmischen zu wollen. Die Wiener Sängerknaben sind zwar längst keine Hofsängerknaben mehr, die Tradition blieb jedoch erhalten. Von September bis Juni wird nach wie vor sonntags um 9.15 Uhr in der Hofburgkapelle eine Messe gegeben.

Über den Treppenaufgang rechts gelangt man in die vorbildlich konzipierten Schauräume der **Geistlichen und Weltlichen Schatzkammer** ⓭. Unschätzbare Werte repräsentieren hier ein Jahrtausend imperialer Geschichte: die Reichsinsignien des Heiligen Römischen Reiches Deutscher Nation mit der aus dem 10. Jahrhundert stammenden Reichskrone, der durch die Heirat Maximilians II. mit Maria von Burgund nach Wien geholte Burgunderschatz, der Orden vom Goldenen Vlies und, als weiteres Zeugnis habsburgischer Heiratspolitik, die Wiege des Sohnes von Napoleon und Marie-Louise, dazu Ornate, Meßgewänder, sakrale Schätze – es fällt schwer, irgendeine der Kostbarkeiten, ein Zeugnis filigraner Handwerkskunst unerwähnt zu lassen (geöffnet tägl. außer Di 10–18 Uhr).

Wer nach diesem verdichteten Angebot annimmt, der Museumsschatz der Hofburg sei damit besichtigt und abgehakt, der könnte Überraschungen erleben, wenn er auf den Heldenplatz und in den Sektor der **Neuen Burg** ⓮ tritt. Sie allein birgt nochmals vier Museen. Dieser jüngste Flügel der Gesamtanlage entstand

Ein Museum für die Lipizzaner

Vor Jahrzehnten durfte man die edlen Rosse noch in der Stallburg besichtigen, bis ein mysteriöses Virus Einzug hielt und den Besuchern die Türen verschloß. Ende 1997 wurde aber in dem prächtigen Bau aus der Renaissancezeit ein Museum eröffnet, das sich ausschließlich mit den graziösen Vierbeinern beschäftigt. Mit Streicheln ist zwar nichts, aber immerhin dürfen Pferdefreunde durch ein großes Fenster – schalldicht und verspiegelt, damit die Edlen auch nicht nervös werden – einen Blick in die Stallungen werfen. Auch die Exponate können sich sehen lassen: Sie informieren über die Dressurarbeit und die Entwicklung der Spanischen Hofreitschule seit ihrer Gründung 1572.

Wer weiß, wie schwer und teuer es ist, Karten für die Vorstellungen der Spanischen Hofreitschule zu ergattern (s. S. 110), dem schwant, daß hier eine neue Touristenattraktion bald Tausende von Besuchern anlocken wird. (Tägl. außer Mo 10–18 Uhr.)

erst zwischen 1881 und 1913. Obwohl die Vielvölkermonarchie bereits an allen Ecken und Enden auseinanderzubrechen begann, unternahm das Kaiserhaus noch einmal eine Demonstration seiner Größe und Macht und ließ den Plan eines gewaltigen Kaiserforums erstellen: Ein spiegelgleicher Flügel zu den Kolonnaden der Neuen Burg sollte den Heldenplatz zum Volksgarten hin abschließen, Triumphbögen über die Ringstraße sollten die Verbindung zum Kunst- und zum Naturhistorischen Museum herstellen. Doch dazu kam es nicht, der Erste Weltkrieg ließ das Vorhaben Makulatur werden.

Das **Ephesos-Museum** gibt einen Überblick über die von österreichischen Archäologen durchgeführten Ausgrabungen antiker Stätten im türkischen Ephesos. Die **Sammlung Alter Musikinstrumente** hat neben den Klavieren, die Haydn, Beethoven oder Schumann benutzten, auch eine einzigartige Auswahl von Renaissanceinstrumenten zu zeigen.

Andere Töne werden in der gegenüberliegenden **Waffensammlung** angeschlagen. Die mittelalterlichen Rüstungen, die wertvoll und filigran verzierten Waffen der Hofjagd- und Rüstkammer sind Teile einer der kostbarsten Sammlungen Europas. Die Federkrone des Aztekenkönigs Montezuma ist das berühmteste Exponat des **Völkerkundemuseums,** das darüber hinaus über einen reichen Schatz an Kult- und Alltagsgegenständen aus den verschiedensten Weltengegenden verfügt. (Alle Museen tägl. außer Di 10–16 Uhr.)

Ein genußvoller Spaziergang über den weiten Heldenplatz, der mit einer höchstfotogenen Ringstraßensilhouette vom Kunsthistorischen Museum bis zum Rathaus erfreut, beendet die zweite Hofburgrunde. Alles gesehen? Beileibe nicht. Also zurück zum Ausgangspunkt, zum Michaelerplatz, zur dritten Runde.

Die Reitschulgasse führt in einem Arkadengang zur **Stallburg** ⓯, jenem Teil der Hofburg, der als Residenz für Erzherzog

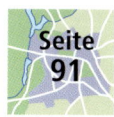

Wiener Sängerknaben Kartenbestellung für die Messe in der Hofburgkapelle mindestens acht Wochen im voraus bei der Hofmusikkapelle, Hofburg, A-1010 Wien. Abholung und Bezahlung der Karten eine halbe Stunde vor Beginn der Messe.

▼ **Die Nationalbibliothek, ein Hort des Wissens.**

Spanische Reitschule
Keine Karten für die Vorführungen der Spanischen Hofreitschule (Hofburg, A-1010 Wien) bestellt? Dann stellen Sie sich um die sehr viel preiswerteren Tickets für die Morgenarbeit an, beim Eingang im Burggraben/Innere Burg (Di–Fr 10–12 Uhr; häufige Schließtage!).

Maximilian, den späteren Kaiser Maximilian II. (1564–1576), erbaut wurde. Das annähernd quadratisch konzipierte Gebäude ist mit seinem dreigeschossigen Arkadenhof das bedeutendste Renaissancebauwerk Wiens. Die Stallburg, wo sich heute die Stallungen für die Lipizzaner der Spanischen Hofreitschule befinden, war zunächst eine selbständige Anlage, die erst später durch den Bau der **Winterreitschule** (1729–1735) mit dem Burgkomplex verbunden wurde. Im Auftrag von Karl VI. entwarf Joseph Emanuel Fischer von Erlach den stilvollen barocken Rahmen, für die Dressurkundgebungen der Spanischen Hofreitschule gerade der rechte Ort.

Der **Josefsplatz** ⓰ wird immer wieder als vollendeter barocker Innenstadtplatz gelobt. Das Reiterstandbild in der Mitte, das Joseph II. als römischen Imperator darstellt, wurde dem Marc-Aurel-Denkmal auf dem Kapitol in Rom nachempfunden. An der Südostseite des Platzes liegt

die **Hofbibliothek,** die 1723 vom älteren Fischer von Erlach begonnen, drei Jahre später von seinem Sohn vollendet wurde. Der Prunksaal, Europas größter barocker Lesesaal, ist mit grandiosen Deckengemälden von Daniel Gran versehen.

Der linke Trakt des Josefsplatzes prägt die Fassade der **Augustinerkirche,** so daß ihr gotischer Stil nur an der Seitenfront entlang der Augustinerstraße erkennbar ist. Sie entstand zwischen 1330 und 1339 neben einem Kloster der Beschuhten Augustiner. Im Zuge der Gegenreformation übergab Ferdinand II. 1630 dieses Kloster dem strengeren Orden der Unbeschuhten Augustiner und erhob deren Kirche 1634 in den Status der Hofkirche. Der gotische Innenraum mit einer sehr hohen und langgestreckten Halle und schlanken Pfeilern birgt hinter der Georgskapelle im rechten Seitenschiff die Herzgruft, wo die Urnen mit den Herzen der Mitglieder des Kaiserhauses beigesetzt sind. 1810 erfolgte hier die Eheschließung Napoleons mit der Kaisertochter Marie Louise, wobei sich der Korse allerdings aus Zeitmangel vertreten ließ. Franz Joseph gab seiner Sissi Elisabeth von Bayern 1854 wenigstens persönlich das Ja-Wort, glücklicher wurde die Ehe allerdings auch nicht.

Zurück zur Oper

Folgt man der Augustinerstraße Richtung Oper, liegt links das **Palais Lobkowitz,** in dem 1803 Beethovens Dritte Symphonie erstmals erklang und seit einigen Jahren das **Österreichische Theatermuseum** untergebracht ist. Rechts befindet sich die **Albertina ⑰**, das ehemalige Palais von Herzog Albert von Sachsen-Teschen, der das Palais Taroucca durch Louis von Montoyer umgestalten ließ. Alberts Leidenschaft, finanziert durch die großzügige Mitgift seiner Frau, verdankt Wien den Grundstock für eine der größten Sammlungen an Grafiken, Handzeichnungen und Holzschnitten der Welt. Zusammen-

getragen wurden in knapp zwei Jahrhunderten eine Million Drucke und über 40 000 Zeichnungen von Leonardo da Vinci, Raffael, Michelangelo, Rubens, Rembrandt, Schiele u. v. a. Wertvollster Schatz sind die »Betenden Hände« von Albrecht Dürer. Für die nächsten Jahre bleiben die Schauräume der Albertina wegen Umbauarbeiten leider geschlossen, temporäre Ausstellungen werden in dieser Zeit im Ausweichquartier, dem **Akademiehof,** präsentiert (1., Makartstr. 3; Di–Fr 10–18, Sa, So 10–16 Uhr).

Im Erdgeschoß der Albertina zeigt das **Österreichische Filmmuseum** in seinem tiefschwarzen Kinosaal Highlights für Cineasten (1., Augustinerstr. 1; tägl. Programm unter Tel. 53 37 05 40).

Auf dem dreieckigen Platz vor der Albertina, Standort eines Wohnhauses bis zum Bombenangriff auf die Oper 1945, mahnt Alfred Hrdlickas **Denkmal** mit dem Straßenwaschenden Juden gegen Krieg und Faschismus.

Seite 91

◄ **Kaiser Joseph II. auf dem Josefsplatz.**
▼ **Mittelschiff der Augustinerkirche. – Denkmal gegen Krieg und Faschismus am Albertinaplatz.**

In tieferen Sphären

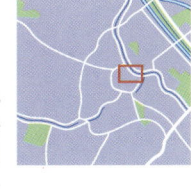

Seite 91

**Nicht in die dunkleren, jedoch in die tieferen Schichten
führt der zweite Rundgang hinab und erforscht den ältesten Teil
von Wien: vom mittelalterlichen Marktgeschehen
und Alltagsleben weit abseits imperialen Glanzes bis zum
nächtlichen Treiben in der Gegenwart.**

Am Stephansplatz beginnt der zweite Rundgang, der den ältesten Teilen der Stadt auf der Spur ist. Der weitläufige Platz erhielt erst ab Ende des 18. Jahrhunderts allmählich seine heutige Gestalt: 1732 wurde der um den Dom angelegte Friedhof aufgelassen, 1792 eine Häuserzeile vor dem Riesentor abgebrochen, 1803 eine Verbindung zum Stock-im-Eisen-Platz hergestellt. Im April 1945 gingen zugleich mit dem Dom auch viele Häuser in Flammen auf.

An seiner Nordseite steht der Zwettler Hof, eine von den Zisterziensermönchen des niederösterreichischen Stifts Zwettl gegründete Abtei, die im 14. Jahrhundert der Habsburger Rudolph IV., der Stifter, für den Dom erwarb und heute das **Dom- und Diözesanmuseum ⑱** beherbergt. Die Sammlung zeigt einen Überblick über die Sakralkunst vom Mittelalter bis ins 19. Jahrhundert, u. a. Holzreliefs, religiöse Malerei, Plastiken, Reliquiare und liturgische Geräte sowie das älteste in Österreich erhaltene Tafelbild, ein Porträt Rudolphs IV., das in den sechziger Jahren des 14. Jahrhunderts entstand. (1., Stephansplatz 6; geöffnet Di–Sa 10–17 Uhr.)

Zurück zu den Anfängen

Über die Rotenturmstraße erreichen Sie den **Hohen Markt ⑲**, den ältesten Platz der Stadt. Leider sieht man ihm das heute nicht mehr an, er hat durch die Zerstörungen des Zweiten Weltkrieges sein historisches Äußeres weitgehend eingebüßt. Die Geschichte des Platzes geht bis in die Zeit des römischen Lagers Vindobona zurück, als sich hier der Palast des Lagerkommandanten über 6000 Soldaten

befand. Letzte Mauerreste sind vom Haus Nummer 3 aus zugänglich. Nicht daß sie auf den ersten Blick besonders aufregend wären, aber immerhin sind die Fundamente jenes Gouverneurspalastes darunter, in dem Kaiser Marc Aurel einige Zeit wohnte (geöffnet Di–So 9–12.15 und 13–16.30 Uhr). Im Mittelalter erblühte der Hohe Markt mit Markt, Gerichtsgebäude, Zunft- und Patrizierhäusern zum Zentrum der Altstadt. Konkurrenz erwuchs ihm erst durch den Neuen Markt, der im babenbergischen Stadterweiterungsgebiet entstand.

◄ **Üppiges Barock: die Dominikanerkirche in der Postgasse.**
► **Zieht die Touristen pünktlich um 12 Uhr mittags an: das Spiel der Ankeruhr.**

113

Zu einer der touristischen Hauptattraktionen Wiens wird der Hohe Markt um 12 Uhr mittags, wenn die **Ankeruhr** zum täglichen Schauspiel anhebt. Alle zwölf Figuren, die der Maler Franz von Matsch 1911 für seinen Zeitmesser im Jugendstil auswählte, ziehen unter Musikbegleitung vorüber: Marc Aurel und Karl der Große eröffnen das Defilee, den Abschluß bilden Prinz Eugen, Maria Theresia und Joseph Haydn – Wiens Geschichte in kompaktester Form. 2,70 m hoch sind die Kupferfiguren, die sich an einem mit Mosaiken ausgelegten Kreisausschnitt von vier Metern Durchmesser vorbeibewegen. Unter dem Kreis ruht der Basilisk, ein Ungeheuer aus der Wiener Sagenwelt, den Abschluß nach oben macht ein Sonnenmotiv, gesäumt von zwei Figuren, die das Leben – ein Kind mit Schmetterling –

Marc Aurel
→ 121–180, römischer Kaiser und Philosoph, starb in Wien nach erfolgreicher Sicherung der Donaugrenze.

und den Tod – er zeigt unerbittlich die Sanduhr – symbolisieren.

Die Salvatorgasse führt zunächst zum **Alten Rathaus,** das vom 14. Jahrhundert an bis zur Fertigstellung des Ringstraßengebäudes 1883 seine Funktion erfüllte. Im Lauf der Jahrhunderte kontinuierlich erweitert, erhielt das Gebäude um 1700 eine barocke Fassade mit plastisch dekorierten Portalen vorgeblendet. Im westlichen Hof steht der **Andromeda-Brunnen,** Georg Raphael Donners letztes Werk.

Rechts dieses Eingang liegt das **Dokumentationsarchiv des Österreichischen Widerstandes,** das einen Teilaspekt der Geschichte Österreichs lebendig hält: von der Zwischenkriegszeit bis zum Ende des Zweiten Weltkriegs.

An der Rückseite des Alten Rathauses in der Wipplingerstraße, steht die **Ehema-**

▼ **Blick vom Judenplatz auf die ehemalige Böhmische Hofkanzlei, ein Werk Johann Bernhard Fischers von Erlach.**

ige **Böhmische Hofkanzlei,** ein besonders bemerkenswerter Bau Johann Bernhard Fischers von Erlach, da er das klassizistische Fassadenschema Andrea Palladios mit Elementen des Hochbarocks verschmolz.

Dahinter liegt der ruhige **Judenplatz.** Auch er steht für viele Schicksalsschläge der örtlichen jüdischen Gemeinde. Im Mittelalter drängten sich hier Hauptsynagoge, Spital und Badestube, zudem das Haus des Rabbi und die wichtigste Talmudschule. Doch dann das Jahr 1421: Auf dem Höhepunkt antisemitischer Greueltaten, der Wiener Geserah, die im Konkurrenzneid auf den wirtschaftlichen Erfolg des kleinen Ghettos ihre Wurzeln hatte, wurden 210 der 800 Juden auf dem Scheiterhaufen verbrannt. Danach sollte es über 150 Jahre dauern, bis sich eine neue jüdische Gemeinde herausbildete. Gotthold Ephraim Lessing steht in Form eines Denkmals auf dem Platz – ein Mahner zur Toleranz.

Die kleine Verbindungsgasse **Stoß im Himmel** verdankt ihren Namen einer reichen Witwe namens Josefa Cornelia Stosanhiml, die einst auf Nummer 3 wohnte. In Wien wäre solch eine profane Erklärung freilich nicht genug, also erzählt die Legende anderes: Eine Frau aus dieser Straße liebte Kleider über alles und kaufte ein besonders schönes bei einer Krämerin gegen das Versprechen, ihr nach drei Tagen mit dem zu bezahlen, was das Kleid bedecke. Leider war sie das selbst, weil sich das teure Stück schon nach der Anprobe nicht mehr ausziehen ließ – der Teufel hatte ihr einen bösen Streich gespielt. Nur ein inbrünstiges Stoßgebet zum Himmel verhinderte die schon sichere Höllenfahrt.

Über die Salvatorgasse gelangt man zu einem der schönsten gotischen Bauwerke der Stadt, der Kirche **Maria am Gestade ㉒**. Am steilen Abfall zu einem Donauarm, zum Teil auf Fundamenten römischer Lagermauern, stand hier bereits im

Seite 91

▼ **Die Ruprechtskirche, vielleicht das schönste Gotteshaus in Wien. – Enge Gotik zwischen schmalen Häuserzeilen: Maria am Gestade.**

12. Jahrhundert eine romanische Kirche. Die gotische Substanz mit ihrem ausnehmend hohen Turm, dem ein zierlich gearbeiteter Turmhelm sein besonderes Aussehen verleiht, entstand im 14. und 15. Jahrhundert.

Ein besonderes Kuriosum ist der durch die Beschaffenheit des Geländes bedingte Knick zwischen Chor und Kirchenschiff. Dadurch entsteht auch der einzigartige Raumeindruck im Inneren, bestimmt vom Kontrast zwischen dem schmalen, dunklen Langhaus und dem weiträumigen, hellen Chor. Vier Kirchenfenster im Chor und die beiden Tafelbilder mit der Darstellung von Marias Verkündigung und Krönung stammen noch aus der Entstehungszeit der Außenfassade. Nicht immer sah sie allerdings so prächtig aus. Anfang des 19. Jahrhunderts wurde sie von den französischen Besatzern als Pferdestall mißbraucht, so daß schon über einen Abriß diskutiert wurde. Zum Glück erwiesen sich die Kosten als zu hoch, so daß sie ab

▲ Der tschechischen Küche zu verdanken: der Palatschinken.

◀ Spielt besonders stimmungsvoll in Wiens Hinterhöfen: ein Wiener Werkelmann.

1820 wieder als Gotteshaus benutzt wurde. Die Wiener nennen die heutige Nationalkirche der in Wien lebenden Tschechen wegen der steilen Eingangstreppe „Maria Stiege".

Im Bermuda-Dreieck

Auf dem Berghof bildete sich nach dem Abzug der Römer die erste Zivilsiedlung. Auf dem höchsten Punkt steht heute die **Ruprechtskirche ㉔**. Sie ist mit großer Wahrscheinlichkeit die älteste Kirche Wiens, Hinweise auf eine Kirchenstiftung reichen bis ins 8. Jahrhundert zurück. Langhaus und Turm des heutigen Baus – eine schlichte romanische Saalkirche – entstanden jedoch erst im 11. Jahrhundert. Im Mittelfenster des Chores ist die älteste Glasmalerei Wiens (Ende 13. Jh. zu sehen. Die schlichte Kirche, von der ein ganz eigener Zauber ausgeht, wurde dem Salzburger Landespatron, dem Heiligen Ruprecht, geweiht. Er sitzt vor seinem Gotteshaus, ein Salzfaß in seiner linken Hand (geöffnet Mo–Fr 10–13 Uhr).

Vom Ruprechtsplatz öffnet sich ein freier Blick auf den Donaukanal, nur hier ist die Häuserfront des Franz-Josef-Kais unterbrochen. Was man heute genießt, hat seine Ursache in massiven Bombardements, die diesen Stadtteil kurz vor Kriegsende schwer erschütterten. Am **Morzinplatz** erinnert heute ein Denkmal daran, daß sich hier im ehemaligen Hotel Metropole das Hauptquartier der Gestapo befand.

Doch das scheint in jeder Beziehung weit entfernt. Flaniert man vormittags durch das Gassenidyll um die Ruprechtskirche, fallen nur einige Läden mit für den stillen Ort fast zu schrillen Designerkleidern auf, ansonsten könnte man meinen, eine Insel mitten in der Großstadt entdeckt zu haben. Doch der Schein trügt, denn im Dreieck um Judengasse, Seitenstettengasse und Rabensteig hebt jeden Abend zum Leid der Anrainer, zur Freude der Nachtschwärmer fröhliches Treiben an. Cocktailbars oder Bierbeisl, Szenetreffs oder Restaurants, ein Lokal reiht sich hier ans andere. Man hat die Qual der Wahl oder probiert gleich alles durch. Das brachte dem lebhaften Viertel auch den Namen Bermuda-Dreieck ein, als Anfang der achtziger Jahre im neu erblühten Wiener Nachtleben die ersten Szene-Pioniere bei intensiven Erkundungsgängen spurlos verschwanden, um erst bei Morgengrauen mit getrübtem Erinnerungsvermögen wieder aufzutauchen.

Kaum bemerkbar selbst in der vormittäglichen Ruhe ist die **Synagoge ㉒** in der Seitenstettengasse. Die Diskretion dieses ältesten jüdischen Gotteshauses, erbaut von Josef Kornhäusel 1825–1826, geht noch auf ein Gesetz Josephs II. zurück. Sein 1781 erlassenes Toleranzpatent, das freie Religionsausübung zuließ, ermöglichte zwar den ersten Synagogenbau in Wien seit der Judenvertreibung 1421, der Bau von Gotteshäusern war nicht-christlichen Glaubensgemeinschaften jedoch nur unter der Bedingung gestattet, daß sie von außen als solche nicht erkennbar

waren. Dank ihrer Lage im dichtbebauten Wohngebiet überstand diese Synagoge als einzige die Reichskristallnacht im November 1938.

An der Ecke Judengasse/Fleischmarkt steht den **Kornhäuselturm,** den der Biedermeierarchitekt für sich selbst ohne Stiegenhaus entwarf. Über eine einziehbare Leiter soll er sich ins oberste Stübchen zurückgezogen haben, um vor der Umwelt und besonders vor seiner zänkischen Frau in Sicherheit zu sein.

Das alte Zentrum der Wissenschaft ▬▬▬▬

Der **Fleischmarkt,** der älteste Sitz der Metzgerzunft, wurde bereits 1220 zum ersten Mal erwähnt. Jugendstilhäuser dominieren diesen Straßenzug, im Osten stößt man jedoch auf ältere Gebäude. Eines der schönsten steht auf Nummer 11. Eine barocke Fassade mit einem spätgotischen Erker charakterisieren die Front

Seite 91

▼ **Das Wüten der Pest in Wien anno 1679.**

des **Griechenbeisels** ㉓, benannt nach den griechischen Handelsleuten, die sich im 18. Jahrhundert hier anzusiedeln begannen. Fürs leibliche Wohl wurde in dieser Schenke bereits 1453 gesorgt. In der zweiten Hälfte des 17. Jahrhunderts soll es der legendäre Dudelsackpfeifer Augustin zu seinem Stammlokal erwählt haben. Und auch später kamen populäre Gäste, Ludwig van Beethoven, Richard Wagner, Johannes Brahms, Franz Grillparzer und Johann Nestroy zum Beispiel, die allesamt an der Wand eines Wirtsraumes ihr Autogramm hinterließen.

Neben dem Griechenbeisel steht die **Griechenkirche,** die kurz nach Erlaß des Toleranzpatentes 1782–1787 erbaut und 1858–1861 vom Ringstraßenarchitekten Theophil Hansen mit einem in byzantinischen Formen ausgestalteten Vorbau erweitert wurde. Das benachbarte Geburtshaus des Malers Moritz von Schwind besitzt eine reich dekorierte Barockfassade aus dem beginnenden 18. Jahrhundert.

◄ **Detail in der Jesuitenkirche.** ► **Die Akademie der Wissenschaften ist eines der wenigen Rokoko-Bauwerke Wiens. – Blick auf das Außenportal der Akademie.**

Rechts über die Postgasse, vorbei an der zweiten griechischen Kirche Wiens, der **Barbarakirche,** gelangt man zu einer der stilistisch einheitlichsten Barockkirchen, der **Dominikanerkirche** ㉔. 1226 berief der Babenbergerherzog Leopold VI. die Dominikaner nach Wien, die an dieser Stelle bereits 1237 ihre erste Kirche weihten. Der heutige Barockbau entstand um 1630 nach Entwürfen von Antonio Canevale und Cipriano Biasino. Der Innenraum beeindruckt mit seinen Stuckdekorationen, den Deckenfresken und dem Hochaltar, den ein Gemälde von Leopold Kupelwieser schmückt (1., Postgasse 4).

Betrachtet man die Fassade von der Predigergasse aus, kann man feststellen, daß hier ein Niveauunterschied zum dahinterliegenden Stadtviertel besteht. Die Dominikanerbastei ist noch ein Rest des innersten Rings der alten Stadtbefestigung, um den sich einst ein breiter Graben und die weite, unbebaute Fläche des Glacis schloß, das die Angreifer völlig schutzlos den Blicken der Stadt aussetzte.

Gegenüber der Dominikanerkirche beginnt der Komplex der **Alten Universität** ㉕, nach Prag die zweitälteste deutschsprachige Universität, von Rudolf IV. 1365 ins Leben gerufen. Im Zuge der Gegenreformation – 1560 war Wien zu zwei Dritteln protestantisch! – überließ Ferdinand II., der vom katholischen Wiener Neustadt aus regierte, die philosophische und die theologische Fakultät den Jesuiten, die alles daran setzten, den Katholizismus wieder zur alleinigen Religion zu machen. Daher erklärt sich auch, daß sie im Laufe der Umgestaltung der Fakultäten 1623–1627 ihre eigene Kirche mitten im Universitätsviertel errichteten.

Über einen Durchgang gelangt man auf den Dr.-Ignaz-Seipel-Platz, wo sich links in der **Akademie der Wissenschaften** die Aula der Alten Universität befindet, Wiens bedeutendstes Rokoko-Bauwerk.

Geradeaus fällt der Blick auf die **Jesuitenkirche** ㉖. Ihre gegenwärtige Gestalt erhielt sie 1703–1707 durch den Maler und Architekten Andrea Pozzo, der die frühbarocke Fassade leicht änderte und

Alles ist hin

»Zum roten Dachl« hieß im 17. Jahrhundert das Bierhaus, in dem ein vortrefflichen Unterhaltungskünstler zu sehen war. Der »liebe Augustin« verstand es, mit Gesang und Dudelsack die Leute bei Laune zu halten. Mit dem Ausbruch der Pest hatte das fröhliche Treiben freilich ein Ende. Augustin und der Wirt saßen allein in der Schenke, beklagten die finstern Zeiten, und Augustin sang resigniert vor sich hin: »Oh du lieber Augustin, 's Geld ist hin, d'Freud ist hin, oh du lieber Augustin, alles ist hin.« Tief bedrückt und die Sinne von mehreren Gläsern getrübt, wankte er aus der Stadt und stolperte im Dunkeln in eine der Pestgruben, die man vor der Stadt ausgehoben hatte. Erst am nächsten Tag merkte er, an welch grauenvollem Ort er die Nacht verbracht hatte und sucht schnellstens das Weite.

die Türme aufbaute. Mit dem Deckenfresko, das für das meisterhafte Trompel'œil die Kuppel des Petersdoms zur Vorlage hatte, gelang es Pozzo, den ehemaligen Längsraum, wie es Anfang des 18. Jahrhunderts immer beliebter wurde, in einen Zentralraum umzugestalten.

Hinein ins Mittelalter

Wer in die **Schönlaterngasse** einbiegt, hat für einen Augenblick den Eindruck, in eine andere Welt einzutauchen. Die enge, etwas verträumte Gasse, die sich in einem Bogen um den Universitätskomplex windet, verdankt ihren Namen der schmiedeeisernen Laterne, die das aus der Renaissance stammende **Haus zur schönen Laterne** (Nr. 6) schmückt.

Das viel häufiger zitierte **Basiliskenhaus ㉗** liegt gegenüber (Nr. 7). Der giftige Atem eines Basilisken soll der Sage nach die Bewohner beim Schöpfen aus dem Hausbrunnen in Gefahr gebracht haben.

Seite
91

▲ **Höchst gefährliches Untier: der Basilisk. Blickkontakt vermeiden!**

Wie das Monster aussah und wie man es wieder los wurde, erzählt die Fassade.

Eine stattliche Anzahl von Lokalen bringt abends Leben in die historische Gasse. Im Kaffee **Alte Schmiede** hat die Literatur-Szene eine sehr aktive Plattform gefunden, wo unbekannte wie renommierte Autoren regelmäßig zu Lesungen geladen sind. Nur wenige Schritte weiter schließt der In-Treff **Enrico Panigl** täglich erst in den Morgenstunden seine Tore.

Werfen Sie unbedingt auch einen Blick in den **Heiligenkreuzer Hof ㉙**, der zu den raren Inseln der Ruhe mitten im Stadtzentrum zählt. Das im Wienerwald gelegene Zisterzienserstift Heiligenkreuz begann im 13. Jahrhundert an diesem Komplex zu bauen, der unter anderem dem Abt des Stiftes bei Wienbesuchen als Residenz diente. Im Hof etablierte sich darüber hinaus ein Markt, um die landwirtschaftlichen Produkte des Klosters abzusetzen. Zweimal wurde der Hof umgebaut, sein jetziges Aussehen erhielt er Mitte des 18. Jahrhunderts. Vor Weihnachten wird er heute wieder zum Marktplatz. Dann bieten allerdings Kunsthandwerker ihre Produkte feil.

Von der Köllnerhofgasse, die man über den zweiten Ausgang des Heiligenkreuzer Hofes erreicht, läßt man sich einfach ins Winkelwerk der kleinen Gäßchen hineintreiben und neugierig und vertrauensvoll in die stillen Innenhöfe locken: restaurierte und verwahrloste Fassaden, aber auch wirklich sehenswerte Geschäftsvitrinen.

Am Renaissancehaus **Bäckerstraße 12** ist ein kleines, aber skurriles Freskofrag-

> **Basilisk**
> → für Nicht-Zoologen: ein Ungeheuer, das einem von einem Hahn gelegten und einer Kröte ausgebrüteten Ei entschlüpft ist.

▲ **Die Kuh beim Brettspiel in der Bäckerstraße.**
▼ **Schuhgeschäft in der Singerstraße.**

ment mit einer brillentragenden Kuh und einem Wolf zu sehen, die gerade Backgammon spielen. Gesicherte Erklärung gibt es dafür keine, möglicherweise stellt das Bild die Auseinandersetzung zwischen Katholiken und Protestanten dar: der Wolf als Sinnbild des Katholizismus, die bebrillte Kuh als verkehrte Welt, die Luthers Lehre heraufbeschwor. Einer der schönsten Renaissance-Innenhöfe ist rechts davon auf **Bäckerstraße 7** zu bewundern.

Von der Essiggasse geradeaus, überquert man Wollzeile und Schulerstraße, um links in die Domgasse einzubiegen. In ihr liegt das **Figarohaus** ㉙. Elf verschiedene Wohnungen bezog Mozart in den Jahren 1781–1791, nachdem er per Fußtritt vom Sekretär seines Dienstgebers ins freie Künstlerleben befördert worden war. Im Figarohaus verbrachte er drei Jahre (1784–1787), seine glücklichsten. Hier komponierte er die »Hochzeit des Figaro« und die Haydn-Quartette. Die vier Räume, die er mit seiner in finanziellen Belangen ebenso unbegabten Frau Constanze mietete, sind die einzigen vom Genius bewohnten Zimmer, die in Wien besichtigt werden können. Die hohe Miete war es schließlich, die den für damalige Verhältnisse durchaus gut verdienenden Mozart zwang, ein günstigeres Quartier zu beziehen (1., Domgasse 5; geöffnet Di–So 9–12.15, 13–16.30 Uhr).

Anstatt von hier direkt zum Stephansplatz zurückzukehren, lohnt sich ein kurzer Umweg durch die Innenhöfe der **Blutgasse**. Bereits in den sechziger Jahren, als Stadtplaner eher dem Charme von Stahlbeton als dem alter Bausubstanzen erlagen, machte man sich in dieser Gasse an die behutsame Sanierung der Wohnungen und Innenhöfe. Kaum hat man den ersten betreten, verliert man schnell die Orientierung in den verwinkelten Durchgängen und pflanzenverwucherten Höfen, die einen Blick auf die typischen Pawlatschengänge, hofseitig im Freien angelegte Wohnungszugänge, gewähren.

Eine letzte Station, nicht nur um den Hintergründen des Mozartschen Fußtritts

nachzuspüren. In der **Schatzkammer des Deutschen Ordens** ㉚ ist seit der Epoche der Kreuzzüge der Deutsche Ritterorden untergebracht. Die aus dem 14. Jahrhundert stammende, inzwischen barockisierte Kirche birgt einen flämischen Flügelaltar mit Reliefs und Tafelbildern. In der Schatzkammer des Ordens sind neben Kelchen, Kreuzen und Meßgewändern eine Münzen- und Medaillensammlung sowie Waffen ausgestellt. Berühmtester Gast dieses Hauses war Wolfgang Amadeus Mozart, der hier als Angestellter des Erzbischofs von Salzburg weilte. Als dieser 1781 selbst nach Wien kam und mit seinem Hauskomponisten unter einem Dach wohnte, provozierte der 25jährige Musikus so sehr den Unmut seines Brötchengebers, daß ihn der Fürstbischof von seinem Sekretär rüde aus dem Dienst werfen ließ. (1., Singerstraße 7; geöffnet Mai–Okt. Mo, Do, Fr, Sa, So 10–12, Mi, Fr, Sa 15–17 Uhr; Nov.–April Mo, Do, Sa 10–12, 15–17, Mi, Fr 15–17 Uhr.)

Seite 91

Teehaus H&H
Tritt man durch den Eingang des Deutschordenshauses in das sogenannte Durchhaus, hat man nicht nur einen eindrucksvollen Blick auf den Turm des Stephansdomes, hier bietet sich auch eine Erfrischung in einem der schönsten Hinterhofgärten der Innenstadt an: im Teehaus H&H.

▶ Das Figarohaus in der Domgasse ist das am besten erhaltene Domizil Mozarts in Wien. Es beherbergt ein Museum zu Ehren des Komponisten und Musikers.

Die Ringstraße

Ein ganz anderes Wien, ein weitläufiges, großzügiges. Als Kaiser Franz Joseph
1857 die Mauern schleifen ließ, die sich seit Jahrhunderten um
den Stadtkern geschlungen hatten, entstand Raum für eine letzte glanzvolle
Macht- und Prachtdemonstration des Kaiserreichs. Innerhalb weniger
Jahrzehnte bildete sich eine ganze Kette von Prestigebauten, die sich entlang
eines Boulevards um die Innenstadt reihten. Der Historismus in
seiner reinsten Ausprägung prägt den ersten Rundgang zu allen Status-
symbolen der Ringstraßenära. Der zweite taucht in die spätere
Bauphase ein, die den Einfluß des Jugendstils spüren läßt, und entführt
schließlich an das unkonventionellste und jüngste Wahrzeichen Wiens.

Tempel der Musen, Tempel der Macht ▬

◄ ◄ **Eine Ansicht von Wien aus dem Jahr 1871. – Im Museum für angewandte Kunst.**
▼ **Die Secession.**

Am 20. Dezember 1857 gab Kaiser Franz Joseph grünes Licht zur Schleifung des Befestigungsrings um die Innere Stadt. An der Stelle der aus der Renaissance stammenden Mauer und der Basteien sowie des unbebauten Glacis, dem ehemaligen Schußfeld, sollte die Stadt ein zeitgemäßeres Gesicht erhalten. »Die Haupt- und Residenzstadt zu erweitern und zu verschönern« war das Thema eines internationalen Wettbewerbs, der im Jahr darauf für die Gesamtplanung der Ringstraßenzone ausgeschrieben wurde. 85 renommierte Architekten aus ganz Europa reichten ihre städteplanerischen Konzepte ein.

Eine Jury erarbeitete schließlich einen »Endgültigen Entwurf«, der 1859 die Zustimmung des Kaisers fand. Eine Prachtstraße, rund 4 km lang, 57 m breit, gesäumt von Linden und Platanen, aufgeteilt in neun Abschnitte, sollte das Zentrum um Hofburg und Stephansplatz von den nun eingemeindeten Vorstädten trennen, sie andererseits aber auch mit der City verbinden.

Mit dem Bau des ersten repräsentativen öffentlichen Gebäudes, der damaligen Hofoper, begann die gerne glorifizierte Ringstraßenära. Allerdings war ihr Glanz vielmehr dem Boom der Gründerjahre und weniger dem immer matter leuchtenden Stern der Habsburgermonarchie zu verdanken. Adel und Großbürgertum dokumentierten die wirtschaftliche Prosperität mit ihren Stadtpalais, die Präsenz des Hofes reflektieren heute die zahlreichen öffentlichen Bauten. Mit Ausnahme des Stubenrings, der erst zu Beginn des 20. Jahrhunderts verbaut werden konnte,

da sich an dieser Stelle noch eine im Revolutionsjahr 1848 errichtete Kaserne befand, bietet der Rest des Prestigeboulevards ein Musterbeispiel des klassischen und späten Historismus.

Von Etablierten und Provokateuren

Idealer Ausgangspunkt für diesen Spaziergang zu den Höhepunkten der Ringstraßenarchitektur ist wiederum die Staatsoper (s. S. 93). Von hier geht es zunächst stadtauswärts in die Operngasse, vorbei am **Café Museum** (s. S. 161), einem traditionsreichen Künstlercafé, das bis in die fünfziger Jahre mit einer Inneneinrichtung von Adolf Loos ausgestattet war. Nicht zu übersehen ist in der Friedrichstraße einer der bedeutendsten Bauten des europäischen Jugendstils. Joseph Maria Olbrichs auf strenge Kuben reduzierte **Secession** ❸ mit ihrer filigranen Kuppel aus vergoldeten Lorbeerblättern entstand 1897–1898 als Vereinsgebäude

Seite **91**

▼ Bombastik in jedem Detail: **Die Akademie der bildenden Künste, im 19. Jahrhundert eine Bastion des Historismus.**

Seite 91

▼ Von der in Spiritus eingelegten gemeinen Seegurke bis zum Dinosaurierskelett: Die Vielfalt der Exponate im Historischen Museum ist grenzenlos.

der Künstlervereinigung der Secession. 19 Künstler – Maler, Bildhauer, Architekten – hatten sich 1897 aus Protest gegen den konservativen Geist in der alles beherrschenden Künstlerhaus-Vereinigung abgespalten. Der Maler Gustav Klimt fungierte bis 1905 als ihr erster Präsident. Welchen besseren Platz gab es für das avantgardistische Haus als im Rücken der alten Gegner, des Kunst-Establishments? Also verwirklichte der Otto-Wagner-Schüler Olbrich seinen Entwurf unmittelbar hinter der Akademie der bildenden Künste. Auch bei der Gestaltung des Innenraums ging der Architekt neue Wege: Mit seinen kahlen, weißen Flächen und den verschiebbaren Wandteilen erwies sich der Ausstellungsraum als äußerst zweckmäßig – und er trat gegenüber den Kunstwerken, die hier präsentiert werden sollten, völlig in den Hintergrund. Über dem Eingang macht der Wahlspruch der Vereinigung (»Der Zeit ihre Kunst, der Kunst ihre Freiheit«) jedem Leser klar, worum es

den Secessionisten ging. Im Innern is heute Gustav Klimts restaurierter Beetho venfries ausgestellt, die Schauräume wid men ihre Ausstellungen nach wie vor de Avantgarde. (1., Friedrichstraße 12; Di-F 10–18, Sa, So 10–16 Uhr.)

Die **Kunsthalle Wien** gegenüber, ei gelber Quader für zeitgenössische Kunst entstand 1990 auf dem Karlsplatz, als Pro visorium für ein Museumsquartier, ar dem schon seit zwei Jahrzehnten heftig geplant wird. Inzwischen hat man sich längst an den visuellen Störenfried ge wöhnt, und auch das Café vor der Kunst halle freut sich angenehmer Wertschät zung (4., Treitlstraße 2; tägl. außer D 10–18, Do bis 20 Uhr).

Doch genug von der Avantgarde zurück zum Gediegenen. Jene, an dener sich die Secessionisten aufmüpfig rieben saßen in der **Akademie der bildenden Künste** ㉜. Das Gebäude ist ein Werk de Dänen Theophil Hansen, einem der pro duktivsten Ringstraßendesigner. Italieni

Kaiser Franz Joseph und die Ringstraße

Als Wien im Jahr 1916 Kaiser Franz Joseph zu Grabe trug, reichte der Leichenkondukt von der Hofburg über die Ringstraße und den Franz-Josephs-Kai bis in die Innenstadt zum Stephansdom. Über jene Ringstraße, mit der sich Franz Joseph sein verdienstvollstes Denkmal gesetzt hat: 1857 hatte er den Auftrag zur Verwirklichung des Prestigeboulevards gegeben, was Wien auch architektonisch in den Rang einer europäischen Metropole hob. Das Flair, die Großzügigkeit und die Pracht der Ringstraße lassen jedoch oft vergessen, daß der Kaiser Neuerungen in dieser Stadt vielmehr blockierte als vorantrieb. Auch im Fall des Boulevards war es weniger kühne Weitsicht als eine Notwendigkeit, die ihn zum Handeln trieb: Das Korsett der Basteien mußte weg, die Revolution von 1848 hatte bewiesen, wie leicht ein Kaiser in seiner Festung eingesperrt sein konnte. Doch hatte er bedacht, daß die Ringstraße auch ein Aushängeschild eines aufstrebenden Bürgertums sein würde, ein Symbol einer neuen Zeit, die die Bedeutung der Kaiserkrone in Frage stellte?

Aus ganz Europa folgten Architekten dem Ruf des Monarchen, aus Athen, aus Mailand, aus Zürich. Gemeinsam mit den Wienern Hasenauer, Ferstel und anderen versuchten sie diese einzigartige Chance zu ergreifen. Das Projekt Ringstraße war für sie in zweifacher Hinsicht interessant: Es entstand in zentraler Lage am Übergang von der Innenstadt zur Vorstadt und, was wohl kaum in einer anderen Stadt von vergleichbarer Größe möglich war, auf unverbautem Gebiet. Der in der Architektur dominierende Historismus dieser Epoche ließ auf engstem Raum einen kuriosen Stilmix von der griechischen Antike bis zur italienischen Renaissance entstehen.

▲ »Der Sommer«
von Guiseppe Ar-
cimboldo, in der
Gemäldegalerie.
▼ Theseus er-
schlägt einen Zen-
tauren, mitten im
Stiegenhaus des
Kunsthistorischen
Museums.

sche Hochrenaissance wählte der Architekt als Stilvorlage für den aus der Rings-
traßenfront etwas zurückversetzten Bau,
dessen Hauptfassade am Schillerplatz 24
zwischen den Fenstern plazierte Terrakot-
takopien antiker Originale dominieren.
Innen bedeckt Anselm Feuerbachs »Tita-
nensturz« die Decke der Aula, in der
Gemäldegalerie im ersten Stock sind flä-
mische, holländische, deutsche und italienische Meister versammelt, u. a. Bosch,
Baldung, Cranach, Rubens, Tizian, Muril-
lo, van Dyck, Ruisdael und Rembrandt
(1., Schillerplatz 3; Di, Do, Fr 10–14, Mi
10–13, 15–18, Sa, So 9–13 Uhr).

Im angrenzenden **Burggarten** ㉝, den
Jugendstil-Gewächshäuser und die Gar-
tenfassade der Neuen Burg begrenzen,
steht neben einer Statue, die Kaiser Franz
Joseph in einer recht nachdenklichen
Pose zeigt, eine steinerne Hommage an
Wolfgang Amadeus Mozart.

Wenn Sie den Garten auf der Höhe des
Mozart-Denkmals verlassen, sind es nur
ein paar Schritte zum klassizistischen
Äußeren Burgtor, das Luigi Cagnola und
Pietro Nobile 1821–1824 ausführten.
Hier befand sich einst die mächtige Burgbastei, bis sie Napoleon 1809 sprengen
ließ. 1933/34 wurde das Burgtor zum
Heldendenkmal umgestaltet, nach dem
Zweiten Weltkrieg entstand hier eine Gedenkstätte, die an die Opfer der österreichischen Widerstandsbewegung erinnert. Ein langer Blick auf die Weite des
Heldenplatzes und die Ringbauten bis
zum Burgtheater, denn gleich verschwin-
den Sie für viele anregende Stunden in
zwei der großartigsten Museen Wiens.

Wiens Zwillinge

Carl Hasenauer ging 1866 als Sieger im
Wettbewerb für die Gestaltung von
Kunsthistorischem und Naturhistori-
schem Museum hervor. Die Fassaden
wurden später von Gottfried Semper
überarbeitet, die Innenausstattung entspricht jedoch im wesentlichen den Ideen

Hasenauers. Die Ausgestaltung des Stiegenhauses im **Kunsthistorischen Museum** ❸❹ war der einzige öffentliche Auftrag, den Hans Makart erhielt, obwohl er doch zur Ringstraßenära der bei Hof und der besseren Wiener Gesellschaft am höchsten im Kurs stehende Maler war. Er vermochte vor seinem Tod 1884 nur noch die Lünettenbilder mit Darstellungen berühmter Maler zu vollenden, das Deckengemälde signierte der damals ebenso renommierte Michael von Munkáczy (»Apotheose der Kunst«), für die verbleibenden Zwickel- und Interkolumnenbilder engagierte man die »Künstlerkompanie«, zu der sich das Brüderpaar Gustav und Ernst Klimt sowie Franz Matsch zusammengeschlossen hatten. Antonio Canovas mächtige Skulptur »Theseus' Kampf mit dem Kentauren« auf der Prunktreppe komplettiert bereits ein eindrucksvolles künstlerisches Rahmenprogramm, noch ehe der erste Saal der hochkarätigen Gemäldegalerie betreten

ist. Dank der Sammlerleidenschaft und des Mäzenatentums einiger Mitglieder des Hauses Habsburg kann sich das Museum unter die bedeutendsten fünf Gemäldesammlungen der Welt reihen. Velázquez, Veronese, Raffael und Tizian, Breughel, Dürer, Rembrandt und Rubens versprechen einen in dieser Dichte seltenen Kunstgenuß, und selbst wenn man den Querschnitt durch die Geschichte der europäischen Malerei bewältigt hat, bleiben noch einige Abteilungen, die ihr Recht fordern, u. a. die Antiken- und die Ägyptisch-orientalische Sammlung. (1., Maria-Theresien-Platz; tägl. außer Mo 10–18, Do bis 21 Uhr.)

In der Platzmitte zwischen beiden Museen thront Maria Theresia auf einem beinahe 20 m hohen Denkmal. Ihr Ehemann Franz Stephan von Lothringen legte durch den Kauf einer privaten Naturaliensammlung den Grundstein für ein höfisches Naturalienkabinett und förderte das Bewußtsein von der wissenschaftlichen

Seite
91

▼ **Außen brav, aber innen immer wieder provozierende Inszenierungen: das Burgtheater.**

Bedeutung dieser Objekte, die bisher eher als Kuriositäten angesehen wurden. Nach seinem Tod gingen die Sammlungen in staatliches Eigentum über und bereits Ende des 18. Jahrhunderts zweimal wöchentlich der Öffentlichkeit präsentiert. Seit seiner Fertigstellung 1881 zeigt das **Naturhistorische Museum** ❸❺ neben seinen botanischen und zoologischen Sammlungen auch Abteilungen, die sich mit vergangenen Erdzeitaltern beschäftigen. Bei Kindern beliebt ist der spektakuläre Saurier–Saal. Auch einer der bedeutendsten prähistorischen Funde in Österreich hat hier seinen Platz gefunden: die mindestens 20 000 Jahre alte Kalksteinstatuette »Venus von Willendorf«. (1., Maria-Theresien-Platz; tägl. außer Di 9–18 Uhr, im Winter 1. Stock nur bis 15 Uhr.)

Die Ruhe am Ring

Der **Heldenplatz** ❸❻ hat nicht nur Stunden erlebt, auf die er stolz sein kann. Die Loggia unter dem zentralen Risalit der

▲ Einigen Gründervätern der österreichischen Republik wurden am Justizgebäude Büsten errichtet.

◀ Pallas Athene steht vor dem Parlamentsgebäude.

Neuen Hofburg diente im März 1938 Adolf Hitler als Tribüne, um jubelnden Menschenmassen den Anschluß Österreichs ans Deutsche Reich zu verkünden. Hätten sie gekonnt, zwei Feldherrn hätten sich vom Heldenplatz sicher schamhaft zurückgezogen. Die Denkmäler für Prinz Eugen von Savoyen und Erzherzog Carl bilden die Scheitelpunkte des großen Areals. Anton Dominik Fernkorn schuf die beiden Skulpturen, wobei die Darstellung Carls – im entscheidenden Moment der Schlacht bei Aspern gegen Napoleon – durch ihre Dynamik und Leichtigkeit besticht, zumal das Gewicht von 20 Tonnen Eisen lediglich auf den Hinterbeinen des Pferdes lastet.

1819–1823 wurde der **Volksgarten** ❸❼ angelegt, der sich in mehrere Abschnitte gliedert und, keine zehn Schritte von der ständig befahrenen, vielspurigen Ringstraße entfernt, gleich mehrere scheinbar abgeschlossene Räume für Erholungs- und Rückzugsbedürftige zu bieten hat. Der beschaulichste liegt zum Burgtheater hin. Diesen Ort wählte Kaiser Franz Joseph für das marmorne Denkmal, das 1907 zum Gedenken an die 1898 ermordete Kaiserin Elisabeth errichtet wurde. Besonders im Frühling und Sommer verleiten der blühende Rosengarten und seine grünen Metallstühle zu einem kurzen Augenblick des Innehaltens. Belebter ist es schon zum Theseustempel hin, den der Architekt Pietro Nobile nach dem Vorbild des Athener Theseions entwarf. Hier sind im Innenraum kleine Ausstellungen zeitgenössischer Kunst zu sehen – Kunst für Minuten. Vorgänger der Meierei mit ihrem schattigen Gastgarten war das ebenfalls von Nobile gebaute Corti'sche Kaffeehaus, in dem die ersten Wiener Walzerkönige, Johann Strauß Vater und Josef Lanner, aufspielten. Der Zeitgeist pocht hingegen am Ausgang zum Burgring. Der Volksgartenpavillon trumpft mit einem Gastgarten auf, der mangels Anrainer um den Heldenplatz als einer der wenigen in Wien auch nach 23 Uhr belebt sein darf und ist: wegen der schönen Lage und der guten Musik.

Die großen Repräsentanten

Der folgende Abschnitt der Ringstraße mit Parlament, Rathaus, Burgtheater und Universität ist die dichteste und deutlichste Manifestation des Historismus. Hinter dem Stil, den die Architekten bewußt jeweils für ihre Monumentalbauten wählten, steckten Ideale und Assoziationen: Friedrich Schmidt wählte für das Rathaus die Neugotik, um an die Glanzzeit des Bürgertums im Zeitalter der Gotik zu erinnern; Heinrich Ferstel entschied sich dafür, die Universität im Stil der italienischen Renaissance zu bauen, eine Reminiszenz an die Blütezeit der europäischen Universitäten; geprägt von einem Studienaufenthalt in Athen entwarf der Däne Theophil Hansen das Reichsratsgebäude (das erst 1918 zum Sitz von National- und Bundesrat wurde) im hellenistischen Stil, um eine Verbindung zwischen der griechischen Polis und der konstitutionellen Monarchie zu dokumentieren (wobei er freilich nicht bedachte, daß es zum Zeitpunkt des Baus in Österreich-Ungarn noch kein allgemeines Wahlrecht gab).

Zwei bronzene Rossebändiger, Bezwinger der Leidenschaft, stehen am Fuß der beiden monumentalen Auffahrtsrampen des **Parlaments** ㊳, über die man den auf acht Säulen gestützten Portikus erreicht. Zentrales Motiv im Giebelrelief ist die Verleihung der Verfassung an die Länder durch Kaiser Franz Joseph im Jahr 1861. Die Rampen werden von Marmorfiguren antiker Geschichtsschreiber flankiert. Beherrschendes Monument ist jedoch der Pallas-Athene-Brunnen. Carl Kundmann schuf die Skulptur der Göttin der Weisheit mit den Allegorien der Flüsse Elbe, Moldau, Inn und Donau. Die beiden seitlichen Frauenfiguren symbolisieren die gesetzgebende und die ausführende Gewalt.

Der Sitz des Stadtparlaments, das **Rathaus** ㊴, hätte ursprünglich auf der Höhe des Stadtparks, auf der gegenüberliegenden Seite des Rings, erbaut werden sollen, entstand aber schließlich am ehemaligen

Seite 91

▼ Schwätzchen auf den Stufen des Parlaments.

Seite 91

▲ **In den Hallen der Universität.**
▼ **Der Rathausplatz zur Adventszeit.**

Paradeplatz des Glacis 1872–1883. Architekt Friedrich Schmidt gab dem riesigen Verwaltungsgebäude der Stadt einen 98 m hohen Turm, an dessen Spitze der »Rathausmann«, ein Ritter mit Rüstung und Lanze, thront. Von den sieben Höfen ist der Arkadenhof frei zugänglich. In die Repräsentationsräume in der Beletage – Festsaal, Sitzungsräume von Gemeinderat und Stadtsenat – kann leider nur im Rahmen von Führungen ein Blick geworfen werden. Sie beginnen in der an der Rückfront gelegenen Schmidthalle, wo ein Informationsstand jede Menge Material über die Stadt zur Verfügung stellt. (1., Rathausplatz; Führungen Mo–Fr 13 Uhr außer an Sitzungstagen.)

Die Stühle, die um die beiden Springbrunnen im **Rathauspark** herumstehen, nimmt man dankbar für eine kurze Rast in Anspruch, die Momente jedoch, in denen man den Platz in seiner Größe und Weite mit seinem ungetrübten Blick zum Burgtheater hin genießen kann, sind rar

geworden: Die Wochen vor Weihnachten geben Christbaumkitsch, Zimtbäckerei und Punschstände den Ton an; im Februar drehen die Eisläufer bis in den späten Abend ihre Runden; in den Sommermonaten breitet sich vor der Kulisse des Opernfilmfestivals vor der Rathausfassade ein kulinarisches Jahrmarkttreiben ungeniert aus.

Viel seriöser ist das Vergnügen auf der gegenüberliegenden Seite des Rings, im **Burgtheater ㊵**. Den vorgewölbten Mittelbau krönt Apollo, flankiert von Melpomene und Thalia, über einem 18 m langen Relief, das den Bacchantenzug darstellt. Am höchsten Punkt des Hauses wachen die Musen der Musik und der Tragödie darüber, daß der gute Ruf des Hauses erhalten bleibt. Wie die Staatsoper wurde auch die »Burg« 1945 bis auf die Seitenflügel mit ihren prachtvollen Treppenhäusern zerstört und nach Jahren der Restaurierung 1955 wiedereröffnet. Carl Hasenauer, auf den die Gestaltung der In-

Die Burg

Seit jeher liefert das Burgtheater Stoff, um die Gemüter zu erhitzen. Selten nach der Premiere, eher vor den Uraufführungen, wenn durch die Geheimhaltung eines neuen zeitgenössischen Textes die Provokation bereits im Vorfeld ruchbar wird. Der Skandal, der der Premiere von Thomas Bernhards letztem Stück »Heldenplatz« um Wochen vorauseilte, wäre an keinem vergleichbaren Theater vorstellbar. Doch über die Geschehnisse an der Burg Empörung zu zeigen, gehört zum guten Ton beim Hofrat wie beim Hausverwalter. Dabei ist das Verhältnis der Wiener zu dem großen Haus durchaus ambivalent. Denn vortrefflich sind nicht nur die Könige. Ob Komödianten oder Regisseure, Bühnenbildner oder Kostümdesigner – das Burgtheater gilt als eine der ersten Adressen deutschsprachiger Theaterkunst und stellt das in seinen Produktionen immer wieder unter Beweis.

Maria Theresia gestattete 1741, das leerstehende Ballspielhaus am heutigen Michaelerplatz als »Theater nächst der Burg« zu nutzen. Unter Joseph II. arbeitete sich das Hoftheater zu einer der meistbeachteten Bühnen im deutschen Sprachraum hoch. Er erhob die Bühne 1776 zum »Nationaltheater« und die Schauspieler zu Hofbeamten.

1888 mußte das Hofburgtheater dem Bau des Michaelertrakts weichen. Doch für Ersatz war gesorgt. Am 14. Oktober 1888 strömte man ins neue Haus am Ring, wo zur Eröffnung Franz Grillparzers »Esther« gegeben wurde. Die ersten Reaktionen: »Im Parlament hört man nichts, im Rathaus sieht man nichts, und im Burgtheater hört und sieht man nichts«. Und ausnahmsweise hatten die Mauler recht: Nach nur zehn Jahren wurde Sempers Theater wegen seiner schlechten Akustik verändert.

nenräume zurückgeht, beauftragte die Künstlergemeinschaft der Gebrüder Klimt und Franz Matsch mit der Ausarbeitung der Deckenfresken in den Stiegenaufgängen, die ins 60 m lange Foyer entlang der Vorderfront führen. Seit seinen Anfängen reiht sich das Burgtheater unter die besten Bühnen des deutschen Sprachraums. Die Arbeit der bedeutendsten Regie- und Bühnenstars sorgen für interessantes Theatergeschehen und manche Kontroverse. (1., Dr.-Karl-Lueger-Ring 2.)

Vorbei am Café Landtmann (s. S. 161) gelangt man zu einem weiteren Rest der alten Stadtbefestigung, der **Mölkerbastei.** Hier wurde im **Pasqualatihaus** gleich zwei Künstlern ein Gedenkraum eingerichtet: dem Dichter Adalbert Stifter und Ludwig van Beethoven, der zwischen 1804 und 1815 hier wohnte und in diesen Wänden den »Fidelio«, seine Siebte Symphonie und das Klavierkonzert Nr. 4 zu Papier brachte. Dennoch dürfte er bei den Mitmietern ein reichlich unbeliebter

Geselle gewesen sein, denn seine exzessiven Klaviernächte raubten dem gesamten Haus den Schlaf, und war es einmal Zeit fürs Großreinemachen, so geriet dem Meister das Waschen in einer Weise zur Orgie, daß das Wasser in Bächen über mehrere Stockwerke lief. Daß es Beethoven trotzdem so viele Jahre in seinen zwei Zimmern aushielt, aushalten durfte, ist seinem Gönner und Freund zu verdanken, dem Besitzer des Hauses – immerhin sind in und um Wien für den Rastlosen 80 verschiedene Wohnstätten bezeugt. (1., Mölkerbastei 8; Di–So 9–12.15 und 13 bis 16.30 Uhr.)

Den Bau im Renaissancestil auf der anderen Seite des Rings entwarf Heinrich Ferstel. 1883 zog die **Universität** ④ aus den 1365 von Rudolf IV. in der Innenstadt gegründeten Gebäuden an den Ring um, nachdem sie im Revolutionsjahr 1848 wieder ihre autonome Verfassung erhalten hatte, die ihr Mitte des 16. Jahrhunderts durch die Jesuiten entzogen worden

▼ **Bei schönem Wetter serviert man im Café Landtmann auch im Freien.**

Seite 91

einem Attentat glücklich und unverletzt entgangen. Die Finanzierung erfolgte durch Spendengelder. Eingeweiht wurde die Kirche 1879 anläßlich des silbernen Hochzeitsjubiläums der Kaiserpaares.

Die ziegelrote Fassade der **Börse** ㊸, ursprünglich ein Theophil-Hansen-Bau, der nach einem Brand 1956 von Erich Boltenstern neu gestaltet werden mußte, schließt die architektonische Erkundung des westlichen Ringstraßensektors ab (1., Schottenring 16).

Verspieltes Potpourri

Während der Jahrzehnte vor dem Ersten Weltkrieg, lange bevor sich der Autoverkehr in vier Spuren über die Ringstraße wälzte, trafen sich auf der Ostseite des Rings Wiens Obere Zehntausend an den Sonntagvormittagen zum Ringstraßenkorso, flanierten über den strahlend neuen Boulevard und spielten ihr Gesellschaftsspiel: Wer grüßt wen, wer blickt an wem

war. Zwei Rampen und eine Freitreppe enden am Hauptportal mit seiner darüberliegenden Loggia. Für die Deckengestaltung des Festsaales im ersten Stock erhielt Gustav Klimt 1894 den Auftrag, die Gemälde »Medizin«, »Jurisprudenz« und »Philosophie« zu gestalten. Die Präsentation der »Philosophie« löste sechs Jahre später – inzwischen war die Vereinigung der Secession gegründet worden – einen Skandal und wütenden Professorenprotest aus. Klimt zog schließlich aus den heftigen Reaktionen seine Konsequenzen, nahm seine drei Gemälde zurück, retournierte das Honorar und verzichtete in der Folge auf öffentliche Aufträge. Heute zieren Deckengemälde von Franz Matsch und Standbilder von Rudolph IV. und Maria Theresia den Festsaal. Im Arkadenhof erinnern Büsten an hervorragende Persönlichkeiten des Hauses, seine ruhige Gartenanlage hat das Flair vergangener Zeiten. (Dr.-Karl-Lueger-Ring 1.)

Die Rückfront des Universitätsgebäudes zieren kürzlich restaurierte Sgraffito-Malereien, die man auf dem Weg zur **Votivkirche** ㊷ bewundern kann. Noch vor der Schleifung der Befestigungsmauern begann der erst 28jährige Heinrich Ferstel 1856 mit dem Bau der neugotischen, doppeltürmigen Kirche im Stil einer französischen Kathedrale des 13. Jahrhunderts. Sie entstand auf Initiative Erzherzogs Maximilians, später Kaiser von Mexiko, als Dank- und Sühnekirche, denn sein Bruder, Kaiser Franz Joseph, war

Auge in Auge
Die Größen aus Politik und Theater bekommt man natürlich nur schwer zu Gesicht. Oder doch? Viele gastieren nach Auftritten im Plenarsaal resp. auf der Bühne der Burg im Café Landtmann, Dr.-Karl-Lueger-Ring 4, um eine Stärkung zu sich zu nehmen.

▶ Detail am Musikvereinsgebäude, der Heimstatt der berühmten Wiener Philharmoniker.

demonstrativ vorbei. Der rasende Verkehr hat viel vom Flair des Rings zerstört, und nur wenige Male im Jahr kann man ihn so genießen, wie er ursprünglich einmal war: autofrei beim Aufmarsch am 1. Mai, beim Stadtmarathon und im Frühling, wenn die lauteste und verrückteste Party der Stadt gegeben wird.

Künstlerhäuser

Vom Karlsplatz blickt man seitlich auf die **Handelsakademie** ❹, einen der ersten Bauten der Ringstraßenära. Er entstand 1860–1862 nach den Plänen von Ferdinand Fellner d. Ä. Am Eingang der heutigen Schule in der Akademiestraße wachen die Statuen von Christoph Kolumbus und dem Nationalökonomen Adam Smith vor einer gotisierenden Fassade (1., Akademiestraße 12).

Wer sich umdreht, sieht direkt auf das **Künstlerhaus** ❺. Die 1861 gegründete »Genossenschaft der bildenden Künstler« ließ sich 1865–1868 nach Plänen von Au-

▲ **Schönstes Barock, innen ....**
◀ **... wie außen. Mit der Karlskirche gelang Johann Bernhard Fischer von Erlach ein Meisterwerk, das viele fremde Stile zitiert.**

gust Weber ein repräsentatives Ausstellungs- und Versammlungsgebäude im damals so hoch im Kurs stehenden Stil der italienischen Renaissance errichten. Das Haus, das zur Zeit seiner Entstehung Synonym für eine sehr konservative Kunstauffassung war, bietet heute den Rahmen für künstlerische Großausstellungen, ebenso finden darin ein Kino, ein Theater und eine Galerie Platz (1., Karlplatz 5).

Einen starken farblichen Akzent setzte Theophil Hansen, als er für die »Gesellschaft der Musikfreunde« gleich daneben 1867–1869 das **Musikvereinsgebäude** schuf, wobei er verschiedenste antike Bauelemente kombinierte. Das kräftige, mit hellem Gelb kontrastierende Ziegelrot strahlt mediterrane Wärme aus. Der berühmte Goldene Saal mit seiner prachtvollen Dekoration und August Eisenmengers Deckengemälde »Apollo und die neun Musen« ist dank der weltweiten Fernsehübertragung des Neujahrskonzertes hinlänglich bekannt. Mag seine bombastische Ausstattung nicht jedermanns Sache sein, die Akustik ist legendär. Wenn die Wiener Philharmoniker – die ja jeden Abend der Staatsoper verpflichtet sind – hier aufspielen, an Sonntagen zur Mittagszeit, dann sind die Musikfreunde nicht zu halten. Bereits seit 1842 gibt es die Philharmonischen Konzerte, initiiert von Otto Nicolai. Wegen des großen Publikumsinteresses ist die Generalprobe seit 1917 am Vortag des »Philharmonischen« öffentlich zugänglich. Karten sind allerdings nicht leichter zu ergattern. (1., Bösendorferstr. 12; Tel. 5 05 81 90.)

Hinter dem Musikverein schließt sich zum Ring hin das ehemalige Palais des Herzogs Philipp von Würtemberg an, das anläßlich der Wiener Weltausstellung 1873 in ein Hotel umgewandelt wurde. Das **Hotel Imperial** ist Wiens erste Adresse beim Besuch hochrangiger Persönlichkeiten, sei es aus Politik, Adel oder Showbiz. Wer sich hier keine Suite leisten kann, aber trotzdem das unvergleichliche Ambiente kennenlernen will, spaziert au eine Imperial-Torte ins zum Hotel gehörige Café.

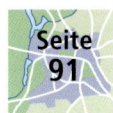

Seite 91

Zurück zum Karlsplatz, denn dort sind Ihnen zwei kleine, reizende Zwillingsgebäude entgangen: die ehemaligen **Stadtbahn-Pavillons** von Otto Wagner. Nicht weniger als 36 Stationen hat der gefragte Architekt für das Netz der Wiener Stadtbahn entworfen, jenes grün-weiße, sorfältig restaurierte Pärchen mit dem Golddekor auf Dächern und Fassaden gehört zu den Musterexemplaren für Wagners Fähigkeit, Funktionalität und Sinn für Dekoratives zu vereinen.

Stadtgeschichte

Otto Wagner setzte sich zeitlebens vehement für den Bau eines Stadtmuseums ein. Doch vergeblich. Erst 1954–1959 entstand links der Karlskirche das seit Beginn des Jahrhunderts diskutierte Projekt, ein außen enttäuschend mausgrauer Bau des Architekten Oswald Haerdtl, der jedoch im Inneren mit einem bunten und vielschichtigen Überblick über Wiens Geschichte überrascht. Das **Historische Museum der Stadt Wien** 46 zeigt in seiner chronologisch aufgebauten Stadtgeschichte Überreste des Römerlagers Vindobona, Glasmalerien aus dem Stephansdom, exotische Schätze aus der Türkenbeute und hochinteressante Ansichten und Modelle der Stadt in verschiedenen Entwicklungsstufen. Der kunstgeschichtliche Teil der Sammlungen besitzt Werke von den Barockmeistern Troger, Altomonte und Rottmayr, von den Biedermeiermalern Waldmüller und Fendi, von Hans Makart, Gustav Klimt, Schiele und Kokoschka. Ein weiterer Höhepunkt: Die Wohnräume von Franz Grillparzer und Adolf Loos wurden im Museum wiederaufgebaut. (1., Karlsplatz, Di–So 9–16.30 Uhr.)

Vorbei am Wasserbecken, in dem 1978 die Plastik »Hill arches« von Henry Moore aufgestellt wurde, geht es nun zur **Karlskirche** 47, dem bedeutendsten sakralen Barockbau dieser Stadt, der wie so vieles aus dieser Epoche die Handschrift Johann Bernhard Fischers von Erlach trägt. Während einer Pestepidemie 1713 gelobte Karl VI. die Errichtung einer Kirche, die dem Pestheiligen Karl Borromäus geweiht

sein sollte. 21 Jahre währte die Bauzeit, nach dem Tod des Architekten 1723 wurde das Projekt von seinem Sohn zu Ende geführt. Die Wirkung des gewaltigen Gotteshauses innerhalb seiner Umgebung muß man sich ganz anders vorstellen als heute: Es stand hinter der Aulandschaft des Wienflusses, bereits am Rande zu den Weingärten und in der fiktiven Verlängerung der Augustinerstraße, war somit also auf die frontale Fernwirkung zur Hofburg ausgerichtet.

Der einzigartige Kuppelbau vereint die verschiedensten Stilelemente – italienische, griechische, römische, ja islamische und chinesische –, wobei kirchlicher und imperialer Gestus zusammenspielen sollten. Die Vorhalle ist ein griechischer Tempelportikus, von dem aus die Fassade konkav zurückschwingt, um den Platz für die beiden Triumphsäulen freizulegen; ganz außen stehen zwei orientalisch beeinflußte Glockentürme. Die beiden Säulen sind Nachbildungen der römischen Trajan-

Exponate auf Besuch
Im Erdgeschoß veranstaltet das Historische Museum der Stadt Wien sehr interessante wechselnde Ausstellungen, häufig zu übergreifenden Themen. Gute Kataloge!

▶ **Die beiden ehemaligen Stadtbahn-Pavillons von Otto Wagner am Karlsplatz sind reinster Jugendstil in jedem Detail.**

Säule, das spiralartige Reliefband zeigt das Wirken des heiligen Karl Borromäus. Den längs-ovalen Innenraum schließt Johann Michael Rottmayrs Kuppelfresko mit der Darstellung Marias ab, die beim hl. Karl Borromäus um Erlösung von der Pest fleht. Die Altarbilder stammen u. a. von Daniel Gran (rechter Seitenarm) und Martino Altomonte (Ovalkapelle rechts des Eingangs). (1., Karlsplatz.)

Den Rahmen des **Schwarzenbergplatzes** östlich der Karlskirche stecken zwei Monumente ab. Stadteinwärts erinnert das Denkmal des Fürsten Schwarzenberg an die Völkerschlacht bei Leipzig (1813), in der der Feldmarschall die verbündeten Armeen gegen Napoleon befehligte, stadtauswärts zum Schloß Belvedere hin wurde nach der Befreiung Wiens der Russischen Armee eine Gedenkstätte gesetzt. In Windeseile errichteten mehrere hundert Arbeiter die mächtige Balustrade, vor der auf einem 20 m hohen Sockel ein Soldat der Roten Armee mit Schild und

▲ Im Stadtpark.
▼ Grünes Wien: An Wiesen- und Wasserflächen ist hier kein Mangel.

Fahne posiert. Nur wenige Monate nach Kriegsende wurde das Befreiungsdenkmal enthüllt, das in seiner Ambivalenz seit jeher heftiger Kritik ausgesetzt ist.

Entlang der Lothringerstraße erhebt sich ein Gebäudekomplex, der das Konzerthaus, die Hochschule für Musik und das Akademietheater, die zweite Bühne des Burgtheaters, vereint. Das **Konzerthaus** ㊾, 1910–1913 von den Theaterarchitekten Fellner und Helmer entworfen, ist Wiens zweite bedeutende Musikstätte. Im Stammhaus der Wiener Symphoniker erklingen in drei Sälen regelmäßig die großen Klassiker, es setzt aber vor allem mit seinem Festival »Wien modern« auch Akzente in Richtung zeitgenössischer, experimenteller Musik. (3., Lothringerstraße 20, Tel. 7 12 46 86–0.)

Ein Ort der Ruhe

Am Ende der Lothringerstraße springt eine zweite, sehr sehenswerte Otto-Wagner-Station ins Auge, heute der Eingang zur U-Bahnstation **Stadtpark.** Durch das Wienflußportal betritt man die gleichnamige Parkanlage, die größte im Ringstraßenbereich. Sie sollte ursprünglich die angemessene Kulisse für Friedrich Schmidts Rathausbau abgeben, der für diese Seite des Rings vorgesehen war. Doch dann entschied man anders. Als Abschluß der Regulierung des Wienflusses (1895–1903), der an dieser Stelle wieder ans Tageslicht tritt, entstand die mit Pavillons, Plastiken und Freitreppen gestaltete Uferpromenade.

Am Eingang zum Park befindet sich der **Wiener Kursalon,** im Stil eines italienischen Renaissances-Palais errichtet, um Bällen und Konzerten ein stilgerechtes Ambiente zu bieten. Zahlreiche Musikkapellen, allen voran jene von Eduard Strauß, gastierten hier regelmäßig.

Der Spaziergang durch die Parkanlage mit ihren Teichen und alten Baumbeständen entpuppt sich auch als Denkmalparcours durch die Komponisten- und Ma-

lerszene des vorigen Jahrhunderts. Den Malern Friedrich Amerling, Emil Jakob Schindler und Hans Makart gelingt es allerdings nicht, der Musik ihre Vorrangstellung streitig zu machen, die mit Franz Schubert, Anton Bruckner, Franz Lehár und – als Gipfel allen Klischeekultes – mit einem goldenen **Johann-Strauß-Denkmal ㊹** ins Rennen geht. Ein weißer Marmorbogen, um den sich schlanke Donauweibchen schlingen, umrahmt den auf einem Marmorsockel fidelnden Walzerkönig. 1921 wurde die Statue in strahlendem Gold enthüllt, in den dreißiger Jahren schwarz lackiert und Anfang der 90er erneut mit einer dünnen Schicht Blattgold überzogen. (1., Stadtpark.)

Zurück zum Jugendstil

Gegenüber dem Stadtparkausgang zur Weißkirchnerstraße erstreckt sich das **Museum für angewandte Kunst ㊿**. Die ersten Abschnitte entstanden 1868–1871 nach Plänen Heinrich von Ferstels. An-

Seite
91

▼ Beschwingte Jugendstilbauten und -skulpturen schmücken den Stadtpark.

fang des 20. Jahrhunderts zeichnete Ludwig Baumann Entwürfe für die Erweiterung. Reliefs, Sgraffitomalereien und Künstlermedaillons geben dem Bau das gewisse äußere Etwas, um als Hülle für wertvolle Sammlungen im Innern zu genügen. Die Abteilungen zeigen eine Schau europäischen und orientalischen Kunsthandwerks, Möbel, Porzellan, Teppiche, Glas, Keramikarbeiten und Textilien von der Romanik bis ins 20. Jahrhundert. Besonderes Interesse gilt den Objekten der Wiener Werkstätte, einem von Josef Hoffmann und Kolo Moser 1903 gegründeten Atelier für Kunsthandwerk. Anfang der neunziger Jahre wurden im Rahmen einer großangelegten Renovierung der enorme Fundus entstaubt und zehn internationale zeitgenössische Künstler damit beauf-

> **Wiener Werkstätten**
> → 1903–1932, Unternehmen, das in Innendekoration, Kunsthandwerk und Mode die Entwürfe u. a. vieler Secessionskünstler verwirklichte.

tragt, je einen Saal für eine bestimmte Epoche zu gestalten. So gelang es, mit den Objekten aus vergangener Zeit einen Gegenwartsbezug herzustellen. Daneben ist das MAK mit seinen temporären Ausstellungen und seiner Galerie eine der bewegtesten Orte der Gegenwartskunst. (1., Stubenring 5; Di–So 10–18, Do bis 21 Uhr.)

Der bedeutendste Secessionsbau innerhalb des Ringstraßenensembles geht auf Otto Wagner zurück. Er errichtete in den Jahren 1904–1906 das **Postsparkassenamt** ⏸, das mit seiner strikten kubischen Außenfassade seine Betonung auf Sachlichkeit deutlich vor Augen führt. Die in der Außenmauer verankerten Bolzen waren technisch notwendig zur Fixierung der verwendeten Marmorplatten und wirken gleichzeitig als durchgehendes dekoratives Element. Funktionalismus bis ins kleinste Detail bestimmte auch die Gestaltung der Innenräume. Besonders sehenswert ist der 1975 restaurierte Kassensaal mit Wagner-Mobiliar und den Aluminiumsäulen, die ursprünglich als Heizung dienten (1., Georg-Coch-Platz 2).

◄ Marmorbüste von Georg Coch, dem Begründer der Postsparkasse, vor den Postsparkassenamt.

Mit einem weiteren Jugendstilbau schließt die Ringstraße am Franz-Josefs-Kai. Max Fabiani errichtete 1909–1910 die **Urania** ⏸, die ausschließlich für Volksbildungszwecke entworfen wurde. Bei der Eröffnung 1910 mokierte man sich noch über das »wissenschaftliche Theater«, der Kuppelbau stellte aber mit seiner Sternwarte, der Zentraluhranlage, bei der telefonisch die Zeit abgefragt werden konnte, und vor allem dem Zugang zum neuen Medium Film schnell seine Attraktivität unter Beweis.

Villa Kunterbunt mal drei

Zum Abschluß ein Sprung in die Gegenwart, um eine höchst eigenwillige Architekturauffassung kennenzulernen? Natürlich, schließlich gehört das Ziel zu

Wiens populärsten touristischen Zielen! Dazu müssen Sie sich allerdings ins Gassengewirr des 3. Bezirks, der Landstraße, verirren. Kein Problem, wenn Sie schon etwas müde sind: An der Urania vorbei verläuft parallel zum Donaukanal die Straßenbahnlinie N, die auf direktem Weg zum **Hundertwasser-Haus** ❸ führt. Niemand kann die farbenfrohe Fassade übersehen, die der Regelmäßigkeit und konventionellen Formen mit aller Konsequenz abgeschworen hat. Nach den Ideen des Malers Friedensreich Hundertwasser entstand 1983–1986 ein Wohnhaus der Gemeinde Wien, das Abwechslung und mehr Menschlichkeit ins städtische Wohnen bringen sollte. Krumme Linien, farbige Tupfer, Ziegelwerk und Holz statt Stahlbeton, Keramik statt Kunststoff, und Pflanzen, die aus den

---

Thonet

→ Wiener Möbelfabrik, die ab 1830 die weltberühmten Bugholzmöbel (v. a. Stühle) herstellte und in aller Welt vertrieb.

Nischen und von den Balkonen wuchern, sind die Merkmale dieses Unikats, das, auch wenn es nur von außen besichtigt werden kann, den klassischen Höhepunkten jeder Wienreise mühelos Paroli bietet. (3., Löwengasse/Kegelgasse.) Gleich gegenüber entstand ein kleines Einkaufszentrum, das sogenannte **Village.** Ein Tip: Gehen Sie hier auf die Toilette!

1991 eröffnete dann unweit vom Wohnhaus das **KunstHausWien** ❺. Das ehemalige Fabriksgebäude der Möbelfirma Thonet wurde im bewährten Hundertwasser-Stil umgebaut und zeigt nun neben einer ständigen Ausstellung, die sich dem vielfältigen Lebenswerk des Meisters widmet, mehrmals im Jahr wechselnde Werkschauen von bekannten Künstlern des 20. Jahrhunderts. (3., Untere Weißgerberstraße 13; tägl. 10–19 Uhr).

Seite 91

Souvenirs, Souvenirs
Auf der Suche nach ausgefallenen Mitbringseln? Der Museums-Shop im KunstHausWien hat sehr hübsche, teils ausgefallene Artikel in allen Preisklassen. Hundertwasser muß der zu Beschenkende natürlich mögen.

▼ **Hübsch bunt: das Hunderwasser-Haus**

Shopping in Wien

Um es gleich einleitend klarzustellen: Wien ist kein Dorado für Schnäppchenjäger. Wo früher das kaiserliche Haus nach edlen Schmuckstücken und den Waren des alltäglichen Bedarfs suchte und in seinem Gefolge der Adel und ein reiches Bürgertum, wo heute das diplomatische Corps einer UNO-Stadt, die hohe Politik und Finanz ein Leben mit Stil zelebrieren, hat alles seinen Preis, ist aber auch von höchster Qualität, Vielfalt und Extravaganz. Gerade auf den Gebieten Kunsthandwerk, Mode und Design sucht das Wiener Angebot seinesgleichen.

Die edelsten Adressen des guten Geschmacks heißen Kohlmarkt, Graben und – schon mit Abstrichen – Kärntner Straße. Hier entdeckt man noch manches Schild mit der Aufschrift »k. u. k.«, was bedeutet, daß der Besitzer einst stolzer Lieferant des Kaiserhauses war. Auch in den kleinen Zwischengassen lockt die Versuchung, denn dorthin sind die exklusiven Geschäfte ausgewichen, denen die Massenkundschaft der täglichen Karawane zwischen Oper und Stephansdom nicht das rechte Publikum erschien. Hier wird man mit Geschmack und einer Zuvorkommenheit bedient, daß einen nicht nur die erworbene Kostbarkeit selbst, sondern auch das Shopping-Erlebnis künftig durchs Leben begleitet.

Am interessantesten vielleicht für den unschlüssigen Einkaufsbummler ist das Antiquitätenviertel zwischen Kohlmarkt und Spiegelgasse, Graben und Augustinerstraße. Hier reiht sich Galerie an Antiquitätengeschäft und alle sind sie zugleich eine Art Museum einer vergangenen monarchischen Alltagskultur.

Wessen Bankkonto jedoch angesichts der Preise ein energisches Veto einlegt, der geht besser in die Mariahilfer Straße oder reist in die Außenbezirke, in die Favoritenstraße, die Landstraßer und Meidlinger Hauptstraße. Ein gewaltiges Sortiment an preisgünstigen Waren aller Art ist in der Shopping City Süd an der südlichen Stadtgrenze zu finden.

▲ **Im Pfandl**
Das Auktionshaus Dorotheum ging aus einem Pfandhaus hervor. Sehenswert, mit wundervoller Auswahl!
(1., Dorotheergasse 17)

◄ **Nippes mit Stil**
In der Augarten-Porzellanmanufaktur findet man das berühmteste aller Wien-Souvenirs.
(1., Stock-im-Eisen-Pl.)

◀ **Edler Tand vom Flohmarkt**

Neben dem Flohmarkt am Naschmarkt gibt es für Trödelfreunde eine weitere interessante Adresse: Auf dem Kunst- und Antikmarkt auf der Donaukanalpromenade werden Drucke, Bücher und Antiquitäten angeboten. (Mai bis Sept. Sa 14–20, So 10–20 Uhr)

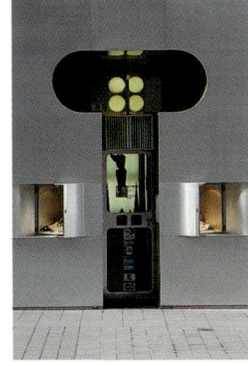

▲ **Blickfang**

Das Portal des Geschäftes Da Retti wurde vom Wiener Stararchitekten Hans Hollein entworfen. Kerzen und Modeschmuck von höchster Eleganz. (1., Kohlmarkt 10)

◀ **Altes wie neu**

Reinhold Hofstätter besitzt das größte Sortiment der Stadt an Kunstgegenständen. (1., Bräunerstr. 12)

Aus zweiter Hand

Hier eine Sauciere, am Henkel nur leicht angeschlagen, dort ein entzückendes Zuckerdöschen, versilbert natürlich, wenn auch arg angelaufen, aber garantiert vor 1880. Und Kerzenhalter in einer Anzahl, Vielfalt und Schönheit, daß man auf elektrisches Licht auch gerne verzichten könnte. Doch dann die Entdeckung: Gerhard Hauptmann, Die Gesammelten Werke in sechs Bänden, Fischer 1906, Erste Auflage, etwas stockfleckig zwar, aber teils noch unbeschnitten, für 1200 öS! Wiens Trödeladresse Nummer 1 ist der Flohmarkt am Naschmarkt, der jeden Samstag von 8–18 Uhr stattfindet. Die Atmosphäre ist unvergleichlich: viele Wiener Typen unter den Händlern, ein herrliches Wienerisch beim unverzichtbaren Feilschen und nicht zuletzt die wundervollsten Waren, durch die die unterschiedlichsten Zeiten zu uns sprechen.

◀ **Edles für jeden Tag**

Die Österreichischen Werkstätten gingen aus dem Wiener Jugendstil hervor. Außergewöhnliche Arbeiten, teilweise von Künstlerhand. (1., Kärntner Str. 6)

▶ **Edel-Gewirktes**

Bei Trachten-Tostmann findet man Tracht in edlen Stoffen. (1., Schottengasse 3a)

Die Kunst zu leben

Wiens schatzkammergleiche Museen, die Architektur – natürlich muß
man das gesehen haben. Um vom Charme der Stadt, von der
Mentalität der Bewohner, von der Atmosphäre der Gassen etwas zu
erfahren, tief in das Wiener Lebensgefühl einzutauchen, bedarf es
aber der Einkehr in andere Häuser: in Beisel, Kaffeehäuser und Konditoreien,
deren Besuch zum festen Tagesrhythmus der Wiener gehört.

Auch vor den stilvollen Auslagen der noblen Geschäfte sollte man nicht stehenbleiben, sondern den Schritt hineinwagen. »Werden schon bedient, der Herr? Was darf ich der Dame zeigen?« – das hat was. Und wechselt dann in halbmusealen Räumen nach einer höchst zuvorkommenden Beratung eine kleine Kostbarkeit den Besitzer, so freut man sich trotz des wahrscheinlich nicht unerheblichen Preises über eine bleibende Erinnerung, die jedem billigen Souvenirtand haushoch überlegen ist.

◄ ◄ Typischer Heuriger in Grinzing. – Kaffeehauskultur, auf das Notwendigste reduziert. – In der Szene-Bar »Roter Engel«.
▼ Die Szene im Bäckerstraßenviertel.

Das neue Kneipengefühl

An die Stunde Null kann sich niemand mehr so ganz genau erinnern. Irgendwann Ende der siebziger Jahre muß es gewesen sein ... Wien kränkelte vor sich hin, unter einem Baldachin aus Spinnweben, eingeschnürt in ein Korsett aus Klischees und Tradition. Tausend Jahre Geschichte lasteten schwer auf der ehemaligen k.u.k. Metropole, die Gegenwart fand nicht statt. Und dann, unerwartet und unverhofft, genas die Stadt. Ausge

rechnet im ältesten Viertel nahm der Heilungsprozeß seinen Ausgang, in engen verwinkelten Gäßchen mit Kopfsteinpflaster und schmiedeeisernen Laternen. Zwischen Ruprechtskirche und Rabensteig wuchsen schräge Bars und Beisel wie Pilze aus dem Boden, Musik dröhnte, Neon irrlichterte über barocke Fassaden. Eine ganze Stadt rieb sich den Schlaf aus den Augen. Der Bazillus Lebensfreude grassierte wie einst die Pest, verstörte Hofratswitwen retteten sich ins sichere Halbdunkel staubiger Konditoreien. Chrom statt Plüsch, Punk statt Pomp lauteten die neuen Devisen, statt Modergeruch brodelte Zeitgeist aus allen Mauerritzen.

Im Bäckerstraßenviertel

Daniel Moser (1., Rotenturmstr. 14) ist der Treff für Söhne aus gutem Haus und Geschäftsleute aus der Gegend, die einen guten, starken Kaffee, frische Fruchtsäfte und gesunde Häppchen schätzen.

Ein Stern am Wiener Szenehimmel ist das Caférestaurant **Engländer** (1., Postg. 2). Am Vormittag knistern die Tageszeitungen aus aller Welt mit den frischen Semmeln um die Wette, zu Mittag gibt's ein Butterbrot mit Sardellenringerln für den kleinen Hunger, nach dem Kino oder Theater treffen sich hier die Kreativen und Schönen auf ein Krenfleisch um Mitternacht.

Bei **Oswald und Kalb** (1., Bäckerstr. 14) kreuzen sich die Fäden des nächtlichen Geschehens, verknäueln sich zu Wiens erster Adresse für Klatsch und Tratsch. Touristen stapfen an dem urigen, von außen ausgesprochen unscheinbaren Gewölbe in der Bäckerstraße zumeist achtlos vorüber, drinnen treffen sich Meinungsmacher und Medienopfer am hölzernen Tresen vor der verspiegelten Bar auf ein kommunikatives Achterl.

»Das Kalb«, wie das Lokal in der Szene genannt wird, ist im übrigen die Urmutter der nun auch schon 20 Jahre alten neuen

▼ Im Kneipenleben kurz vor der Jahrhundertwende waren auch Frauen willkommen.

153

Wiener Beiselszene. Sein Gründer und Namensstifter Kurt Kalb revolutionierte das Wiener Nachtleben mit einem simplen Rezept: zweckmäßige, schöne Räume, eine ausgesuchte, kleine Speisekarte und aufmerksames Personal, dem man sich gerne anvertraut. Zu diesen eigentlich sehr traditionellen gastronomischen Werten kam als einziges neuen Element die aus den USA importierte Bar, ein kommunikationsstiftender Sitz- und Stehplatz.

Gestärkt und informiert verläßt der Gast das Lokal und hat nur ein paar Schritte weit bis ins **Alt Wien** (1., Bäckerstr. 9) schräg gegenüber. Bei Tag ein ruhiges, leicht vergammeltes Kaffeehaus mit Billardtischen, verwandelt sich das Alt Wien allabendlich in einen Hexenkessel. Wer sich durch die Wand aus Zigarettenqualm und Stimmengewirr wagt, findet sich inmitten einer promilleträchtigen Live-Show wieder. In der Nische am Fenster ertränkt gerade einer gründlich sei-

nen Lieblingskummer, ein verkannter Poet deklamiert mit schwerer Zunge aus eigenen Werken, an der Theke gibt's vielleicht ein kleines, harmloses Gerangel. Das Alt Wien war übrigens das Lieblingslokal des unvergessenen Schauspielers und Kabarettisten Helmut Qualtinger, der gleich um die Ecke im Heiligenkreuzer Hof wohnte. Hier zelebrierte er allabendlich seine Abstürze und wies teuer gekleideten Gästen eigenmächtig den Weg nach draußen.

Diese suchen wiederum Zuflucht im **Weincomptoir** (1., Bäckerstr. 6), nur ein paar Meter über die Straße gelegen. Das Angebot an edlen Tropfen rechtfertigt den Namen. In den hölzernen Regalen stapeln sich Bouteillen der Spitzenklasse. Die handgeschriebene Speisekarte offeriert leichte Kleinigkeiten, aber auch Kalorienbomben wie die in Butter schwimmenden Spinatknödel mit Parmesan.

Die Bäckerstraße bietet eben auf ganzen hundert Metern für jeden Gau-

▼ **Reduzierte Opik in der von Oskar Putz entworfenen Kix Bar, Bäckerstraße 4.**

men und jede Weltanschauung ein passendes Lokal, nach Mitternacht gleicht die schmale Fahrbahn eher einem Rummelplatz als einer stillen Citystraße.

In der parallel verlaufenden Sonnenfelsgasse befindet sich die Enklave der cool gestylten Avantgarde, **Die Bar** (1., Sonnenfelsg. 9). Im fahlen Licht blickt man wissend aneinander vorbei. Ungeübte, das Wiener Nachtleben allzu leichtfertig unterschätzende Gäste machen schon hier schlapp – dabei geht's jetzt erst so richtig los.

> **Adabei**
> → wörtlich »Auch-dabei«, bezeichnet Gaffer und Gesellschaftslöwen.

Denn auch in der Schönlaterngasse reiht sich Kneipe an Kneipe. In der klein dimensionierten **Wunderbar** (1., Schönlaterngasse 8) ist eine Einrichtung von Hermann Czech zu bewundern, ehe man weiterzieht zu **Enrico Panigl** (1., Schönlaterngasse 11). Die berühmt-berüchtigte Weinbar besticht durch ihre ausgezeichneten italienischen Weine. Leider ist zu fortgeschrittener Stunde das Gedränge so groß, daß der rechte Genuß leicht abhanden kommt.

Im Bermuda-Dreieck

Im berühmt-berüchtigten Bermuda-Dreieck, einem kleinen Grätzl (Viertel) rund um die Ruprechtskirche, kann man mindestens ebenso leicht völlig abstürzen. Im ehemaligen jüdischen Textilviertel regiert die Wiener Szene, eine kunterbunte Melange aus Klein- und Selbstdarstellern, Witz- und Trunkenbolden, hauptberuflichen Prominentenfriseuren und ehrenamtlichen Adabeis. Jeder einzelne pflegt sein höchstpersönliches Ausgehritual, schwankt im individuellen Zickzackkurs durchs Revier.

Der Rabensteig, ein kleiner Platz, flankiert von uralten Häusern, verwandelt

▼ **Für Körper und Seele: ein »Ottakringer« im »Herkner«, Dornbacher Straße 123.**

sich mit Beginn der warmen Jahreszeit in einen einzigen Schanigarten. Hat man erst einmal einen freien Sessel ergattert, so kann man mitten in der Stadt den milden Abend genießen, flirten und sich genüßlich über die Vorübergehenden unterhalten. Das **Krah Krah** (1., Rabensteig 8) bietet seinen Gästen 50 Biersorten zur Auswahl an, dazu passend heiße Schwarzbrote mit Fleisch- und Knoblauchaufstrichen. Leicht studentisches Flair dominiert, in Kontakt zu kommen ist hier relativ einfach, was nicht für alle Szene-Lokale gilt.

Im **Roten Engel** (1., Rabensteig 5) gibt's zu den offenen Weinen zwar nur ein kleines Käsesortiment, dafür jeden Abend Live-Musik. Eine bizarre Niorosta-Konstruktion zieht sich quer durchs Lokal, das Publikum sitzt dichtgedrängt auf klassischem Kaffeehausmobiliar. Der

> *Schanigarten*
> → kleiner, abgegrenzter Wirtsgarten auf dem Gehsteig.

Rote Engel besitzt heute schon fast musealen Charakter, war er doch vor Jahren der zündende Funke für die Entstehung des Bermuda–Dreiecks. Bars und Restaurants haben sich von hier aus wie ein Steppenbrand ausgebreitet, die Seitenstettengasse hinauf bis zur Ruprechtskirche.

Gegenüber der **Kaktusbar** (1., Seitenstettengasse 5), ebenfalls ein Wegbereiter der Szene, schieben schwerbewaffnete Polizisten Wache vor der Jüdischen Synagoge und sorgen für eine Prise Betroffenheit inmitten des sorglosen Trubels. Jüdische und italienische Spezialitäten stehen auf der Karte des **Ma Pitom** (1., Seitenstetteng. 5); der Name bedeutet »Warum plötzlich« auf hebräisch.

Unangefochten erste Adresse am Ruprechtsplatz ist das **Salzamt** (1., Ruprechtsplatz 1). Die Inneneinrichtung stammt

▲ **Freundliches Personal im Stadtbeisl ...**
▼ **... und im Glacisbeisl.**

von dem Wiener Stararchitekten Hermann Czech und wurde für internationale Wohnzeitschriften ausgiebigst fotografiert. Das Publikum ist todschick, die Küche superb und ideenreich.

Das Beisel

Ein gutes Beisel besteht aus wenigen, einfachen Zutaten: Einem getäfelten Schankraum mit Bretterboden und polierten Zapfhähnen, wo man im Stehen geschwind ein Achterl Grünen Veltliner leeren kann; einem Stüberl mit karierten Tischdecken, im Tabakqualm ums Überleben kämpfenden Grünpflanzen sowie einem grantig-eilfertigen Kellner, gern »Herr Franz« gerufen; einer unleserlich-handgeschriebenen Tageskarte mit wechselndem Mittagsmenü; und einer nicht zu dünnen Frau Wirtin, die in der Küche ihr strenges Regiment führt.

»Es gab in den Vorstädten kleine, unbedeutende Wirtshäuser, von der gemeinen Klasse Beiseln benannt, wo der Wirt hübsche und kecke Mädchen hielt und wo täglich des Abends zwei oder drei Musikanten Tänze aufspielten. Zu speisen bekam man in diesen Kneipen nur sehr wenig: Würste, Käse, allenfalls noch Schweinefleisch. Bei Tage standen die Mädchen, die meisten üppig gestaltet, vor der Tür, um vorübergehende Männer durch die ihnen zu Gebote stehenden Künste anzulocken. Sie trugen dazu ein kleines seidenes Busentüchlein, welches seinen Inhalt nur halb verdeckte«.

So berichtet um das Jahr 1800 ein gewisser Ignaz Castelli, der von den Wienern bezeichnenderweise als »Professor der Frivolitätswissenschaft« tituliert wurde. Die Mädchen mit dem Busentüchlein inserieren heutzutage im Annoncenteil der Zeitungen, die unbedeutenden Wirtshäuser dagegen haben sich zu einer ehrwürdigen Wiener Institution gemausert, die aus dem täglichen Leben der Stadt nicht mehr wegzudenken sind. Angestell-

▼ **Die Pfudlwirtin, ein Wiener Original, Bäckerstraße 22.**

te und Rentner, Studenten und Professoren, Hund und Herrl gehen hier einträchtig zu Tisch.

Im Beisel gibt's noch die traditionelle Speisenfolge, ohne neumodischen Firlefanz. Zuerst eine klare Suppe mit »Einlag«, Frittaten, Leberknödeln oder Grießnockerln. Als Hauptspeis' Gemüse mit Rindfleisch, ein Gulasch oder ein Beuscherl, am Freitag Fisch oder gar hausgemachte Mohnnudeln, süße Zwetschgenoder Marillenknödel.

Der schlimmste Feind eines echten Beisels ist der Erfolg. Denn hat sich die gute und preiswerte Küche erst einmal herumgesprochen und drängeln sich zu Mittag die Gäste um jeden freien Platz, dann ist zumeist der vermeintliche Aufstieg zum Restaurant nicht mehr fern. Die Speisekarte mit der bodenständigen, kalorienreichen Hausmannskost verkommt zum internationalen Einheitsbrei, plötzlich zieren Ananas- und Kiwischeiben die Gerichte. Rapide einsetzender Gästeschwund

hat aber schon so manchen Wirt zur Besinnung gebracht.

Im **Pfudl** (1., Bäckerstraße 22, Tel. 5 12 67 05) lohnt es sich, ein Weilchen auf einen freien Tisch zu warten, um eine der urwienerischen Spezialitäten zu genießen, über deren Zubereitung die Pfudlwirtin mit nimmermüder Sorgfalt wacht. Mittags versammelt sich hier die Beamtenschaft aus den nicht weit entfernten Ministerien, so typisch und urwüchsig, als wäre sie Doderer- und Joseph-Roth-Romanen entstiegen.

Nur einen kleinen Verdauungsspaziergang weit entfernt liegt ein weiterer Tip für Liebhaber der Wiener Küche, das Wirtshaus **Zu den drei Hackn** (1., Singerstr. 28, Tel. 5 12 58 95).

Typisch wienerisch ist auch die Atmosphäre bei der **Witwe Bolte** (7., Gutenbergg. 13, Tel. 5 23 14 50) im Spittelberg-Viertel. Bei einem saftigen Schweinsbraten und einem Viertel vom Heurigen wird dem stillen Zecher doppelt bewußt, wie schön doch das Leben ist.

Nach einem ausschweifenden Nachtleben bleibt manches Strandgut zurück. Es wird im Morgengrauen vor allem in der Nähe des Naschmarktes angeschwemmt, im **Café Drechsler** (6., Linke Wienzeile 22). Hier treffen sich Nachtfalter und Standlerinnen, elegantes Theaterpublikum in Abendkleid und Smoking, Sandler und Schnorrer. Warme Küche gibt es ab 3.30 Uhr früh, ein dampfendes Reisfleisch oder ein kleines Gulasch »mit Pfiff« (einem kleinen Glas Bier) hat schon so manches Delirium im letzten Moment verhindert, oder auch nicht. Wunderbar schäbig und ideal zum Typenstudium.

◀ **Langweiliges Wien? Von wegen! Die nächtliche Wiener Szene gehört zu den lebendigsten in Europa.**

Kabarett- und Kulturbeiseln

Sich amüsieren, gut schmausen, zügig trinken – diesen ihren drei Lieblingsbeschäftigungen brauchen die Wiener nicht getrennt nachzugehen. Die Kultur- und Kabarettbeiseln haben Hochsaison, Tischreservierungen sollte man möglichst frühzeitig vornehmen. Zwanglos-leger geht es zu, während oben »am Brettl« (auf der Bühne) bitterböses Kabarett geboten wird. Die rastlos tellerbalancierenden, krügelschleppenden Kellner stimmen ihre Auftritte sorgfältig mit dem Timing der Pointen ab. An Leib und Seele gestärkt, verläßt der Gast zur Sperrstunde das Lokal und darf sich zugute halten, etwas für seine Ganzkörperkultur getan zu haben.

Urahn dieser vielfrequentierten Etablissements ist die **Kulisse** (17., Rosensteing. 39, Tel. 4 85 38 70) im 17. Wiener Gemeindebezirk Hernals. Drei Lehrer, ein Koch und ein Fotograf setzten das ehemalige Vorstadttheater mühsam instand und eröffneten 1980 ihr »Burgtheater der Kleinkunst«. Das Repertoire reicht von Nestroy bis zur gesellschaftskritischen Revue. Unter der einheimischen Kabarettprominenz gilt heute als Faustregel: Wer

---

Krügel
→ ist in Österreich 1/2 l Bier; 0,35 l heißen Seidel, 1/8 l ist ein Pfiff.

---

die »Kulisse« mit ihren 200 Plätzen füllt, der hat's geschafft.

Konkurrenzträchtiger Ableger der Kulisse ist das **Spektakel** (5., Hamburgerstr. 14, Tel. 5 87 06 53) in der Nähe des Wiener Naschmarkts. Zwar ist der Vortragssaal kleiner, dafür ist die Küche besser. Während der genialischböse Lukas Resetarits, besser bekannt als TV-Krimifigur »Inspektor Kottan«, das Goldene Wienerherz als Blech enttarnt, kann sich der Gast einem »Geflügel-Kalbsbries-Gugelhupf in frischer Salatgurkensauce mit Frühkartoffelgratin« hingeben – ein Genuß.

Weitere Fixsterne am Wiener Kleinkunsthimmel sind das **Metropol** (17., Hernalser Hauptstr. 55, Tel. 4 07 77 40), ein ehemaliges Tanzcafé, und das **Kabarett Niedermair** (8., Lenaugasse 1a, Tel. 4 08 44 92), wo die junge, höchst enga-

▼ Im »Metropol« ging schon mancher Musikstern auf.

gierte Chefin Auftritte für den wildwuchernden Nachwuchs organisiert.

Traditionelle Scherze werden im **Simpl** (1., Wollzeile 36, Tel. 5 12 47 42) an der Wollzeile geboten. Hierher trauen sich auch die Politiker und demonstrieren angestrengt entspannt, daß sie noch über sich selbst lachen können. Das Simpl ist das einzige Relikt aus der großen Wiener Kabarettzeit der Nachkriegsjahre, als die Publikumslieblinge Karl Farkas und Ernst Waldbrunn alljährlich zu Silvester ein Pointenfeuerwerk abbrannten.

Sind die Zeiten schlecht, dann ist das Kabarett gut. Das beste Kabarett wurde denn auch zwischen den beiden Weltkriegen gemacht, zeitweilig gab es in Wien bis zu 25 Kellertheater. Nach 1945 war der schwergewichtige Helmut Qualtinger Star der Szene, Georg Kreisler schoß, scheinbar harmlos am Klavier klimpernd, seine Giftpfeile ab. »Blattl vor dem Mund«, »Brettl vor dem Kopf« und »Hackl im Kreuz« hießen die Programme,

so manche Pointe wurde zum geflügelten Wort. Es folgte die Blödelflaute der Wirtschaftswunderjahre. Heute ist diese Durststrecke überwunden, von der tiefschwarzen Conferénce bis zum feministischen Sketch gibt's für jeden etwas. Kabarett ist wieder fester Bestandteil des Wiener Kulturlebens.

Kaffeehäuser und Konditoreien

Bei Tagesanbruch öffnen die Kaffeehäuser ihre Pforten, es duftet nach frischem Kaffee, die Körbchen auf den Marmortischen werden mit Butterkipferln und Mohnweckerln gefüllt, Tageszeitungen aus aller Welt warten wohl sortiert auf den ersten Gast. Wiens Kaffeehäuser sind eine oft beschriebene, eigentlich aber unbeschreibbare, geheiligte Institution. Als »eine behagliche Oase in der Wüste des Lebens« hat sie der Schriftsteller Camillo Schaefer einmal bezeichnet, unentbehrlich für

▼ »Figlmüller« ist ein typischer Stadtheuriger, mit den größten Wiener Schnitzeln weit und breit; Wollzeile 5.

Dürstende aller Alters- und Gesellschaftsschichten und ein Tempel des Geistes.

Die bunteste Mischung findet sich im **Café Museum** (1., Friedrichstr. 6) am Karlsplatz. Auf roten Ledergarnituren und Thonetsesseln schmökern hier Hofräte und Studenten, wird Schach gespielt, diskutieren Maler und Bildhauer von der nahen Akademie der bildenden Künste. An den vom Zigarettenqualm vergilbten Wänden schichten sich die Ausstellungs- und Theaterplakate, die Kellner sorgen sich übers Trinkgeld hinaus um das Wohl ihrer Gäste. Von den Fensterplätzen aus hat man einen herrlichen Blick auf die Secession mit ihrer Goldkuppel.

Dort befindet sich im Keller das **Café in der Secession** (1., Friedrichstr. 12), eine kühne Melange aus klassischem Kaffeehausmobiliar und grellen italienischen Wandkacheln. An lauen Sommerabenden wird auf der kleinen Wiese hinter der Secession Tango getanzt, rundherum braust der Verkehr.

Seriöser geht's im **Landtmann** (1., Dr.-Karl Lueger-Ring 4) zu, gleich neben dem Burgtheater. Hier tafeln zu Mittag Politiker vom nahen Rathaus und Parlament, innenpolitische Redakteure lauschen am Nebentisch angestrengt mit, Schauspieler lauern auffällig unauffällig darauf, erkannt zu werden.

Von seinem verschlissenen Charme lebt das **Prückl** (1., Stubenring 24) am Stubenring. Am Samstagnachmittag wird hier mit höchster Konzentration Bridge gespielt, das Piano verleitet immer wieder inspirierte Gäste zu oft schwungvollen Improvisationen.

Ganz der Altwiener Kaffeehaustradition verpflichtet sind auch das **Diglas** (1., Wollzeile 10), mit unglaublichen Riesentorten in der Vitrine, das **Frauenhuber** (1., Himmelpfortg. 6) und der **Bräunerhof** (1., Stallburgg. 2), alle in der Inneren Stadt. Im **Zartl** (3., Rasumofskyg. 7) finden oft musikalische und literarische Abendveranstaltungen statt.

Das **Hawelka** (1., Dorotheerg. 6) lebt von seiner gloriosen Vergangenheit und den warmen Buchteln, die allerdings erst nach zehn Uhr abends serviert werden. Zwar sind die Künstler wie Arik Brauer, Ernst Fuchs, Friedensreich Hundertwasser und Helmut Qualtinger ausgezogen, als Studenten und Touristen ihr Domizil entdeckten, aber die Atmosphäre ist geblieben: rauchig, gedrängt und ungezwungen.

Und das **Sperl** (6., Gumpendorferstr. 11): In dem schön renovierten Café von 1880 ging einst die Wiener Secession ein und aus. Etwas für Billardfreaks.

Wahre Tempel für Naschkatzen sind die Konditoreien. Im **Gerstner** (1., Kärntner Straße 11–15), dem ehemaligen »k.u.k. Hofzuckerbäcker«, sitzen die eleganten Damen und schwärmen von der guten alten Zeit, als die Schwarzwälder Kirschtorte noch soo groß war. **Heiner** (1., Wollzeile 9 und Kärntner Str. 21–23) lockt Hungrige mit Figürchen aus Schaumgebäck, bei **Sluka** (1., Rathauspl. 8) türmen sich Berge von Strudeln und Rouladen.

▶ Kaum blinzelt die Sonne durch die Wolken, stellen auch die Beiseln und Kneipen Tische und Stühle nach draußen.

Das Mekka des süßen Wien befindet sich jedoch am Kohlmarkt. Vor 200 Jahren wurde der **Demel** (1., Kohlmarkt 14) gegründet, seine Törtchen, Bonbons und feinen Salate sind von immerwährender Aktualität. Hier wird der Gast noch, wie in der k.u.k. Zeit, in der dritten Person angesprochen: »Wünschen bedient zu werden? Haben schon gewählt?« Dezent gekleidete Demelinerinnen servieren fruchtige crème de jour und halten allzu legere Touristen mit gestrengen Blicken im Zaum. Vor den Auslagenscheiben stauen sich derweil die Schaulustigen und bestaunen Kaiser Franz Joseph in Zuckerguß. Wahrhaft ein Tortentempel.

Preiswerte, typische Restaurants

Spaß und Selbstironie müssen sein, auch beim Essen. Lokale heißen »Zum Hungerkünstler« oder »Gulaschmuseum«, den Wettstreit um Wiens größte Schnitzel hat

man beim **Figlmüller** (1., Wollzeile 5, Tel. 5 12 61 77) im Durchgang zwischen Wollzeile und Stephansplatz bravourös für sich entschieden: Hier hängen sie, knusprig und hauchdünn, über den Tellerrand.

Die kleine Minderheit der Vegetarier zieht sich zum **Wrenkh** (15., Hollergasse 9, Tel. 8 92 33 56) zurück, wo ausgezeichnete Vollwertkost und Rauchverbot dominieren, wo statt mit Zucker mit reinem Imkerhonig aus dem Burgenland gesüßt wird.

Solche Einschränkungen würden in Wiens Kellerlokalen zu einem spontanen Gästeaufstand führen. Ein richtiger Schweinsbraten ist nun mal kein Diätessen, fette Stelzen und Backhendel werden knusprig serviert. Dazu Zithermusik und Heurigenlieder, manchmal geigt sogar ein echter Zigeunerprimas. Der **Piaristenkeller** (8., Piaristengasse 45, Tel. 4 06 01 93) in der Josefstadt, der **Augustiner**- (1., Augustinerstr. 1, Tel. 5 33 10 26)

▼ Im Auktionshaus Dorotheum wird nicht nur versteigert, im Bereich »Freier Verkauf« kann man Antiquitäten auch sofort erwerben – manchmal zu einem erstaunlich günstigen Preis.

und der **Zwölf-Apostel-Keller** (1., Sonnenfelsgasse 3, Tel. 5 12 67 77) im ersten Bezirk sind die beliebtesten Adressen und liegen nah am touristischen Geschehen.

Wiens Galerien

Wiens Galerien bieten ein reiches Angebot, das vom Biedermeieraquarell über den Secessionsstil bis zu den Jungen Wilden der Gegenwart reicht. Die **Galerie nächst St. Stephan** (1., Grünangergasse 1, Tel. 5 12 12 66) war in den sechziger Jahren Vorreiter für die Avantgarde. Bei **Grita Insam** (1., Köllnerhofgasse 6, Tel. 5 12 53 30) flimmert Videokunst, die **Galerie Krinzinger** (1., Seilerstätte 16, Tel. 5 13 30 06) ist mit über 600 m² Ausstellungsfläche schon fast ein Museum.

Mitbringsel

Unbedingt vorbeischauen sollte man im **Dorotheum** (1., Dorotheergasse 17, Tel. 5 15 60-0), Versatzamt und Auktionshaus in einem. Im Volksmund liebevoll »Pfandl« genannt (von verpfänden), sind hier gleich auf mehreren Stockwerken alte Möbel und Bilder, Schmuck und Porzellan, Kleider, Bücher, Briefmarken und Krimskrams ausgestellt. Schon das Bummeln ist ein Vergnügen, denn von überall her flüstern die kleinen Schätze des Alltags ihr »Kauf mich«. Und die Preise sind durchaus günstig. Natürlich gibt es regelmäßige Versteigerungen, wer aber darauf nicht warten kann, findet auch im Bereich »Freier Verkauf« genügend Auswahl, die sofort und zu einem festen Preis zu erwerben ist.

Zwischen Dorotheum und Hofburg blitzt Jugendstilschmuck in den Auslagen der kleinen Antiquitätenläden. Mitbringsel aus Wien gibt's für jeden Geschmack und jede Brieftasche. Von edlem Augartenporzellan **(Porzellanmanufaktur,** 1., Stock-im-Eisen-Platz), vorzugsweise zu pirouettendrehenden Lipizzanern modelliert, über petit-point-bestickte Brillenetuis (**Maria Stransky**, 1., Hofburg-Passage 2) bis zu Einem Meter Liebe. Selbiges

ist eine ein Meter lange Bonbonniere, gefüllt mit winzigem, handgemachtem Miniaturkonfekt. Von der großen Traditionsconfiserie **Altmann & Kühne** (1., Graben 30) werden die Liliputpralinen, in Kommödchen, Köfferchen und Puppenhutschachteln verpackt, in die ganze Welt verschickt.

Scheer & Söhne (1., Bräunerstr. 4) und **Materna** (1., Mahlerstr. 5), beide im ersten Bezirk, offerieren edelstes, hand- und maßgeschneidertes Schuhwerk, in ihren Regalen stapeln sich die hölzernen Modelle prominenter Leisten.

Braun & Co. (1., Graben 8) bietet edle Kleider und Mäntel in einem höchst prunkvollen Rahmen. **Kann** (1., Singerstr. 6/2/8) ist der Komet unter den jungen Modemachern der Stadt. **Hammerer** (1., Kärntner Straße 29–31) und **Tostmann** (1., Schottengasse 3a) halten es in punkto sportlich-eleganter, regionaler Tracht eher mit der Tradition, was ja per se noch nichts Schlechtes sein muß.

▶ Kleine, aber höchst feine Mitbringsel sind Pralinen aus Wien.

Die passenden Brillen für das Paar von Welt finden sich bei **Hartmann** (1., Singerstr. 8): Sehbehelfe aus Horn oder superleichtem Birnen- und Ahornholz geschnitzt, dazu formvollendete Kämme, Bürsten und Haarspangen.

Wunderbare Gläser sind in den Verkaufsräumen eines berühmten Kristallüsterproduzenten ausgestellt: **Lobmeyer** (1., Kärntner Straße 26); leider nicht zu erwerben: die Exponate im angeschlossenen Glasmuseum.

Beschwingt am Abend

Im **Cercle** (1., Kärntner Straße 41, Tel. 5 12 48 36--0), dem Casino in der Inneren Stadt, kann man in eleganter Atmosphäre ein ganzes Vermögen durchbringen oder anderen dabei zusehen.

Ähnlich teuer wie ein Abend im Casino kann ein Abstecher in einen der Nachtklubs zwischen Stephansdom und Oper werden. Im **Moulin Rouge** (1., Walfisch-

gasse 11, Tel. 5 12 21 30) warten die Gäste so manches Mal vergeblich auf wohlgeformte Stripperinnen, denn Hausherr Heinz Schimanko, Wiens wohl berühmtester Glatzkopf, hat ein großes Herz für die Kunst und bietet ein alles andere als einseitiges Programm.

Wien sportlich

In Wien wird gerne gegessen, getrunken, flaniert und intrigiert. Und wie ist es um die körperliche Ertüchtigung seiner Bewohner bestellt? Daß sich im Bereich der sportlichen Aktivitäten nicht allzuviel abspielt, bietet dem auswärtigen Besucher durchaus gewisse Vorteile. »In den Schwimmhallen hat er meist ausreichend Platz, jedenfalls im Wasser«, heißt es ironisch in einem Wien-Führer.

Wen es nach entspannenden Tempi gelüstet, der sollte unbedingt ins Favoritner **Amalienbad** (10., Reumannplatz 23) schauen. Hier kann man elegant in einer

▶ **Am Steg des Heustadelwassers im Prater.**

wunderschönen Jugendstilhalle plätschern, durch das hohe Glasdach fällt milchiges Licht auf die türkischen Kacheln. Ein Abstecher ins mosaikverzierte Dampfbad ist ebenfalls äußerst empfehlenswert.

Ein höchst attraktives Sport- und Freizeitparadies entstand in den siebziger Jahren im Zuge der Arbeiten an der Neuen Donau mit der 200 m breiten **Donauinsel.** Lange Strände und schöne Buchten charakterisieren die Copa Cagrana, wie sie von den Wienern nach dem nahen Stadtteil Kagran genannt wird. Alle Arten von Wassersport, Radfahren und Anbaggern nach Herzenslust – auf 21 km Länge sind kaum Grenzen gesetzt.

Snobs, Frischluftfanatiker oder gar der Wettleidenschaft Verfallene zieht es in Richtung Prater. In der **Krieau** finden die Trabrennen statt, in der **Freudenau** wird galoppiert. Die Freudenau, einst Treffpunkt der mondänen Gesellschaft der k.u.k. Monarchie, gilt immer noch als einer der schönsten Rennplätze der Welt.

Von den weißlackierten, überdachten Tribünen aus kann man Start und Einlauf bestens überblicken, am Ende jedes Rennens geht ein Konfettiregen aus bunten Zetteln der Sieg- und Dreierwetten über den Logen nieder: Wieder nix. Elegante alte Hasardeure genehmigen sich ein Glas Champagner zum Trost der Spielerseele, der Hauch einer lange versunkenen Welt liegt in der Luft.

Der Einheimischen liebste sportliche Betätigung ist und bleibt aber das Spazierengehen. Bei schönem Wetter bummeln Pärchen, Familien und Einzelgänger sonntagnachmittags stillvergnügt im Prater, durch den Schönbrunner Schloßpark, den Donaukanal entlang oder über den Ring.

Im Prater

Nicht immer waren die Habsburger so volkstümlich, wie sie heute gerne rückblickend verklärt werden. Bis weit ins

▲ **Auf dem Golf-platz im Prater.**
▼ **Winterfreuden auf der Alten Donau. – Auf dem Opernball lacht die Szene!**

18. Jahrhundert hinein untersagten sie z. B. ihren Untertanen auf das strengste, die grüne Wald- und Aulandschaft vor den Toren der Stadt zu betreten, da Ausflügler dort nur das Wild vertreiben würden, was wiederum dem kaiserlichen Jagdvergnügen abträglich wäre. Erst der vom Geist der Aufklärung geprägte Joseph II., Sohn Maria Theresias, machte im Jahre 1766 den Prater allen Wienern zugänglich. Vorwürfe aus seiner hochadeligen Umgebung, die ob dieser menschenfreundlichen Entscheidung pikiert reagierte, konterte er gelassen: »Wenn ich immer nur unter meinesgleichen sein möchte, müßt' ich den ganzen Tag in der Kapuzinergruft spazierengehen.«

Das Wiener Volk strömten vom ersten Tag an begeistert in den Prater, okkupierte vergnügt Wiesen und schattige Plätzchen. Pfiffige Geschäftemacher suchten beim Kaiser um Erlaubnis an, »Thee, Caffee und Gefrohrenes« feilzubieten; die ersten einfachen Ringelspiele, Schaukeln und Kegelbahnen wurden gezimmert, in einer Bude gab es sogar »mechanische Vögel« zu bestaunen. Die Schau- und Sensationslust der Einheimischen ließ den Prater rasch anwachsen, es entwickelte sich im Westen der Grünlandschaft der jahrmarktsähnliche Volks- oder Wurstelprater. Varietés und Schießbuden siedelten sich an, Feuerwerke wurden abgebrannt, derbe Possen aufgeführt. Zwerge und Damen ohne Unterleib waren die vielbeklatschten Publikumslieblinge. Im Jahre 1855 wurde als Mittelachse eines Ringelspiels der berühmte und vielbesungene »Calafatti« installiert, eine neun Meter hohe Holzfigur eines Chinesen in Mandarinkleidung, mit langem, dünnem Zopf. Für die Weltausstellung von 1897 entstand das berühmte **Riesenrad,** mit 67 m Höhe das damals größte Panorama-Rad der Welt.

Bis heute der geheime Mittelpunkt des Prater ist aber der Kasperl, in Wien liebevoll »Wurstel« gerufen. Die Wiener

▼ **Die Existenz des Volkspraters geht auf einen Erlaß Kaiser Josefs II. im Jahr 1766 zurück. Manchen der Vergnügungsstätten sieht man ihr Alter an.**

fühlen sich dieser traurig-komischen Figur zutiefst seelenverwandt: Vom Leben gebeutelt, vom Krokodil verfolgt, so »wurstelt« sich der kleine Wicht von Abenteuer zu Abenteuer, bleibt am Schluß stets ein augenzwinkernder Sieger, ein wienerischer Don Quixote.

Der Prater ist jedoch keineswegs nur Lärm und Lustbarkeit, sondern daneben auch Stille und Beschaulichkeit. Die kleinen, verschwiegenen Wege abseits vom Trubel ziehen Liebespaare ebenso an wie Familien, die am Wochenende ein paar vergnügte Stunden im Volksprater in der grünen Natur ausklingen lassen.

Wem der schnurgerade Weg auf der Prater Hauptallee, einer von Baumriesen flankierten Prachtstraße, bis zum Lusthaus zu weit wird, fährt ein Stück mit der Liliputbahn, einer putzigen Miniatureisenbahn, oder er schwingt sich aufs Rad wie Hunderte Wiener auch. Im **Lusthaus,** einem trotz seines Namens höchst seriösen Etablissement, locken dann eine kräftige Jause (Imbiß), ein Gugelhupf und eine Melange.

Im Böhmischen Prater

Im Süden Wiens, am äußersten Rand des 10. Gemeindebezirks Favoriten, liegt eine ganz besondere Gasse: der Böhmische Prater. Von den sanft geschwungenen Hügeln des Laaerberges hat man hier an schönen Herbsttagen einen herrlichen Blick über Wien, die Papierdrachen der Kinder schaukeln dann wie Farbtupfer über Kirchtürmen und Häusermeer.

Auf diesem idyllischen Flecken Erde schufteten noch im vergangenen Jahrhundert böhmische Ziegelarbeiter unter menschenunwürdigen Bedingungen, brannten aus dem trockenen Lehmboden Ziegel für die halbe Donaumonarchie und schliefen meist im Freien, mit einem Ziegel als Kopfkissen. Billige böhmische Arbeiter, Dienstmädchen und Köchinnen waren begehrte Hilfskräfte in den Fabriken und hochherrschaftlichen Haushalten der k.u.k. Hauptstadt, wurden rührselig besungen – und dabei zumeist gnadenlos

ausgebeutet. Doch sie blieben in Wien. Über weite Strecken liest sich das Wiener Telefonbuch bis heute wie das Fernsprechverzeichnis Prags. Ein bekanntes Lied aus der Nachkriegszeit bestand ausschließlich aus den mit dem Buchstaben »V« beginnenden, oft unaussprechlichen Namen des Wiener Telefonbuches. Von Vaclavik, Vrbka und Vtipitil bis zum unübertrefflichen Vlk.

Der Böhmische Prater ist eines der letzten Relikte aus dieser Zeit. Versteckt zwischen Schrebergärten und Birkenwäldchen stehen windschiefe Holzbuden und Knusperhäuschen, es duftet nach Zuckerwatte und türkischem Honig. Unter einem Holzsalettl aus dem Jahr 1840 dreht sich unermüdlich das älteste Karussell Europas, das 1985 sogar unter Denkmalschutz gestellt wurde. Die holzgeschnitzten Pferdchen dieser Rarität haben selbstverständlich Namen: Sie hören auf Elfi, Herbert und Karli. (10., Laaer Wald, im gleichnamigen Erholungsgebiet.)

▲ **Die kleine Wallfahrtskirche Maria Grün im Prater ging aus einer Waldandacht zu einem Gnadenbild hervor, das man im 19. Jahrhundert an einem Baum hängend gefunden hatte.**

▼ **Das Riesenrad, ein Ur-Wiener Symbol.**

Wiens Kaffeehäuser

Die heutigen Wiener Kaffeehäuser sind häufig nur ein recht müder Abklatsch dessen, was diese Form der Kultur um die Jahrhundertwende war. In ihrer Blütezeit ging von den Kaffeehäusern nicht nur

der Zauber einer wunderbaren Melange und köstlicher Tortenstücke aus, sondern auch Reiz und Anregung eines höchst vitalen Geisteslebens.

An den Marmortischchen der ganz großen literarischen Kaffeehäuser traf sich alltäglich ein Stammpublikum, um Weltliteratur, die Zukunft der Medizin, die neuen Töne der Musik zu diskutieren und zu gestalten, Parteiprogramme oder auch große Revolutionen zu entwerfen, um eine Partie Schach zu spielen und – gegen den ärgsten Hunger – den Ober um ein kleines Gulasch auf Pump anzuschnorren.

Alle hatten sie ihre ein bis zwei Stammadressen. Hermann Bahr, Schnitzler, Hofmannsthal und andere Autoren des Symbolismus saßen im Griensteidl; Peter Altenberg, Karl Kraus, Alfred Polgar, Egon Friedell, Victor Adler und Leo Trotzki diskutierten und schrieben im Central; Klimt, Schiele, Kokoschka und Musil besetzten das Café Museum; und Jahrzehnte später war das Bräunerhof zweite Heimat für Thomas Bernhard, das Hawelka Anlaufadresse für H. C. Artmann, Alfred Hrdlicka und Helmut Qualtinger.

Auch diese hoch entwickelte Form der (Alltags-)Kultur wurde von den Nazis vernichtet, war sie doch hauptsächlich von der jüdischen Intelligenz getragen. Was nach dem furchtbaren Ende kam, konnte nie wieder an die große Zeit anschließen. Nur in einem haben die Kaffeehäuser heute vielleicht eine stärkere Stellung als vor 100 Jahren: Sie sind ehrliche Inseln der Ruhe im pulsierenden Alltagsleben.

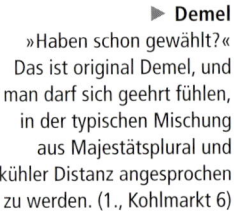

▶ **Demel**
»Haben schon gewählt?«
Das ist original Demel, und man darf sich geehrt fühlen, in der typischen Mischung aus Majestätsplural und kühler Distanz angesprochen zu werden. (1., Kohlmarkt 6)

◀ Café Central
In diesen Räumen war um die Jahrhundertwende die Wiener Literatur zu Hause. Der legendäre Stammgast Peter Altenberg sitzt immer noch da – in Papiermaché. (1., Herrengasse 14)

▲ Betörende Kreationen
Apfelstrudel, Cremeschnitte, Sachertorte, Linzer Schnitten, kleinste Pralinen, hoflieferantenetikettiert … Was in Wiens Tortentempel Nummer 1 ins Büfett kommt, ist von einzigartiger Qualität. (Demel, 1., Kohlmarkt 14)

Wie man bestellt

Seit der Eröffnung der ersten Wiener Kaffeehäuser im späten 17. Jahrhundert entwickelte sich ein wahrer Kult um das schwarze Gebräu. Man geht ins Kaffeehaus, um zu plaudern, Bonmots auszutauschen, Zeitung zu lesen, Schach zu spielen, Ideen zu haben. Was man dabei konsumiert, scheint fast nur ein Katalysator für die Sensibilisierung des Geistes zu sein, sollte aber nicht gering geachtet werden, wenn einem die Sympathie des Obers wichtig ist!

Bestellen Sie also keinen »Kaffee«, womöglich mit Betonung auf der ersten Silbe, sondern einen großen oder kleinen Braunen (Mokka mit Milch), einen Schwarzen (Mokka ohne), eine Melange (mit viel Milch versetzter Kaffee mit einem Häubchen Schlagsahne) oder eine der vielen anderen Kaffeeköstlichkeiten. Das in guten Häusern mitservierte Glas Leitungswasser dürfen Sie kostenlos nachfüllen lassen, so oft Sie wollen – so ist´s der Brauch.

◀ Café Hawelka
In dem berühmten einstigen Künstlerkaffeehaus bedient seit Jahrzehnten Herr Hawelka selbst. Heute viel studentisches Publikum und auch Touristen in wunderbar verrauchter Atmosphäre. (1. Dorotheergasse 6)

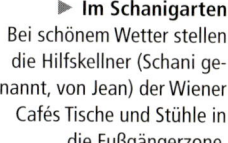

▶ Im Schanigarten
Bei schönem Wetter stellen die Hilfskellner (Schani genannt, von Jean) der Wiener Cafés Tische und Stühle in die Fußgängerzone.

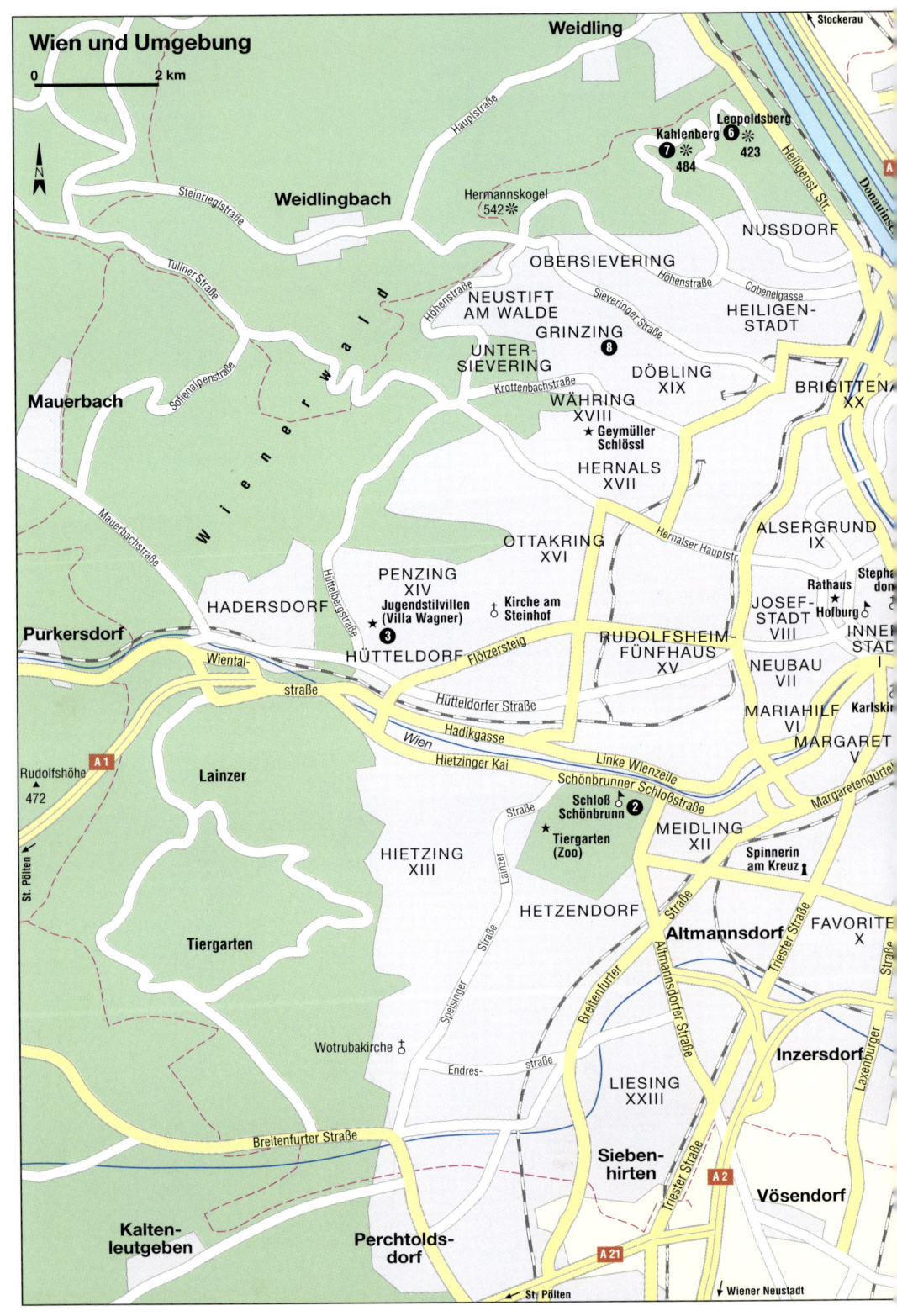

Wien und Umgebung

0   2 km

Weidling

Stockerau

Leopoldsberg **6** ☀
Kahlenberg **6** ☀
7 ☀
484   423

Heiligenst. Str.

Hauptstraße

Steinrieglstraße

Weidlingbach

Hermannskogel
542 ☀

NUSSDORF

Tullner Straße

Höhenstraße

OBERSIEVERING

Höhenstraße

Sieveringer Straße

Cobenzlgasse

**HEILIGEN-
STADT**

**NEUSTIFT
AM WALDE**

GRINZING
8

**UNTER-
SIEVERING**

Krottenbachstraße

**DÖBLING
XIX**

Solenalpenstraße

Mauerbach

Mauerbachstraße

W i e n e r w a l d

Höhenstraße

**WÄHRING
XVIII**

★ Geymüller
Schlössl

**BRIGITTEN-
XX**

**HERNALS
XVII**

**ALSERGRUND
IX**

**OTTAKRING
XVI**

Hernalser Hauptstr.

Rathaus
★

Stepha
dom

Purkersdorf

HADERSDORF

Hütteldorferstraße

**PENZING
XIV**
Jugendstilvillen
(Villa Wagner)
3

✝ Kirche am
Steinhof

**RUDOLFSHEIM-
FÜNFHAUS
XV**

**JOSEF-
STADT
VIII**

Hofburg ♂

**INNER
STAD
I**

HÜTTELDORF

Flötzersteig

**NEUBAU
VII**

Wientalstraße

Hütteldorfer Straße

Wien

Hadikgasse

**MARIAHILF
VI**

Karlski

Linke Wienzeile

Hietzinger Kai

Schönbrunner Schloßstraße

**MARGARET
V**

Rudolfshöhe
▲
472

A 1

Lainzer

Straße

Lainzer

Schloß ♂
Schönbrunn **2**

Margaretengürtel

St. Pölten

**HIETZING
XIII**

★ Tiergarten
(Zoo)

Schönbrunner Schloßstraße

**MEIDLING
XII**

Spinnerin
am Kreuz ⚔

**FAVORITE
X**

Tiergarten

HETZENDORF

Straße

Altmannsdorf

Altmannsdorfer Straße

Triester Straße

Wotrubakirche ♂

Speisinger Straße

Breitenfurter Straße

Endres-
straße

**LIESING
XXIII**

Inzersdorf

Laxenburger

**Kalten-
leutgeben**

Breitenfurter Straße

**Perchtolds-
dorf**

**Sieben-
hirten**

Triester Straße

A 2

Vösendorf

A 21

St. Pölten

Wiener Neustadt

Donauinse

A

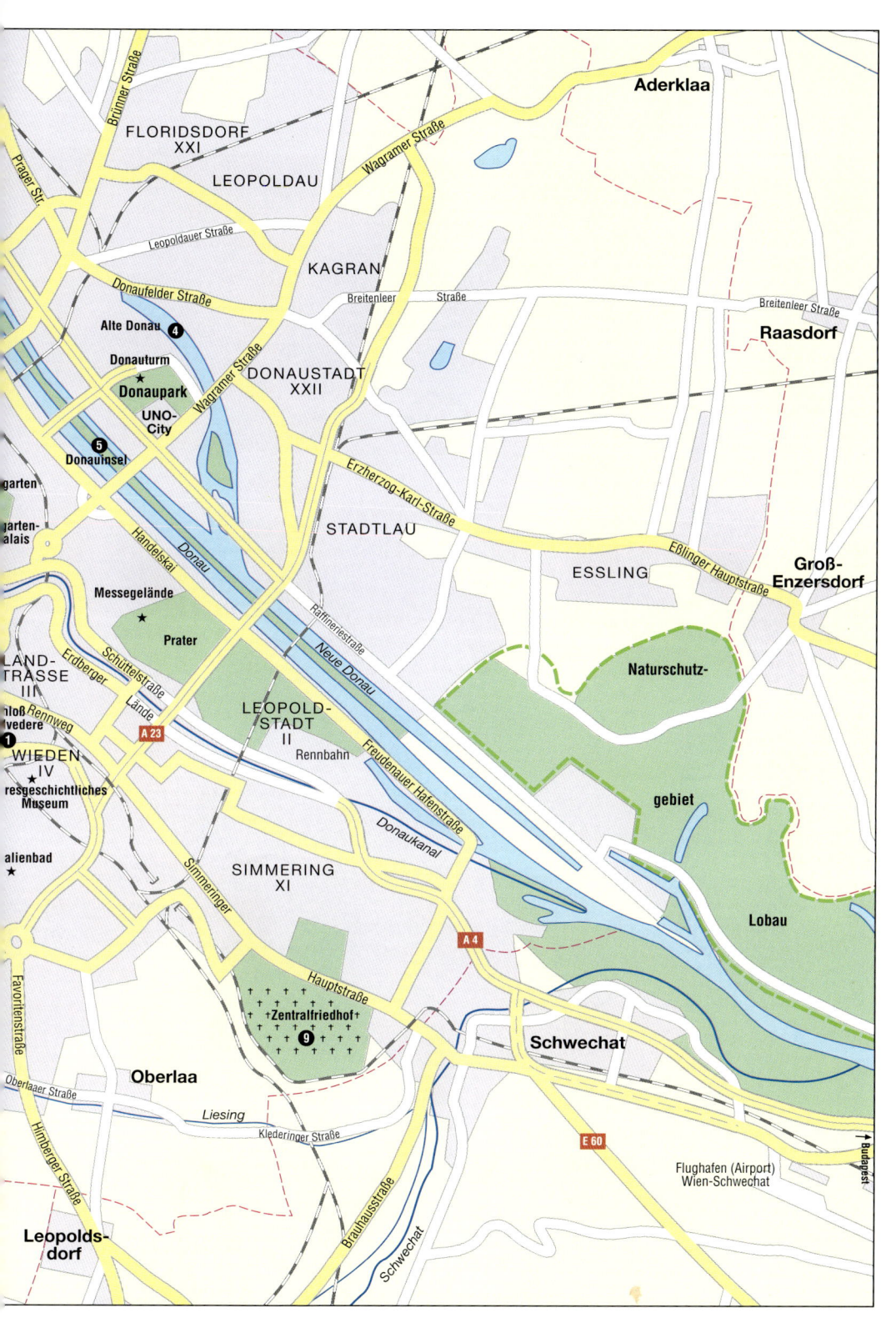

Vorstädte und Vororte

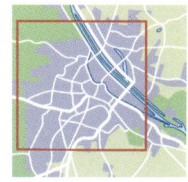

Seite 173

Die Stadt Wien besteht aus der »Inneren Stadt« und weiteren 22 Bezirken. Der 1. Bezirk umfaßt den historischen Kern, das alte, einstmals vom Festungsgürtel umgebene Wien, das sich auch heute noch durch die Ringstraße genauso deutlich von den umliegenden Stadtteilen abhebt wie früher durch die Stadtmauern. Um die Mitte ordnen sich die übrigen Bezirke. Deren Sehenswürdigkeiten sind oft jünger und weniger glanzvoll als die zahllosen Attraktionen der Innenstadt. Doch manches, was leise und unprätenziös daherkommt, entpuppt sich schon beim ersten Augenschein als Juwel.

Wien ist zur Peripherie hin gewachsen – je höher die Nummer der Bezirke, desto später erfolgte die Eingemeindung. Aber das Wachstum war maßvoll, und als man merkte, daß man übers Ziel hinausgeschossen war, da geschah etwas ganz und gar Ungewöhnliches: Die Millionenstadt schrumpfte, machte Eingemeindungen rückgängig, beschränkte sich auf ein kleineres, leichter zu verwaltendes Maß. So ist Wien zwar eine Großstadt, aber keine besonders große Stadt, sie ist nicht mit Metastasen ins umliegende Grünland hinausgewuchert, sondern hübsch bei sich geblieben, eine überschaubare, menschengerechte Metropole.

Rund um die Mauern Wiens lag von alters her ein Kranz von Siedlungen, von denen manche sogar früher urkundlich erwähnt sind als die Stadt selbst. Diese Ackerbau- und Winzerorte, auch sie größtenteils von Wällen und Gräben umgeben, bildeten das natürliche Hinterland der Stadt und wuchsen im Laufe der Jahrhunderte auf sie zu – eine Entwicklung, die zweimal jäh unterbrochen wurde, als die Türken 1529 und 1683 Wien belagerten. Um das ganze Vorfeld der Befestigungsanlagen frei zu haben, wurden sowohl Vororte wie Vorstädte von den Verteidigern niedergebrannt. So kommt es, daß in den heutigen Außenbezirken Wiens kaum ein Gebäude steht, das älter als 300 Jahre ist.

Die Abwehr der Türken 1683 und die Etablierung Österreichs als kontinentale Macht leitete einen unerhörten Bauboom

ein. Die Vorstädte und Vororte Wiens wurden wieder aufgebaut; im näheren Umkreis der Stadt errichtete der Adel seine Sommerpaläste, von denen erfreulicherweise eine ganze Reihe erhalten geblieben ist. Der großartigste dieser Bauten ist zweifellos das Schloß Belvedere des Prinzen Eugen von Savoyen, das von einer Anhöhe auf das Zentrum der Stadt hinunterblickt.

◄ ◄ Schloß Schönbrunn im Winter.
◄ In manchen Hinterhöfen Wiens auch noch in Funktion zu finden: die Bassena, an der sich früher das gesamte Haus sein Wasser holte.
► Wäscherin im Biedermeier.

Im Gefolge des allgemeinen wirtschaftlichen Aufschwungs siedelten immer mehr Gewerbetreibende in den Vorstädten. Diese waren seit 1703 durch eine weitere Befestigungsanlage geschützt, den Linienwall. Was außerhalb des Walls lag, waren die Vororte. Der Linienwall bildete die Zollgrenze Wiens. An den Einfahrtsstraßen waren staatliche Mautposten aufgestellt. Hier wurde bis spät ins 19. Jahrhundert hinein die sogenannte »Verzehrungssteuer« eingehoben, eine Abgabe auf sämtliche Lebensmittel, die in die Stadt gebracht wurden. So bildeten die Vorstädte damals schon eine, wenn auch nicht administrative, so doch steuerliche Einheit mit der umwallten Kaiserstadt.

Nach alter Zunfttradition siedelten die Gewerbetreibenden in bestimmten Vierteln, so die Seidenweber im heutigen 7.

Die Wien
→ 31 km langer, im Wienerwald entspringender Fluß, in Wien z. T. verbaut, mündet in den Donaukanal.

Bezirk. Der Name »Brillantengrund« erinnert an den sprichwörtlichen Wohlstand der Branche, die über Jahrzehnte hinweg unangefochten den europäischen Markt beherrschte. Eine im wahrsten Sinne anrüchige Gewerbeansiedlung erstreckte sich entlang des Wienflusses im Bereich des heutigen 14. Gemeindebezirks: Hier hatten sich Gerber und Färber niedergelassen. Die stinkenden Abwässer ihrer Betriebe riefen mehr und mehr den wütenden Protest der Anrainer hervor. Man sieht: Auch das frühe 19. Jahrhundert hatte seine Umweltprobleme.

Wie in vielen europäischen Metropolen besaßen die Juden auch in Wien ihr eigenes Wohnviertel. Es lag jenseits des heutigen Donaukanals in der Leopoldstadt, dem jetzigen 2. Bezirk. Hier wurden sie im 17. Jahrhundert angesiedelt – und 50

▼ Alte Karten von Wien zeigen das Gesicht der Stadt vor der Schleifung der Basteien.

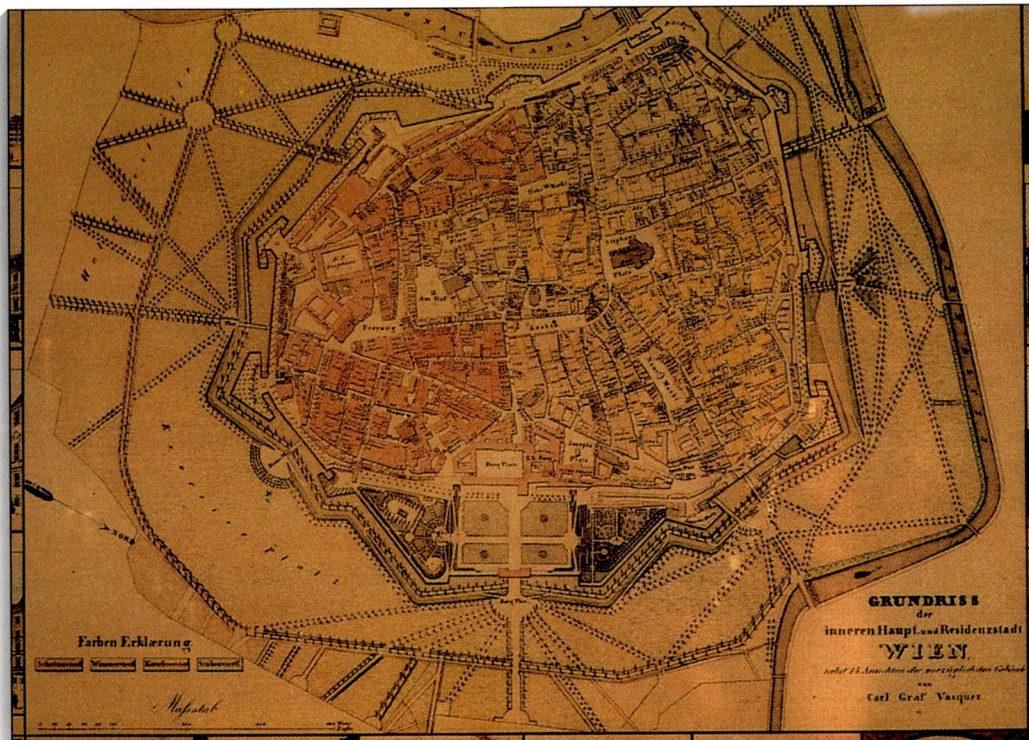

Jahre später aufs neue vertrieben. Seit der zweiten Hälfte des 19. Jahrhunderts entwickelte sich die Leopoldstadt dann vor allem zum Wohnbezirk der armen jüdischen Einwanderer aus den Ostprovinzen der Monarchie. Bis 1938 lebten hier über 50 000 Juden.

Und so präsentierte sich Wien um die Mitte des 19. Jahrhunderts: Den Kern bildete die in ihre Befestigungsanlagen wie in einen Panzer eingeschnürte Stadt, die seit dem Mittelalter ihr Areal nicht vergrößert hatte. Um sie herum im dichten Kreis die immer enger zusammenwachsenden Vorstädte und jenseits der »Linie« der lockere Kranz der Vororte, die sich mehr und mehr mit den tristen Häuserzeilen der Mietskasernen für das Industrieproletariat füllten.

Dieser große und kompakte Wirtschaftsraum war immer noch in Dutzende administrativer Einheiten unterteilt – im Zeitalter der Industrialisierung ebenso ein Anachronismus wie die Befestigungsanlagen. Im Jahre 1850 kam es zur ersten Stadterweiterung: Die Vorstädte bis zum Linienwall, die aus 35 selbständigen Gemeinden bestanden, wurden endlich in die Stadt Wien eingemeindet. Die Schleifung der Basteien 1857 war der Auftakt zu der glänzenden Epoche der Ringstraßenzeit. Auch in den Außenbezirken wurden gewaltige Bauvorhaben durchgezogen: Die Donau wurde reguliert, der Donaukanal erhielt sein Bett, und durch den Bau zweier Hochquellwasserleitungen hatte Wien schließlich das zu damaligen Zeit beste Trinkwasser aller Großstädte der Welt.

Die Jahrhundertwende bescherte Wien dann einen weiteren Entwicklungsschub; im Zug der zweiten Stadterweiterung wurden 1890 die Vororte jenseits des ehemaligen Linienwalls als Gemeindebezirke 10 bis 19 eingemeindet. Im Jahre 1910 griff dann die Stadt mit dem 21. Bezirk, Floridsdorf, auf das jenseitige Donauufer hinüber.

Seite 173

▲ **Bürgermeister Dr. Karl Lueger.**
▼ **Das Obere Belvedere, des Prinzen Eugen repräsentativer Sitz.**

Schloß Belvedere

Als junger Feldmarschall hatte Prinz Eugen von Savoyen im Jahre 1693 den Baugrund für ein Sommerpalais erworben, ein sanft ansteigendes Gelände vor den Toren der Stadt. 20 Jahre später, auf der Höhe seines Ruhms als Feldherr und Staatsmann, nahm er den Bau des **Schlosses Belvedere ❶** in Angriff. Johann Lukas von Hildebrandt schuf ihm eine der großartigsten Palastanlagen nicht nur des österreichischen Barock.

Der Name »Belvedere« (»Schöne Aussicht«) bezieht sich genaugenommen nur auf das 1721–1722 erbaute Obere Belvedere, das ausschließlich für Feste und Repräsentationszwecke bestimmt war. Von dort aus hat man den schönsten Blick auf Wien bis zu den Hügeln des Wienerwalds. Das Hauptschloß, das Untere Belvedere, wurde 1714–1716 errichtet. Hier wohnte der Savoyer inmitten seiner einzigartigen Kunstschätze. Verbunden sind die beiden Palastbauten durch die mit Statuen, Brunnen und Wasserspielen geschmückten Parkette und Terrassen des Parks, dessen ursprüngliche Pracht leider nur in Ansätzen erhalten ist. Erst nach dem Tod des Prinzen wurde das Schloß

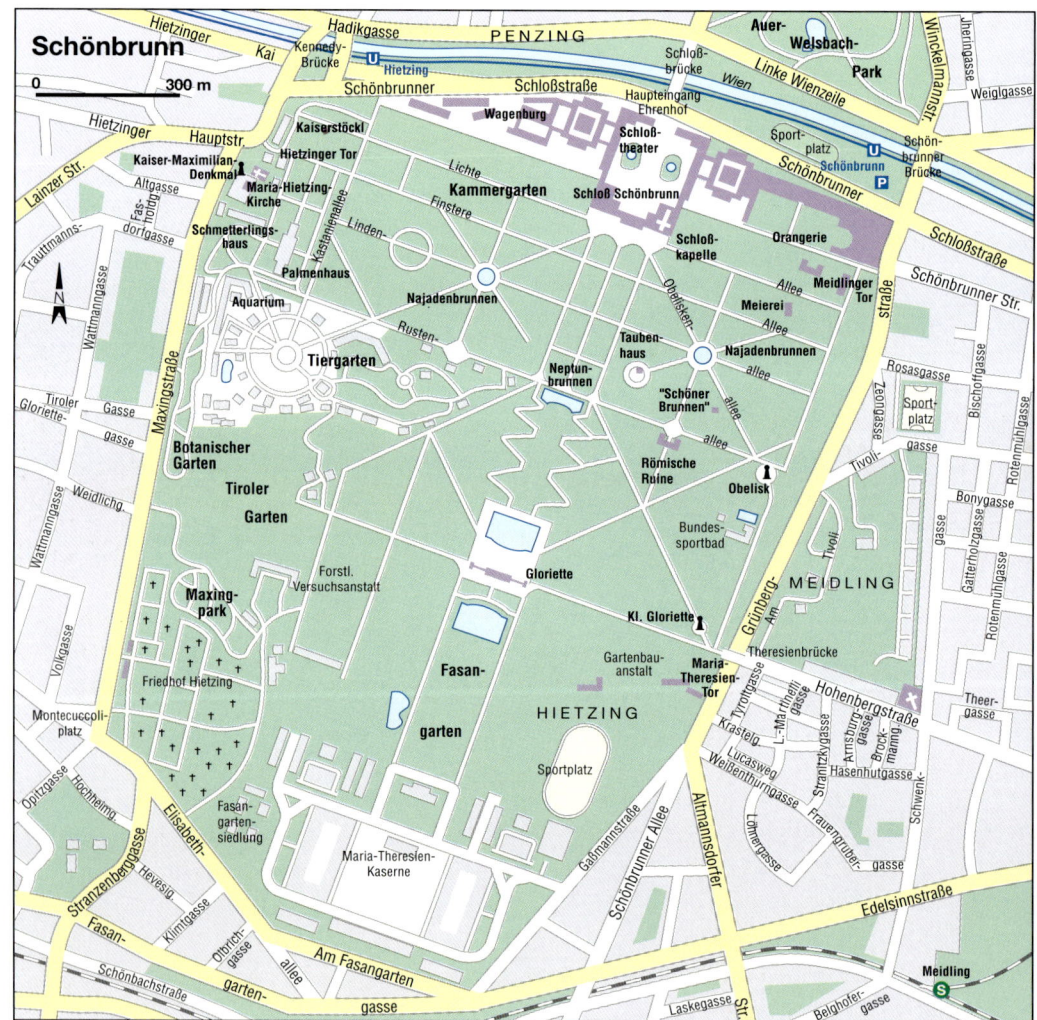

vom Kaiserhaus erworben. Vor dem Ersten Weltkrieg war es Residenz des Thronfolgers Franz Ferdinand, danach ging es in staatlichen Besitz über. 1955 wurde hier der österreichische Staatsvertrag unterzeichnet, durch den Österreich seine Souveränität zurückgewann.

Heute beherbergt das Belvedere mehrere hochrangige Museen. In den kostbar ausgestatteten Räumlichkeiten des oberen Schlosses hängen die Bilder der **Österreichische Galerie des 19. und 20. Jahrhunderts.** Werke von Gauermann und Waldmüller sind darunter, im Mittelpunkt des Interesses stehen aber Gustav Klimt, Schiele und Kokoschka.

Weit weniger Besucher betreten die Tore des Unteren Belvedere, zu Unrecht! Die mit Spiegeln, Marmor und Gold ausgestatteten Räumlichkeiten geben den Sammlungen des **Österreichischen Barockmuseums** den passenden Rahmen. Originale Bleifiguren von Georg Raphael Donner sind darunter, aber auch Gemälde

von Troger, Rottmayer, Maulpertsch und Martin Johann Schmidt sowie, als Attraktion, die Charakterköpfe von Franz Xaver Messerschmidt. Die angegliederte Orangerie beherbergt das **Museum mittelalterlicher österreichischer Kunst,** vorwiegend Schnitzwerke und Altarbilder aus Romanik und Gotik. (3., Rennweg 6a bzw. Prinz-Eugen-Str. 27; alle Museen geöffnet Di–So 10–17 Uhr.)

Schloß Schönbrunn

Weit mehr noch als die Hofburg ist **Schloß Schönbrunn ❷** ein Inbegriff monarchischer Macht- und Prachtentfaltung. Darin gleicht die kaiserliche Sommerresidenz dem Schloß Versailles, nach dessen Vorbild sie ja auch errichtet wurde. Der Wiener assoziiert mit Schönbrunn vor allem den alten Kaiser Franz Joseph – und natürlich Maria Theresia. Denn sie war es, die Schönbrunn zu ihrer Sommerresidenz erhob. Das Schloß selbst ist um eini-

Seite 173

▲ **Eine Donner-Skulptur im Unteren Belvedere.**
▼ **Napoleon vor den Toren Schönbrunns.**

179

Morgennebel im Schönbrunner Park
Im Sommer strömen wahre Besuchermassen nach Schönbrunn. Wenn Sie aber den Zauber der wunderbaren Parkanlage ungestört genießen wollen, kommen Sie möglichst früh; ab 6 Uhr sind die Tore geöffnet.

ges älter. In der Nähe eines »schönen Brunnens« weit vor den Toren der Stadt hatten die Habsburger schon seit dem 16. Jahrhundert ein Jagdschloß, das bei der Türkenbelagerung 1683 zerstört wurde. Kaiser Leopold I. entschied sich für den Bau einer repräsentativen Residenz. Johann Bernhard Fischer von Erlach legte ein grandioses Konzept vor, das, wäre es verwirklicht worden, Versailles glatt in den Schatten gestellt hätte. Das Zentrum der Schloßanlage plante er hoch über der Stadt auf dem Hügel, wo heute noch die Gloriette steht. Doch das Geld war knapp, selbst ein Kaiser mußte sich in Bescheidenheit üben.

1695 wurde dann Fischers zweiter, reduzierter Plan in die Tat umgesetzt. Er entspricht im Kern der heutigen Anlage. Auch sie ist mit ihrem mächtigen Ehrenhof und den monumentalen Freitreppen zu beiden Seiten des Baukörpers imposant genug. Maria Theresia gab 1743 ihrem Architekten Nikolaus Pacassi den Auftrag,

▲ »Das war doch wohl nicht alles?« Fütterung im Tierpark von Schönbrunn.
◀ Am frühen Morgen ist es im Schönbrunner Park besonders schön.

das Schloß zu einer Sommerresidenz auszubauen. Pacassis wichtigste Änderung war der Einbau der Großen und Kleinen Galerie in den Mitteltrakt, wodurch er unter Verzicht auf die ausgewogene hochbarocke Symmetrie eine unglaubliche Dynamisierung erreichte. Raumensemble und Ausstattung machen Schönbrunn zu einem wichtigen Hauptwerk des österreichischen Rokoko. Pacassis Nachfolger Johann Ferdinand von Hohenberg, schuf mit dem Schloßtheater noch ein typisches Spätrokoko-Interieur, profilierte sich jedoch danach durch die Gestaltung des Schloßparks als führender Architekt des spätbarocken Klassizismus.

Die prunkvolle Innenausstattung gehört zum Großartigsten und Aufwendigsten dieser Epoche. Von den 1441 Zimmern und Sälen sind die 40 wertvollsten und intimsten im Rahmen von Führungen öffentlich zugänglich: die Gemächer der kaiserlichen Familie, darunter das Arbeits- und Schlafzimmer von Franz Joseph und seiner Frau Elisabeth, das Vieux-Laque-Zimmer mit wundervollen ostasiatischen Lacktafeln, in dem Maria Theresia als Witwe lebte, das Napoleonzimmer, behängt mit Brüsseler Gobelins, das Millionenzimmer, getäfelt mit indischen Miniaturen und wertvollen Hölzern, chinesische Kabinette und die Große Galerie, ein wahrhafter Festsaal in seinen Ausmaßen, in seinem Reichtum.

Großartig sind auch die weiten **Parkanlagen** im strengen Stil des französischen Gartens, mit ihren geometrisch angeordneten Blumenparterres und den beschnittenen Hecken und Baumreihen, die wie mit dem Lineal gezogen sind. Zum Park gehört die 1752 kreisförmig angelegte Menagerie, der älteste in Betrieb stehende **Tiergarten** Europas. Und dann die Tropen mitten in Wien: In den monumentalen verglasten Gußeisenkonstruktionen des **Palmen-** und des **Schmetterlingshauses** sind schöne Sammlungen exotischer Pflanzen bzw. Falter vereint.

Hoch über dem Schloß liegt der luftige klassizistische Kolonnadenbau der **Gloriette,** der 1765 errichtet wurde. Von hier bei einem Großen Braunen und einem Stück Torte auf die Schloßanlage vor dem Hintergrund Wiens hinunterzublicken, gehört zu den stillen Höhepunkten der Stadtbesichtigung.

Danach hat man vielleicht noch Energie, auch die **Wagenburg** mit ihrer Sammlung von Prunk- und Staatskarossen aufzusuchen. (13., Schönbrunner Schloßstraße; Öffnungszeiten: Schauräume tägl. 8.30–16.30, im Sommer bis 17 Uhr; Gloriette tägl. 9–17 Uhr; Tiergarten, Palmenhaus tägl. 9–16.30 Uhr, Schmetterlingshaus ab 10 Uhr; Wagenburg tägl. 10 bis 16 Uhr außer Mo Nov.–März.)

Wie die Wiener wohnen

Bis 1918 hatten die Wiener Gemeindebezirke ein klares soziologisches Profil: Es gab die Nobelbezirke, die bürgerlichen und die Arbeiterbezirke. An dieser Einteilung hat auch die vermehrte Bautätigkeit der letzten Jahre nicht allzuviel geändert.

Die bürgerlichen Bezirke

Die ehemaligen Vorstädte, also die Bezirke drei bis neun, waren der Sitz bürgerlicher Handels- und Gewerbetreibender. Auch die Beamten wohnten vorzugsweise zwischen Bastei und Linienwall. Wenn auch der Baubestand in diesen Bezirken vorwiegend aus der Zeit vor und um 1900 stammt, so haben sich vor allem im siebenten und achten Bezirk eine Reihe von Häusern aus dem frühen 19. Jahrhundert erhalten, die einen guten Begriff von der sprichwörtlichen Wohnkultur des Biedermeier geben. Die Häuser (einst alle mit Garten) sind klein und höchstens zweistöckig; Wohnräume und das Mobiliar sind auf ein vernünftiges, praktisches Maß reduziert, mit klaren, schnörkellosen Linien, dem Geist unserer Zeit sehr entgegenkommend. Einige dieser Häuser sind öffentlich zugänglich, so **Haydns Sterbehaus** (6., Haydn-Gasse 19), das **Geburts-** (9., Nußdorfer Straße 43) und das **Sterbehaus Schuberts** (4., Kettenbrückengas-

Seite 173

▼ **Blick vom Neptunbrunnen auf das Schönbrunner Schloß.**

se 6) und, als Beispiel eines großbürger-
lich-herrschaftlichen Lebensstils, das **Geymüller-Schlössel** im 18. Bezirk (Pötz-
leinsdorfer Str. 102).

Die Arbeiterbezirke

Mit einigen Ausnahmen – den Nobel-
vierteln in Hietzing, Währing und Döbling sowie den Winzergemeinden am Fuß
des Wienerwalds – sind alle Vororte das
Reservat der Arbeiter. Dort, an der Peripherie, waren die Fabriken entstanden,
und dort siedelten im aufbrechenden In-
dustriezeitalter Tausende und Abertau-
sende, die hier Arbeit suchten und fanden. Jenseits der Linie ersparten sie sich
die Verzehrungssteuer. Damit verbilligten
sich die Lebenshaltungskosten einer Pro-
letarierfamilie bis um zwei Drittel. Die Le-
bensbedingungen der Arbeiter freilich
waren bedrückend. »Schön« gebaut
wurde nur in der Inneren Stadt. Draußen
konzentrierte man sich allein auf Zweck-
mäßigkeit, um möglichst viele Menschen

auf möglichst wenig Raum unterzubringen. Zehn Personen in einer Zimmer-
Küche-Kabinett-Wohnung, dem Standard-
maß der Zinskasernen in den Vororten,
war keine Seltenheit. Kaum eine Straße
hatte Bäume, und Parkanlagen waren un-
bekannt. Allerdings – die schrecklichen
Slums wie z. B. in den englischen Indu-
striegebieten blieben Wien erspart. Es gab
kein fließendes Wasser in den Wohnungen. Wasser holte man an der Bassena,
dem Wasserhahn am Gang eines jeden
Stockwerks. Für die Frauen war die Bassena Kommunikationszentrum und Neuig-
keitenbasar in einem.

Langsam wurden im Laufe des
20. Jahrhunderts die meisten alten Zinskasernen durch freundliche Wohnstätten
ersetzt. Hier leisteten die Sozialdemokraten des »Roten Wiens« nach 1920 wahre
Pionierarbeit. In 15 schwierigen Jahren
gelang es ihnen, 60 000 neue Wohnungen zu schaffen, um die Arbeiter aus
ihren schäbigen Wohnverhältnissen zu

▼ Eine Bastion des
Roten Wien: der
Karl-Marx-Hof, der
auch im nachsozia-
listischen Europa
seinen Namen bei-
behält.

befreien. Vorzeigeobjekt ist bis heute der 1200 m lange **Karl-Marx-Hof.** 1600 Wohneinheiten umfaßt die burgähnliche Anlage, die ihren wehrhaften Charakter 1934 zu beweisen hatte, als der Hof im Zentrum des Brügerkriegs stand und mehrmals mit Feldhaubitzen beschossen wurde (19., Heiligenstädter Str. 82–92).

Die Nobelbezirke

In den eleganten Stadtwohnungen des 1. und des »Botschafterviertels«, des 3. und 4. Bezirks, in den Villenansiedlungen von Hietzing sowie des Währinger und Döblinger Cottage hatten sich Adel, Besitzbürgertum und Geldaristokratie niedergelassen. An der Struktur dieser Wohnbezirke änderte sich seitdem kaum etwas: Auch heute noch sind hier die Grundstückspreise und die Mieten die höchsten. Hietzing hatte einst auch den unübersehbaren Vorteil, in unmittelbarer Nähe des Kaisers zu wohnen. So stehen die architektonisch interessantesten Villen im Umfeld von Schloß Schönbrunn, die **Villa Steiner** (13., St.-Veit-Gasse 10) etwa, das erste von Adolf Loos erbaute Haus, oder die **Villa Scheu** (13., Larochegasse 3), mit der er die Idee des Terrassenhauses verwirklichte. Nur zwei Jahre älter ist die von Josef Hoffmann 1913 bis 1915 erbaute **Villa Skywa-Primavesi** (13., Gloriettegasse 18).

Weiter nördlich, im Bezirk Penzing, stehen zwei höchst sehenswerte monumentale **Jugendstil-Villen ❸**, erbaut 1886 bis 1888 und 1912/1913 von Otto Wagner (14., Hüttelbergstraße 26 und 28). Die ältere enthält heute das Privatmuseum des Malers Ernst Fuchs. Und wenn Sie Geschmack am Werk des bedeutendsten Architekten der Secession gefunden haben, sollten Sie samstags um 15 Uhr an einer Führung durch die **Kirche am Steinhof** teilnehmen. Dieser symbolische Kontrapunkt zur üppig barocken Karlskirche ist die Krönung von Wagners Schaffen. (14., Baumgartner Höhe 1.)

Seite 173

▼ *Zwei große Werke des Jugendstil-Architekten Otto Wagner: die Kirche am Steinhof und die Erste Wagner-Villa, in der heute der Maler Ernst Fuchs wohnt und arbeitet, aber auch Museumsbesucher empfängt.*

Alte Donau, neue Donau, Donauinsel

Bis weit ins 19. Jahrhundert bahnte sich die Donau bei Wien mit Dutzenden von Seiten- und Nebenarmen ihren Weg durch eine weite Auenlandschaft. Einer dieser Seitenarme führte direkt an die Stadt heran. Ständig war die Metropole von Überschwemmungen bedroht, angeschwemmte Sandbänke behinderten den Schiffsverkehr. So wurden ab 1875 die Donau und der Donaukanal reguliert. Der Strom bekam ein festes, geradliniges Bett, aus dem Seitenarm wurde der Donaukanal. Der schiffbare Strom lag nun weit von der Stadt entfernt. Am linken Ufer der regulierten Donau wurde ein unverbauter Stauraum geschaffen, das Inundationsgebiet. Im Bedarfsfall konnte es überflutet und so die Hochwassergefahr von Wien abgewendet werden. Doch ganz gelang dies nicht. So setzten sich die Bauarbeiter ab 1972 noch einmal hinter schwere Maschinen und hoben die **Neue Donau** aus, ein 21 km langes Parallelbett das als Entlastungsrinne dienen sollte.

Bei der ersten Baumaßahme hatte man einige Landschafts- und Erholungsgebiete erhalten. Von Grundwasserquellen gespeist, entwickelte sich die **Alte Donau** ➍ im Lauf der Jahre zu einem Wassersportparadies vieler Städter. Bereits 1907 wurde das erste städtische Strandbad eröffnet das Gänsehäufel. In der Zwischenkriegszeit entdeckten die Wiener die **Lobau**, das weite Auengebiet im Westen der Stadt. Hier nisteten sich die ersten Freikörperenthusiasten ein. Beim Aushub der Neuen Donau entstand mit der 200 m breiten, 21 km langen **Donauinsel** ➎ eine Art mitteleuropäische Adria: ein Freizeitparadies, nach dem Stadtteil Kagran »Copa Cagrana« genannt, mit endlosen Badeständen, Bootshäfen, Wassersporteinrichtungen, Tauch- und Surfschulen, diversen anderen Sportanlagen und einem Netz von Rad- und Spazierwegen.

▼ **Den schönsten Blick auf Wien hat man vom Stephansdom; der Aufstieg ist allerdings etwas anstrengend – und schwindelfrei sollte man auch sein. Im Hintergrund ist der Kahlenberg zu sehen.**

Der Wienerwald

Nicht erst seit den unsterblichen Strauß-Walzern gelten Wien und der Wienerwald als eins. Tatsächlich bringt dieser letzte zaghafte Ausläufer der Alpen die Schönheit Wiens erst so recht zur Geltung. Seine sanften Hänge umfangen die Stadt wie eine Muschel; seine bewaldete Kulisse gibt dem Häusermeer Kontur und grenzt es ab.

Daß es den Wald überhaupt noch gibt, ist dem Idealismus und der Zähigkeit des ersten Wiener »Grünen« zu verdanken, dem ehemaligen Landtagsabgeordneten Josef Schöffel. In einem jahrelangen Einmann-Feldzug bekämpfte er unerschrocken die geplante Abholzung des Wienerwaldes durch ein profitorientiertes Spekulationskonsortium. Es gelang ihm, die Öffentlichkeit zu alarmieren, und im Jahre 1873 wurde die bereits erteilte Bewilligung der Behörden zurückgezogen. Seither gilt Schöffel, später Bürgermeister von

Mödling, als Retter des Wienerwaldes. 30 Jahre später, unter Bürgermeister Lueger, erkannte man dann auch die Bedeutung des Wienerwaldes als grüne Lunge der Großstadt. Das führte zum Schutz des heute noch bestehenden Wald- und Wiesengürtels rund um die Stadt, in dem striktes Bauverbot herrscht.

Wo sich der Wienerwald der Donau nähert, berührt und überschreitet er Wiener Gemeindegebiet. In seinen unteren Regionen mit Weinbergen bestanden, die weiter oben von stattlichen Buchenhainen abgelöst werden, unterbrochen von Wiesengründen, ist er von alters her ein beliebtes Ausflugs- und Wanderziel der Stadtbevölkerung.

Der Leopoldsberg

Der **Leopoldsberg** ❻ schließt an den Ufern der Donau den Wienerwald im Osten ab. Schon im ersten Jahrtausend stand hier eine keltische Akropolis, die dann eine mittelalterliche Burg ablöste.

Seite 173

▼ Unglaublich grünes Wien: in Döbling, einem der Außenbezirke der Hauptstadt.

Vor der ersten Türkenbelagerung 1529 wurde sie zusammen mit der ursprünglichen Georgskapelle vor den herannahenden Feinden gesprengt. Mit dem Neubau dieser geschichtsträchtigen Kapelle begann man erst 1679, nach der Überwindung der Pest. Man weihte die Kuppelkirche dem heiligen Leopold. Während der zweiten Türkenbelagerung 1683 mußte man den Bau unterbrechen. Marco d'Aviano, päpstlicher Legat und Kapuzinerpater, hielt in dem halbfertigen Bau jene zündende Predigt, die in der zahlenmäßig weit unterlegenen Truppe den Mut und die Entschlossenheit weckte, um sich in eine scheinbar aussichtslose Schlacht zu stürzen (s. S. 24). 1693 wurde die Kirche fertiggestellt und gab dem Berg seinen Namen. Bis dahin hieß er noch mons calvus, also Kahlenberg, der Name, der dann auf den daneben liegenden Gipfel übertragen wurde. Die »Schlacht am Kahlenberg« hat also gar nicht dort, sondern am Leopoldsberg stattgefunden.

Der Kahlenberg

An sonnigen Wochenenden kann man sich kaum retten vor Ausflüglern, die den weiten Blick vom **Kahlenberg** ❼ bis zu den Kleinen Karpaten und zum Schneeberg genießen wollen – von der Aussicht auf die Metropole einmal ganz zu schweigen. Eine Freude aber bleibt: zusammen mit den ungezählten in der Sobieski-Kapelle der Kirche St. Joseph zu stehen und die Geschichte von der Predigt d'Avianos zu konsumieren, aber zu den wenigen zu gehören, die wissen, daß die Rettung des Abendlandes gar nicht hier eingeleitet wurde – siehe oben.

Die Heurigenbezirke

Bis in allerjüngste Zeit war Wien rings von Weinbergen umgeben. Karlskirche und Belvedere wurden mitten in die Rebenkulturen hineingebaut. Gumpendorf, im 6. Wiener Bezirk, heute einer der am dichtesten verbauten Stadtteile Wiens,

Seite
173

war einst für seinen Wein berühmt. Heute hat sich der Weinbau nur an den Hängen des Wienerwaldes und am Bisamberg jenseits der Donau gehalten.

Daß es den Weinbau in den Stadtgrenzen noch gibt, ist dem Bürgermeister Lueger zu verdanken, der vor 100 Jahren den Wald- und Wiesengürtel um Wien geschaffen hat. So kommt es, daß Wien eine der größten Winzergemeinden Österreichs ist, und auch heute noch bietet sich, wie zur Biedermeierzeit, bei einem Blick vom Kahlenberg auf die Stadt das vertraute Bild der Rebhänge.

Von den einstigen Vororten, in denen die Wiener Winzer zu Hause sind, besitzen viele – Grinzing, Sievering, Neustift am Walde, Nußdorf, Heiligenstadt, auch Stammersdorf und Strebersdorf jenseits der Donau – noch ihren ursprünglichen Ortskern, wenn sie auch längst ihre dörfliche Unschuld verloren haben.

Grinzing

Es ist besonders **Grinzing ❽**, das mit seinen Heurigenschenken weit über die Grenzen Österreichs bekannt ist. In unzähligen Filmen und Liedern wurde es als Mekka der Heurigenseligkeit dargestellt.

Der Kurzbesucher, der diese Stimmung in den sattsam bekannten Grinzinger Heurigenrestaurants sucht, wird sie nur in sehr kommerzialisierter Form finden; das Schicksal eines jeden populären Stadtviertels weltweit. Dabei ist Grinzings Ruf als Heurigenort noch gar nicht so alt. Vor dem Aufkommen moderner Verkehrsmittel lag es zu weit von der Stadt entfernt, und die Wiener mußten ja, nach dem Konsum etlicher Viertel, auch

> *Grinzing*
> → der Name geht auf das Adelsgeschlecht der Grunzingen zurück, die hier schon im 12. Jahrhundert ihren Sitz hatten.

▼ **Gute Schrammelmusik ist ein echter Gewinn für jeden Heurigen.**

noch den Weg nach Hause finden. Erst als die »Elektrische« um die Jahrhundertwende bis Grinzing fuhr, wurde das Dorf im Tal für die weinseligen Wiener erreichbar.

Grinzing schaut auf eine vielhundertjährige Geschichte zurück. Die Namen der mittelalterlichen Hauerfamilien haben sich überliefert. Nur wenige aber überlebten die Kämpfe um Wien. Der Ungarnkönig Corvinus, die Armeen der Sultane Suleiman und Kara Mustapha schlugen hier an den strategisch wichtigen Abhängen des Wienerwaldes ihre Zelte auf. Von dem Dorf am Nesselbach blieb nicht viel übrig. Nur die **Grinzinger Kirche,** erbaut 1425 und immer wieder renoviert, berichtet von jener Zeit. Auch im 18. und 19. Jahrhundert war Grinzing noch ein stilles, verträumtes Dorf an den Hängen des Wienerwaldes. Dann aber wurde es ein Ausflugsziel, zu dem auch Beethoven, Schubert und Mozart pilgerten. Gustav Mahler liegt sogar auf dem **Grinzinger Friedhof** begraben.

▼ Die Pfarrkirche von Sievering geht auf das 14. Jahrhundert zurück.

Sievering

Auch Sievering ist inzwischen zu einem Nobelheurigenort geworden. Es ist so alt wie Grinzing, sein mittelalterlicher Name »Siphringin« erschien bereits 1156 in den Annalen. Seine **Pfarrkirche** wurde im 14. Jahrhundert gebaut, zu einer Zeit, als man sich den weiten und gefährlichen Weg zur Messe nach Heiligenstadt sparen wollte. Damals machten noch Wölfe die Gegend unsicher. In Sievering kann man so manchen Heurigengarten finden, der bevorzugt von Einheimischen besucht wird – ein gutes Zeichen.

Der Zentralfriedhof _____

Trauerdeponien für eine schöne Leich: So hat der Künstler André Heller die Wiener Friedhöfe genannt. Für eine »schöne Leich«, ein würdiges Begräbnis, war der Wiener immer schon zu haben. Dafür wird beizeiten Geld zurückgelegt, in Sterbekassen und Sparvereinen.

Grösster Korkenzieher der Welt! in Grinzing

Weingut Reinprecht

Der echte Heurige

Reisebusse voller singender Rheinländer, schwitzende Kellnerinnen im Operettendirndl, Massenabfertigungen – sind das die echten Heurigen? Natürlich nicht, aber wo sind diese dann? Versteckt natürlich. Wenn Sie also keinen Wiener Bekannten haben, der Ihnen in einem Anfall von Philanthropie eine seiner Lieblingsadressen zuwispert, müssen Sie selber auf die Suche gehen. Sie erkennen einen echten Heurigen an folgenden Merkmalen: ein einfacher Föhrenzweig über dem Haus- oder Garteneingang, der anzeigt, daß »aus'gsteckt« und damit geöffnet ist, ehrliche Hauerweine auf schnörkellosen Holzbänken, ein Selbstbedienungs-Büfett mit herzhaften teils warmen, teils kalten Köstlichkeiten, kleine Preise und ein freundlicher Wirt, der ein lobendes Wort mehr schätzt als ein herausgeplärrtes Prost.

Die große Mehrzahl der Wiener findet ihre letzte Ruhestätte auf dem 1874 errichteten **Zentralfriedhof** ❾. »Europas lebendigsten Totenacker« hat man ihn genannt, und gewiß ist er einer der größten – eine maueurumgürtete, baumbestandene Enklave von über 2 km² Areal. An die zwei Millionen Wiener liegen hier bereits begraben, weit mehr als die Stadt Einwohner hat. Es gibt sogar eigene Abteilungen für Juden, Evangelische und Orthodoxe, die beiden israelitischen Abteilungen nehmen fast ein Drittel der friedlichen Fläche ein.

Mit den Ehrengräbern auf dem Zentralfriedhof gedenkt die Stadt ihrer großen Söhne und Töchter: Beethoven, Brahms, Schönberg, Schubert, Strauß Vater und Sohn, Johann Nestroy, Franz Werfel, Hans Moser, Curt Jürgens u. v. a. Nur wenige sind nachträglich hierher umgebettet worden. (11., Simmeringer Hauptstraße 232–244; geöffnet tägl. 8–17, im Sommer bis 19 Uhr.)

Seite 173

Who is where?
Wenn Sie die Ehrengräber aufsuchen wollen: Einen genauen Plan des Zentralfriedhofs erhalten Sie beim Aufseher am Tor 2, Haupteingang.

▼ **Stille Wege:**
auf dem Zentralfriedhof.

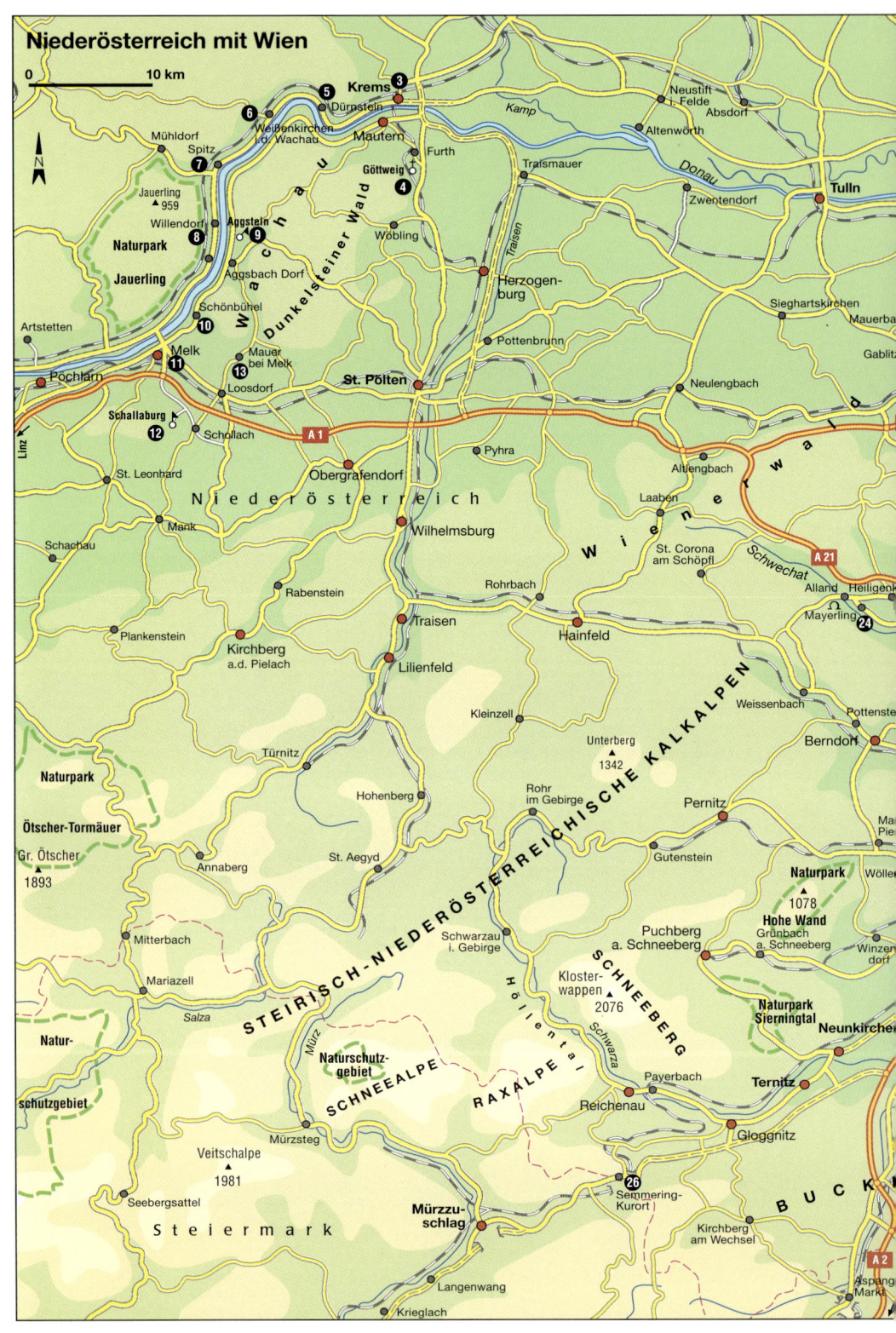

Wachau und Neusiedler See

Seite 197

Wien ist in ein wunderbares Umland eingebettet. Kaum eine andere europäische Metropole kann mit einer vergleichbaren Umgebung aufwarten, die eine solche Vielfalt an landschaftlicher Schönheit bietet, verbunden mit einem Reichtum an Kunstschätzen, der seinesgleichen sucht. Zu dieser Umgebung zählen im Westen die Wachau, im Südosten der Neusiedler See und im Süden das Gebiet zwischen dem Wienerwald und dem Semmering. Jedes dieser Ziele ist in einer Stunde Fahrt erreicht, aber weniger als ein Tag Zeit wäre ein grobes Unrecht. Wer kann, sollte ein- bis zweimal übernachten.

Klosterneuburg

Ein kleines Stück stromaufwärts von Wien ragen die Türme und Kuppeln von **Klosterneuburg** ❶ empor. Das Augustiner-Chorherrenstift ist das östlichste der großen Klöster, die den Lauf der Donau quer durch Österreich säumen. Der Babenberger Markgraf Leopold III., der Heilige, erbaute hier um das Jahr 1100 eine Pfalz (kaiserlicher Palast) und erhob sie zu seiner Residenz. Neben der »neuen Burg« stiftete er ein Kloster. Klosterneuburg diente aber nur relativ kurze Zeit als Residenz; bereits 1156 war Wien zur neuen Hauptstadt erhoben. Im Barock wurde das Stift der Mittelpunkt eines gigantischen Bauprojekts. Nach dem Willen des Bauherrn, Karl VI., sollte hier ein österreichischer Escorial entstehen. Das pompöse Bauwerk blieb, wie so vieles im Land der Donaumonarchie, unvollendet, aber auch der Torso ist beeindruckend. Auf den beiden Kuppeln thronen die Reichskrone und der österreichische Herzogshut.

Der Stiftsgründer liegt in der Klosterkirche begraben. Aber nicht nur deshalb ist die Erinnerung an den heiligen Leopold, Landespatron von Niederösterreich, in Klosterneuburg auch heute noch lebendig. Höhepunkt der alljährlichen »Leopoldi–Feier« am Feiertag des Heiligen, dem 15. November, ist das »Fasslrutschen« von einem Riesenfaß, das 56 000 Liter faßt. Das Stift (mit eigener Weinbauschule) zählt auch zu den bedeutendsten Weinproduzenten des Landes. Mit dem Verduner Altar, einer meisterlichen Emaillearbeit aus dem 12. Jahrhundert, besitzt die Stiftskirche einen der wertvollsten Kunstschätze von ganz Österreich.

Ein kleines Stück weiter stromaufwärts grüßt von der gegenüberliegenden Seite die **Burg Kreuzenstein** ❷ über den Strom. Das mächtige Bauwerk ist ein Produkt des historisierenden 19. Jahrhun-

◀◀ Von ihrer Burg Aggstein kontrollierten einst die Kuenringer den Schiffsverkehr auf der Donau und verdienten gut dabei. – Klosterneuburg. – Da lacht der Antiquar: Bibliothek des Stifts Melk. ◀ Blick auf Krems. ▶ Eingang zum Stift Klosterneuburg.

derts, liebevoll zusammengetragen und -gesetzt aus Hunderten originaler Einzelteile, eine Ritterburg wie aus dem Märchenbuch oder, wenn man so will, aus der architektonischen Retorte.

Die Wachau

Die Wachau, das Stromtal der Donau zwischen den Orten Melk und Krems, die »35 schönsten Kilometer Österreichs«, wie man sie genannt hat, zählt zweifellos zu den romantischsten Flußlandschaften Europas. Zu dieser Attraktivität hat die Natur viel Vorarbeit geleistet – der breite Strom, zu beiden Seiten von sanft geschwungenen Anhöhen eingefaßt, die den Blick nicht hemmen, wohl aber widrige Winde abwehren, der Lößboden, der Fruchtbar-

▶ **Im Stadtzentrum von Krems, das auf ein lange Geschichte zurückblickt.**

> **Nibelungenlied**
> → zweiteiliges mittelhochdeutsches Epos um Siegfried und Kriemhild, Ende des 12. Jhs. von einem unbekannten österreichischen Dichter geschrieben.

keit schenkt. Einen ebenso großen Beitrag aber hat die ordnende Hand des Menschen geliefert mit den Terrassen der Wein- und Obstbaumkulturen, die er in die Uferhänge gegraben, und mit den Kunstwerken, die dieses bevorzugte Stück Erde schmücken.

Die Wachau ist ein geschichtsträchtiger Boden. Mehr als nur ein tatendurstiges Kreuzfahrerheer zog beseelt von dem Gedanken, die Urstätte der Christenheit von den Heiden zu befreien, die Donau hinunter ins Heilige Land. Vor ihnen waren es die Burgunderhelden des Nibelungenliedes, die diesen Weg ins Hunnenland nahmen. Markgraf Rüdiger, eine zentrale Gestalt des Epos, hatte seinen Sitz in Bechelaren, dem heutigen Pöchlarn, das keine zehn Kilometer von Melk stromaufwärts liegt.

Krems

Zusammen mit der Schwesterstadt Stein verfügt **Krems** ❸ über eines der besterhaltenen Altstadtensembles in Mitteleuropa. Der Grund dafür: Im expansiven 19. Jahrhundert lag Krems im wirtschaftlichen Abseits. Das Zeitalter der Eisenbahnen brachte einen Rückgang der Donauschiffahrt, mit welcher das Wohlergehen der Stadt verknüpft war. Dadurch aber blieben Krems, mangels finanzieller Potenz, schroffe bauliche Veränderungen erspart. Behutsame Restaurierungen sorgen heute dafür, daß die alte Bausubstanz bewahrt wird. Hinter der weitgehend noch erhaltenen Stadtmauer mit dem eindrucksvollen **Wiener Tor** und dem noch mächtigeren **Pulverturm** reihen sich Bürgerhäuser aus fünf Jahrhunderten. Arkadenhöfe und Erker, Tore und Türme, Sgrafittofassaden und schmiedeeiserne Fensterkörbe prägen das Stadtbild.

Besonders hervorzuheben ist die **Gozzoburg** aus dem 13. Jahrhundert mit Arkadengang und Loggia, eines der ältesten profanen Häuser Österreichs. Sehenswert sind auch die gotische **Bürgerspitalkirche** und die beiden in mustergültiger Weise restaurierten ehemaligen Gotteshäuser, die heute weltlichen Zwecken dienen: die **Dominikanerkirche** in Krems als Weinstadtmuseum, die **Minoritenkirche** in Stein als Rahmen für Kunstausstellungen.

Die gegenüberliegende Seite der Donau (eine alte Brücke führt von Stein hinüber nach Mautern) wird beherrscht von der glanzvollen Silhouette des **Benediktinerstiftes Göttweig** ❹, das hoch auf einer nahen Hügelkuppe zu bewundern ist. Zusammen mit St. Florian und Melk zählt das im frühen 18. Jahrhundert gegründete Göttweig zum Dreiklang der großen Barockstifte an der Donau. Aus der Ferne erweckt das mächtige, 1719 bis 1724 errichtete Bauwerk mit seiner nahezu 200 m langen Front eher den Eindruck einer Schloßanlage. Lukas von Hildebrandt, der Architekt des Wiener Belvede-

Seite 197

Die große Weinvielfalt
Im historischen Weinkeller des ehemaligen Kapuzinerklosters Und zwischen Krems und Stein können Sie über 200 ausgesuchte Weine aus Niederösterreich probieren. (Tägl. 13–19 Uhr, Tel. 0 27 32/7 30 73.)

▼ **Benediktinerstift Göttweig.**

re, schuf den grandiosen Plan, der nicht vollendet werden konnte. Er sah die Verbauung der gesamten Hügelkuppe vor. Die Göttweiger Kaiserstiege ist eine der großartigsten Treppenanlagen des österreichischen Barock. Das Stift beherbergt nach der Wiener Albertina die bedeutendste Sammlung an Kupferstichen Österreichs.

Dürnstein

Einige Kilometer stromaufwärts, auf der nördlichen Seite der Donau (die Siedlungen in der Wachau befinden sich fast ohne Ausnahme am Nordufer), liegt **Dürnstein ❺**, der landschaftlich schönste Ort der Region. Auf einem Felsvorsprung über der Donau gelegen und in den Strom hineinragend, ist die Kirche des ehemaligen **Augustiner-Chorherrenstifts** neben Aggstein das beliebteste Fotomotiv der ganzen Gegend und darüber hinaus neben Stift Melk das hervorragendste Beispiel der Harmonie von Bauwerk und

Landschaft in der österreichischen Architektur. Das Prunkstück der Anlage, der barocke Kirchturm, wendet seine Schauseite der Donau zu und ist vom Strom her schon von weitem zu sehen. Für Aufregung hat die in den achtziger Jahren erfolgte Restaurierung der Fassade gesorgt: Nicht im vertrauten Weiß und Schönbrunnergelb, sondern in häßlichem Blau, schimpfen die Traditionalisten – in den Originalfarben, sagt das Denkmalamt. Doch wie so oft in Österreich: Die Gemüter beruhigten sich bald wieder.

Seine große historische Stunde erlebte Dürnstein vor mehr als 800 Jahren, als der englische König Richard Löwenherz als Gefangener des Babenbergers Leopold V. auf der Kuenringer-Festung saß. Zu Weihnachten 1192 war der König auf der Rückkehr vom Dritten Kreuzzug in Erdberg bei Wien erkannt und gefangengesetzt worden. Leopold hatte mit dem Engländer eine alte Rechnung zu begleichen: Zwei Jahre zuvor hatte Richard bei

▼ Die Kirche des ehemaligen Augustiner-Chorherrenstifts Dürnstein. – Tracht wird in der Wachau nur noch zu festlichen Anlässen getragen.

Der Sänger Blondel

Als der geliebte König Richard vom Kreuzzug nicht zurückkehrt, macht sich der treue Vasall Blondel auf, seinen Herrn zu finden. Er zieht mit seiner Laute von Burg zu Burg und spielt die vertrauten Weisen, und siehe da, aus dem Verlies von Dürnstein antwortet der König. Flugs eilt der Sänger nach England, bringt das Lösegeld auf und befreit seinen Herrn. So geht zumindest die Sage. Die Geschichtswissenschaft weiß freilich von einem Sänger Blondel nichts. Immerhin ist seine Einführung ein Zeichen, daß König Richard selbst einer der größten Minnesänger (trouvères) seiner Zeit war.

Akko im Heiligen Land dem Herzog und der österreichischen Fahne im Verlaufe eines Streits angeblich Schimpf angetan. Der geschäftstüchtige Leopold ließ seinen hohen Gefangenen auf die Veste Dürnstein bringen, wohl wissend, daß dessen alter Feind, Kaiser Heinrich VI., gerne mitspielen würde, ein hohe Lösegeld für die Freilassung zu erpressen. Doch das ist lang her: Heute erscheinen die Ruinen wie mit der Felsformation verwachsen, blicken aber nach wie vor trutzig auf die Donau hinunter.

Seite
197

Richtung Süden

Daß man in der Wachau in alten Zeiten stets mit feindlichen Einfällen rechnen mußte (Türken und Schweden haben hier gehaust), das bezeugen die Wehrkirchen in Weißenkirchen und St. Michael. Der mächtige gotische Bau von **Weißenkirchen ❻** besteht aus drei aneinandergefügten Gotteshäusern. Im Teisenhofer Hof in Weißenkirchen, einem prächtigen Renaissancegebäude mit Arkadenhof und Laubengängen, zeigt das Wachau-Museum u. a. Werke von einheimischen Malern. **St. Michael,** seit dem 10. Jahrhundert ur-

▲ **Wösendorf.**
▼ **Die Wachau aus der Luft.**

kundlich belegt, ist das älteste Kirchspiel der Region. Die kuriosen steinernen »Sieben Hasen« auf dem Dach haben zu vielfachen Deutungen Anlaß gegeben. Die plausibelste Erklärung: Sie waren eine Art Abwehrzauber gegen die bösen Mächte der im Mittelalter im Volk gefürchteten »Wilden Jagd«.

Spitz ❼, ein weiteres Stück stromaufwärts, war von alters her ein bedeutender Handelsplatz. In der schönen spätgotischen Pfarrkirche (beachten Sie den Figurenschmuck der Empore!) fällt der ungewöhnlich starke Längsachsenknick (20 Grad) zwischen Langhaus und Chor auf. Wahrscheinlich mußte sich der Baumeister den Geländeverhältnissen anpassen.

Willendorf ❽ ist die Heimat der zweitältesten bekannten Österreicherin,

Raubritter
→ Angehörige des Ritterstandes, die im 14./15. Jh. durch Söldnerheere ihre Funktion als Vasallen der Landesherrscher verloren und, verarmt, vom Straßenraub lebten.

der Venus von Willendorf, einer 11 cm hohen Kalksteinstatuette aus der Altsteinzeit (um 22 000 v. Chr.). Sie diente wahrscheinlich als kultisches Fruchtbarkeitsidol, bis heute kann man sich ihrem Zauber schwer entziehen. Die Statuette ist im Naturhistorischen Museum (s. S. 132) in Wien ausgestellt. Eine zehnfach vergrößerte Nachbildung steht an der Fundstelle.

Auf der gegenüberliegenden Seite des Stromes sitzt **Aggstein** ❾ hoch über den Fluten, einst die mächtigste Burg des Donautals, aber auch heute noch, als Ruine, trutzig und herrisch. Über keine andere Burg wurden so viele Geschichten erfunden. Die Burgbesitzer hatten über die Jahrhunderte des öfteren Meinungsverschiedenheiten mit der Geistlichkeit, und da diese damals das Medienmonopol und oft auch das der Geschichtsschreibung innehatte, sorgte sie für eine üble Nachrede. Aggstein diente als eine der Hauptfestungen der Kuenringer, eines der größten und mächtigsten mittelalterlichen Geschlechter des Donauraumes. Im Bewußtsein der Öffentlichkeit jedoch gelten sie heute noch, völlig zu Unrecht, als Raubritter.

In späteren Zeiten war die Burg Aggstein im Besitz des Georg Schreck im Wald, eines strengen Herrn. Die gegnerische Propaganda machte aus ihm den furchteinflößenden Schreckimwald, der mit einer Kette die Donau sperrte und Maut kassierte (wozu er berechtigt war). Damit nicht genug, erfand man die Mär vom »Rosengärtlein«: Der grausame Burgherr, so wurde kolportiert, setzte seine Gefangenen auf einem Felsvorsprung im Burgbereich aus und ließ ihnen die Wahl, entweder elend zu verhungern oder durch einen Sprung in die tödliche Tiefe ihre Leiden abzukürzen. Es versteht sich, daß solche schaurigen Gruselgeschichten, die dem Besucher heute ebenso wie dem einfachen Volk im Mittelalter einen

▲ Kultische Figur in der Altsteinzeit: die Venus von Willendorf.
◄ Enge Gassen, alter Stein: Viele kleine Siedlungen der Wachau haben sich ihr jahrhundertealtes Ortsbild erhalten.

Seite
197

wohligen Schauer über den Rücken jagen, den grimmigen Charakter der Festung aufs schönste unterstreichen. Man kann ihnen daher noch ein langes Leben prophezeien.

Ein Adelssitz ganz anderer Art ist **Schloß Schönbühel** ❿, auf einer Felsterrasse am südlichen Donauufer in den Strom hineinragend, – ein mächtiger rechteckiger Bau mit hochragendem zentralem Turm, dahinter auf einem Felsen eine Klosterkirche.

Der Abschluß unserer Fahrt durch die Wachau bildet zugleich ihren künstlerischen Höhepunkt: **Stift Melk** ⓫ (1702 bis 1739), Jakob Prandtauers Meisterwerk unter der Regie des jungen, dynamischen Abtes Berthold Dietmayr, eine der schönsten Schöpfungen des Barock überhaupt. Der alte Römerposten am Limes ist freilich weit älter, war die erste Residenz der Babenberger, die im Jahre 1089 das Benediktinerstift gründeten. Der mächtige, 320 m lange Klosterkomplex thront auf

einer 50 m hohen Felsnase über der Donau. Seine Schauseite, die Westfront, ist wie der Bug eines Schiffes dem Fluß zugewandt. Die Südfront erhebt sich in großartiger Gleichförmigkeit über den Ort, überragt von der mächtigen Kuppel und den Türmen der Kirche. Der Kirchenfassade vorgelagert ist eine gleichsam über dem Wasser hängende Altane (balkonartiger Anbau), zu beiden Seiten flankiert von den Bauten der berühmten Bibliothek und des Marmorsaals. Die prächtigen Kaiserzimmer des Stifts sind heute zu einem Museum umfunktioniert, das in das klösterliche Leben einführt und einige Kunstschätze besitzt. Vor dem Gartenpavillon werden im Sommer regelmäßig Theateraufführungen veranstaltet.

In unmittelbarer Nähe von Melk befinden sich zwei weitere sehenswerte Baudenkmäler. Die **Schallaburg** ⓬ zählt zu den bedeutendsten Bauwerken der Renaissance in Österreich. Teile des auf einer Anhöhe liegenden Komplexes stam-

▼ **Barockes Juwel aus jedem Blickwinkel: Stift Melk.**

men noch aus dem Mittelalter, so die Turmburg und die mächtige Umfassungsmauer. Der prachtvolle Arkadenhof ist überreich mit Terrakotten (1573) geschmückt: Büsten, Kopfmasken, Hermen, Wappenschilde. Die in den letzten Jahren vorbildlich restaurierte Anlage dient heute als großartiger Rahmen für repräsentative Ausstellungen.

In dem winzigen Flecken **Mauer** bei Melk ⓭ beherbergt eine leider unvollendet gebliebene gotische Wallfahrtskirche einen der hervorragendsten spätgotischen Schnitzaltäre ganz Österreichs, in dem bereits das Formengut der Renaissance anklingt (1515).

Das Burgenland

▲ Joseph Haydn ...
▼ ... wurde in der Bergkirche von Eisenstadt zur letzten Ruhe gebettet.

Nur eine knappe Fahrstunde südöstlich von Wien liegt das Burgenland, in dem der Zeitmesser eine andere Geschwindigkeit anzunehmen scheint. Pußta-Atmosphäre, harmonische Landschaften, Abge-

schiedenheit und eine kulturelle Vielfalt bei großer Toleranz der Bevölkerung charakterisieren es. Kein Wunder, daß speziell der Neusiedler See zum Wochenendziel der Hauptstädter geworden ist, zum »Meer der Wiener«.

Eisenstadt

Eisenstadt ⓮ wuchs aus drei Siedlungskernen zusammen, die bis 1938 auch selbständige Gemeinden waren und sich sogar heute noch deutlich voneinander abheben. Die bürgerliche Freistadt hat sich noch sehr viel von ihrem rustikalen barocken Charme bewahrt, und auch die Stadtmauer ist teilweise erhalten geblieben. Der Stadtteil Oberberg entstand rund um die von der Familie Esterhàzy gestifteten Kirchen- und Klosterbauten. Der Stadtteil Unterberg schließlich war seit 1671 die Wohnstätte der seit dem 13. Jahrhundert hier ansässigen Juden.

Die Geschichte der Stadt wie die des gesamten umliegenden Burgenlandes ist untrennbar verbunden mit dem Namen der gräflichen bzw. fürstlichen Familie Esterhàzy. Die treuen Bündnispartner stiegen im Schatten der kaiserlichen Familie auf und verwalteten schließlich ein Gebiet, das weit größer war als das heutige Burgenland. Dort förderten sie auch die Künste und sorgten als tolerante Herren für ein angenehmes Klima des Miteinanders verschiedener Völker und Kulturen, das bis heute im Burgenland spürbar ist.

Schloß Esterhàzy liegt breit, mächtig und beherrschend mitten im Ort. Der majestätische Bau, ein riesiges Quadrat mit Innenhof, war ursprünglich als Burg angelegt, 1663 wurde daraus jedoch ein barockes Schloß, bessen Fassade Ende des 18. Jahrhunderts im Stil des Klassizismus verändert wurde. Heute sind im Schloß die Büros der burgenländischen Landesregierung untergebracht. Der wunderbar verwilderte Schloßgarten erlebte im Jahr 1803 die Aufstellung der ersten Dampfmaschine der Donaumonarchie.

Der **Kalvarienberg** im Stadtteil Oberberg ist eine architektonische Besonderheit. Um den Gläubigen die Möglichkeit zu geben, den Leidensweg Christi auf den Berg Golgatha auch körperlich zu verfolgen, wurde um das Jahr 1700 ein künstlicher Berg aufgemauert. Der reich mit Statuengruppen geschmückte Passionsweg führt teilweise durch den Berg, vorbei an Nischen, Grotten und Kapellen, ein monumentales Zeugnis fast naiver volkstümlicher Religiösität mit romantischen Anklängen, die für die Zeit der Erbauung typisch war.

In der **Bergkirche,** einem quadratisch ummantelten Rundbau, liegt Joseph Haydn begraben (daher auch der Name Haydn-Kirche). 1732 in Rohrau in Niederösterreich direkt an der burgenländischen Grenze geboren, war Haydn nahezu 30 Jahre lang, von 1761 bis 1790, Kapellmeister des Fürsten Nikolaus Esterházy, in Eisenstadt und auf Schloß Eszterháza im heutigen Ungarn. Im ehe-

Seite 197

Der Botschafter des guten Geschmacks
Erwin Tinhof wird von Sommeliers als Geheimtip gehandelt. Unglaublich charaktervolle Weine, die sogar den Einzug in die Weinregale des Europaparlaments in Brüssel geschafft haben. Voranmeldung erbeten. Gartengasse 8, Eisenstadt, Tel. 0 26 82/6 26 48.

▼ **Das Haydn-Mausoleum.**

maligen Wohnhaus des bedeutenden Komponisten in der heutigen Haydngasse wurde ein kleines **Museum** eingerichtet. Auch das Gartenhäuschen (Bürgerspitalgasse 2), in dem er mit Vorliebe komponierte, ist noch erhalten.

Im ehemaligen Judenviertel Unterberg fanden unter dem Schutz der Esterházy schon im 14. Jahrhundert Juden Zuflucht, die aus anderen Regionen Österreichs vertrieben worden waren. Am Eingang von der Esterházystraße sind zwei Pfosten erhalten, zwischen die am Sabbat eine Eisenkette gespannt wurde, um für Ruhe zu sorgen. Das barocke Wertheimerhaus (1719) enthält heute das **Jüdische Museum,** das in die ganze Bandbreite des jüdischen Lebens einführt.

Ein paar Schritte weiter hat man das Haus des Kaufherrn und Volkskundlers Sandor Wolf mit einem modernen Anbau versehen und hier das **Burgenländische Landesmuseum** untergebracht, das sich auch dem Thema Wein widmet.

▼ Mit dieser Kette wurde in Unterberg das Judenviertel abgesperrt, um am Sabbat zur Ruhe zu mahnen. – Im Jüdischen Museum.

Stadt und Schtetl

Bis 1938 galt das Burgenland als eine geschützte Zitadelle des Judentums. Die shewa kehillot, die »Sieben Gemeinden« (Eisenstadt, Mattersdorf, Kobersdorf, Deutschkreutz, Lackenbach, Frauenkirchen und Kittsee, dazu kamen im Süden noch Güssing, Rechnitz und Stadtschlaining), waren in der jüdischen Diaspora jahrhundertelang ein fester Begriff. Die »Schutzjuden«, zumeist Handwerker und Händler, genossen bei ihren Landesherren eine sichere Existenz. In ihren Gemeinden war ihnen sogar erlaubt, eine weitgehend autonome Selbstverwaltung zu errichten. Erst im Zuge des Anschlusses an Hitler-Deutschland wurde das alte Mit- und Nebeneinander brutal zerstört. Heute erinnern nur noch verwitterte Grabsteine auf aufgelassenen Friedhöfen an die große Zeit des burgenländischen Judentums.

Burgen und Schlösser

Die Esterházys sind auch heute mit Abstand die größten Grundbesitzer im Burgenland. Ihre Schlösser und Burgen liegen über das ganze Land verstreut. **Forchtenstein ⓯**, in beherrschender Lage auf einem steilen Kalkfelsen des Rosaliengebirges, zählt zu den eindrucksvollsten Festungsanlagen in Österreich. Die um 1300 erbaute Burg gelangte in der ersten Hälfte des 17. Jahrhunderts in die Hände der Fürsten Esterhàzy, die sie 1635–1637 ausbauten und ihr die heutige Gestalt verliehen. Ein Kranz mächtiger Mauern und Basteien umgibt den Burgfelsen. Den 142 m tiefen Brunnen haben türkische Kriegsgefangene in nahezu dreißigjähriger Zwangsarbeit gegraben. Burg Forchtenstein besitzt eine umfangreiche historische Waffensammlung aus dem 16. bis 19. Jahrhundert sowie Beutestücke aus den Türkenkriegen.

Ein weiterer Esterházy-Besitz ist das **Schloß Kittsee ⓰** im äußersten Nordost-

Seite
197

zipfel des Landes – gegenüber von Bratislava. Der hufeisenförmig gestaltete Barockbau (1730–1740) beherbergt heute eine Dependance des Volkskundemuseums in Wien.

Am Eingang zum Seewinkel liegt **Schloß Halbturn ⓱**. Um 1710 schuf der Architekt Lukas von Hildebrandt den eleganten Landsitz, unbestreitbar der schönste Barockbau weit und breit. Die Verwüstungen durch die Besatzungsmacht nach dem Zweiten Weltkrieg und die Schäden eines verheerenden Brandes (1949) konnten erst 1964 durch eine Generalsanierung beseitigt werden. Das herrliche Deckenfresko (im Gartensaal) von Franz Anton Maulpertsch (1765), eines der Hauptwerke der österreichischen Rokokomalerei, blieb beim Brand glücklicherweise verschont, ist aber leider etwas verblaßt. Im Schloß werden regelmäßig gute Sonderausstellungen präsentiert, und auch die hauseigene Weinkellerei überrascht angenehm.

▼ Eine eigene Welt, frühmorgens: Der Seewinkel am Neusiedler See ist schon fast ungarische Pußta.

Das Meer der Wiener

Zentrum und Gravitationspunkt des nördlichen Burgenlandes ist nicht so sehr die Landeshauptstadt als vielmehr der Neusiedler See. Das Land hier ist flach wie eine Schale, in deren sanfter Rundung der seichte Steppensee ruht.

Der **Neusiedler See** ist voller Rätsel. Schon die Frage, woher er sein Wasser bezieht, ist bis heute nicht völlig geklärt: Er besitzt nur einen einzigen, bescheidenen Zufluß, die Wulka. Rechnet man aber Zuflüsse und Niederschläge zusammen und vergleicht diese Zahl mit den Abflüssen und der Verdunstung, ergibt sich ein beträchtliches Minus, das unterirdische Quellen vermuten läßt. Normalerweise kann man den See durchwaten; an der Engstelle zwischen Mörbisch und Illmitz wird alljährlich unter großem Hallo eine Seedurchquerung veranstaltet.

> **Lacken**
> → kleine, abflußlose, stehende Gewässer mit extrem hohem Sodagehalt.

Die gar nicht seltenen Stürme schieben das Wasser einfach weg und legen den Schlick des Seebodens frei. 1866 bis 1876 war der See sogar gänzlich verschwunden, so daß die Bauern auf dem Grund schon Felder anlegten. Doch eines Tages war er wieder da.

Das Ostufer

Im Sommer bietet der See ein geschäftiges Bild. Die bunten Dreiecke der Segelboote und Surfbretter sind ein fester Bestandteil der Hochburg des Wassersports in Österreich. Und doch hat der einzige Steppensee Europas auch ein ganz anderes Gesicht. Seine einzigartige Pflanzen- und Tierwelt ist seit kurzem in einem grenzüberschreitenden Nationalpark geschützt. Er umfaßt neben großen Teilen des Schilfbereichs auch die Lacken, der Lebensbereich von Pflanzen- und Vo-

Der Nationalpark Neusiedler See – Seewinkel
Gute Informationen nicht nur über Flora und Fauna hält das Nationalparkhaus am südlichen Ortseingang von Illmitz (rechts) bereit. Tel. 0 21 75/34 42-0.

▼ **Schilfschnitt bei Rust.**

gelarten, die sich auf diese extremen Bedingungen spezialisiert haben. Folglich findet man hier auch viele Ornithologen, die mit Feldstecher und Bestimmungsbuch im **Nationalpark Neusiedler See – Seewinkel** ⓮ unterwegs sind.

Vor allem an seinem Ostufer, im Seewinkel, jenseits von Podersdorf, finden Sie eine eigene Welt mit eigenem Tempo, was auch den Radfahrern zugute kommt, die hier auf ausgezeichneten Radwegen unterwegs sind und gemächlich von Heurigem zu Heurigem strampeln. **Illmitz** ist das Zentrum des Seewinkels und das Eingangstor zum Nationalpark. Von hier oder Podersdorf bietet sich ein wunderschöner Radwanderweg von ca. 50 km an, der innerhalb eines gemächlichen Tages an allen größeren Lacken des Seewinkels vorbeiführt: am Oberen und Unteren Stinkersee, am Illmitzer Zicksee, am Illmitzer Kirchsee und schließlich an der Langen Lacke und am Zicksee nordwestlich von Apetlon. Das Wort »Zick« leitet

sich aus dem Ungarischen (»szik« für Soda) ab und bezeichnet ein wesentliches Charakteristikum der Böden. Sie sind extrem sodahaltig, Voraussetzung dafür, daß sich eine hochspezialisierte Tier- und Pflanzenwelt hier wohl fühlt: Reiher, Löffler, See- und Flußregenpfeifer, Strand- und Wasserläufer und viele weitere Vogelarten, Salzkresse, Salzaster, Pannonische Salzmelde und Queller. Wer mehr wissen will, besucht das WWF-Informationszentrum Seewinkelhof an der Langen Lacke (Tel. 0 21 75 / 31 49).

Schade nur, daß sich im Ortsbild von Illmitz, Podersdorf oder Apetlon fast nichts erhalten hat, was an die ursprüngliche Architektur der Steppenlandschaft erinnert, die eigentlich schon gänzlich ungarisch anmutet. Die alten schilfrohrgedeckten Häuser und Höfe wurden verschämt weggerissen, wollte man doch mit neuen gesichtslosen Bauten Modernität und Wohlstand bezeugen. Lediglich die Pußtascheune und das 250 Jahre alte Hei-

Seite 197

▼ **Der flache Seewinkel ist auch ein Reiterparadies.**

Seite
197

mathaus in der Florianigasse, beide in Ill-mitz, geben noch eine Ahnung davon, wie hübsch die Orte einst gewesen sein müssen. Lediglich auf den Steppenwiesen ist mancher Ziehbrunnen und manche kleine Hirtenbehausung aus Ästen und Schlifrohr stehengeblieben – beliebte Fotomotive.

Das Westufer

Die kleine Freistadt **Rust ⑲**, deren wohlerhaltene Häuserzeilen aus dem 16. bis 18. Jahrhundert von behäbigem, bürgerlichem Wohlstand zeugen, ist über die Grenzen des Landes nicht nur als Storchenstadt bekannt, auch ihr Wein hat seine festen Freunde in Europa. Seit Jahrzehnten sorgen die Menschen für das Wohlbefinden ihrer Gäste, nicht nur der zahlenden, auch der gefiederten. Die Schornsteine, auf denen Meister Adebar sein bis zu 100 kg schweres Nest baut, werden ganz bewußt storchenfreundlich konstruiert und mit den nötigen Veranke-rungen zum Nestbau versehen. Daß die Ruster Storchenpopulation sehr viel Pflege braucht, hat einen triftigen Grund in der stetigen Zurückdrängung der natürlichen Feuchtgebiete, die der Storch zur Nahrungsbeschaffung braucht, und in der Ausrottung des Kleingetiers durch die Pestizide und Herbizide der modernen Landwirtschaft. Glücklicherweise hat in den letzten Jahren ein Umdenken neue Chancen eröffnet, Rust und auch die umliegenden Gemeinden haben gelernt, was der Tourismus dem Storch verdankt.

In **Mörbisch ⑳**, das im Vergleich zu Rust eher bäuerlich wirkt, werden auf der Seebühne jeden Sommer Operetten-Festspiele veranstaltet, die nicht nur ein treues Stammpublikum, sondern auch Myriaden von Stechmücken anlocken. Sei's drum: Die bekanntesten und beliebtesten österreichischen Operettenmelodien und Musicals, von »Czárdásfürstin« bis zu »Elisabeth«, sind unter freiem Himmel ein besonderer Genuß.

▼ In Weiden am See bieten manche Bauern ihre Produkte am Straßenrand an.
▶ Der Neusiedler See, ein Dorado für Wassersportler.

Wienerwald und Semmering

Seite
197

Ein paar Minuten nur muß man überstehen. Über die Stadtautobahn oder
entlang der Triester Straße, durch die häßliche Industriezone,
die sich im Süden von Wien erstreckt. Bis ganz plötzlich eine liebliche
Hügellandschaft auftaucht, wie die Kulisse zu einem vielver-
sprechenden neuen Akt. Eine Ahnung vom fernen Süden überkommt den
Reisenden, die Luft wird so lind wie an einem Frühlingstag.
Rein theoretisch würde ein Tag genügen für Ziele im Wienerwald und im
Semmeringgebiet, doch bei der Anzahl von reizvollen Orten
und Einkehrmöglichkeiten – wer würde da mit 24 Stunden auskommen?

Im Wienerwald

Der Wienerwald ist im Süden von einem
ganz besonderen Reiz. Schwarzföhren bestimmen das Bild und verbreiten das
ganze Jahr über einen angenehmen Duft.
In der Epoche der Romantik wurden hier
einige künstliche Ruinen errichtet, die zusammen mit wilden Schluchten und Fels-
wänden Bilder wie aus einem alten Ritter-
roman ergeben. Hier wandelten dann
träumend die Sommerfrischler aus Wien,
unter ihnen Künstler wie Franz Schubert,
Johann Strauß Sohn und Adalbert Stifter,
die der Gegend manche Inspiration ver-
dankten.

Besonders schön sind die Wege rund
um die Kleinstadt **Mödling** ㉑, wo sich
schon im vergangenen Jahrhundert Maler,
Komponisten und Schriftsteller gerne er-
holten. Ferdinand Georg Waldmüller und
Rudolf von Alt, Richard Wagner, Grillparzer, Nestroy und Raimund – sie alle haben
diese Gegend geliebt. Ludwig van Beethoven hat hier jahrelang gelebt, seine »Missa
solemnis« komponiert, aber auch die
»Mödlinger Tänze« für fahrende Wirts-
hausmusikanten. Heute präsentiert sich
das Städtchen schmuck herausgeputzt,
die Fußgängerzone wird von liebevoll restaurierten Häuserzeilen eingefaßt.

Nur einen Nachmittagsspaziergang
über den Eichkogel hinweg liegt bereits
die sanfte Mulde von **Gumpoldskirchen** ㉒, einem bei den Wienern höchst
beliebten Ort. Hier sind die Heurigen
dicht an dicht gefädelt, mit schattigen In-

nenhöfen, in denen rosa und weißer
Oleander in Holzkübeln blüht und ein
rescher Weißwein zu den Köstlichkeiten
vom Büfett mundet. Rundum dehnen
sich die grünen Weingärten der Bauern,
Vogelscheuchen klappern im Wind, ein
schmaler Pfad führt zu einer uralten
hölzernen Traubenpresse mitten in den
Bergen. Im Dunst zu Füßen des Gastes
verschwimmt die Pannonische Tiefebene,

◀ ◀ Ent-
spanntes
Kuren in Baden
bei Wien,
Sonne und das
Flair der
Kaiserzeit.
◀ Spazierweg
irgendwo im
Wienerwald.
▶ Stift Heili-
genkreuz in
der Dämme-
rung.

▲ **Dreifaltigkeits-
säule in Baden.**
▼ **In Baden kurt
man mit Stil.**

irgendwo da hinten muß die ungarische Puszta beginnen.

In **Baden** ㉙, rund 25 km südlich von Wien, rümpft so mancher Gast zunächst einmal indigniert die Nase, denn es riecht ganz unverkennbar nach Schwefel. Mehr als sechs Millionen Liter heißes Thermalwasser sprudeln täglich aus den Badener Quellen und werden für Heilbehandlungen aller Art genützt. Wunderschöne alte Badeanstalten und Hotels laden zur Kur, ganz Tapfere können sich in der Trinkhalle ein Gläschen lauwarmes Schwefelwasser kredenzen lassen.

Die Kurstadt Baden, mit den klassizistischen Fassaden in der Fußgängerzone, besitzt noch immer das k.u.k. Flair der guten alten Zeit, als die Damen unter duftigen Schirmen durch den Rosengarten mit seiner berühmten Sonnenuhr flanierten und das Kaiserhaus alljährlich im Sommer hierher »aufs Land« zog, im Schlepptau Adel, reiches Bürgertum und flotte Lebenskünstler: Beethoven, Mo-

zart, Schubert, Stifter, Waldmüller und andere. Kurkonzerte im weißlackierten Pavillon, stilvolle Abende am Spieltisch im Kasino oder ein Sonntagnachmittag auf dem Badener Trabrennplatz mit seiner Holztribüne lassen die Atmosphäre jener Zeit erahnen.

Auch wer durch die hübsche Fußgängerzone schlendert, kann sich gut in die Vergangenheit zurückversetzen. Denn die Stadt besitzt – welche Seltenheit – eine einheitliche Biedermeierarchitektur, die Josef Kornhäusel nach einem verheerenden Stadtbrand (1812) entwarf. Vor allem der Hauptplatz nimmt gefangen, auch das Rathaus blickt, das dem letzten Habsburgerkaiser Karl I. 1916–1918 als Wohnsitz diente, bevor er auf die Ausübung seiner kaiserlichen Gewalt verzichten und nach Madeira ins Exil gehen mußte. Dominiert wird der Platz aber von einer mächtigen Dreifaltigkeitssäule, im Verein mit dem Ferdinandsbrunnen eines der wenigen Barockdenkmäler Badens.

Zum Abschluß noch rasch in eine der traditionsreichen Badener Konditoreien, auf eine süße Kaisermelange mit Schlagobershaube, wegen der Figur, so viel Zeit muß sein.

Baden bietet sich aber auch ausgezeichnet als Standort für Ausflüge und Wanderungen in die Umgebung an. Durch das vielbesungene Helenental zum Beispiel, in die Hinterbrühl oder Richtung Heiligenkreuz. Es sind Landschaften von ganz eigenem Reiz, weit und großzügig, plötzlich in enge Schluchten auslaufend, menschenleer, ein bißchen verwunschen, als ob gleich um die nächste Wegbiegung ein Geheimnis lauern könnte.

Unweit südlich liegt ein weiterer Kurort, **Bad Vöslau,** nicht so manierlich und architektonisch einheitlich wie Baden, aber dennoch mit einer an heißen Tagen geradezu mediterranen Atmosphäre, vor allem im Zentrum, in dem sich das klassizistische Termalbad hinter einem Säulen-Halbrund erhebt.

Die kleine Nachbargemeinde **Sooss** weist vielleicht die besten Heurigen der Region auf. Viele Wiener sitzen hier beisammen, und kaum Touristen – ein deutlicher Fingerzeig!

Mayerling ② – eine Tragödie nicht ohne komische Züge: Am 30. Januar 1889 wurde die Monarchie Österreich-Ungarn bis in ihre ehrwürdigen Grundfeste erschüttert. Im Jagdschloß zu Mayerling erschoß Thronfolger Rudolf, der einzige Sohn von Kaiser Franz Joseph und Kaiserin Elisabeth, zuerst seine junge Geliebte, Baronin Mary Vetsera, und richtete anschließend die Waffe gegen sich selbst. Zwar versuchte man bei Hof, den Skandal zu vertuschen, aber schon bald schwirrten die ungeheuerlichsten Gerüchte durch die Stadt, das Reich, ja ganz Europa. Der Kronprinz sei einem Giftmord zum Opfer gefallen; die Baronin sei nach einer mißglückten Abtreibung verblutet, daraufhin habe das Paar Selbstmord verübt. Nur wenige Menschen, Freunde und

Seite
197

Ausnahmsweise: ein Heurigentip
Ein Heuriger wie aus einer anderen, besseren Welt: Franz Schlager in Sooss, Hauptstraße 32. Kosten Sie Cuvée, Pinot Noir und Bärenblut, lassen Sie sich am Büfett verwöhnen und grüßen Sie den liebenswürdigen Wirt und seinen Hund Leopold! (Nur Sa, So geöffnet.)

▼ **Blumenstadt Baden.**

Diener, wußten die ganze Wahrheit, und sie alle schwiegen bis zu ihrem Tod beharrlich, so daß die Legendenbildung bis heute anhält. 1992 ließ ein Amateur-Historiker gar des Nachts die Leiche der jungen Baronin aus ihrer Gruft auf dem Heiligenkreuzer Friedhof entführen, fest davon überzeugt, einen Mord beweisen zu können.

Dabei liest sich die Wahrheit ganz einfach und unromantisch: Der liberale Kronprinz Rudolf hatte sich mit seinen politischen Äußerungen zusehens ins Abseits manövriert, das Verhältnis zwischen dem soldatischen Vater und dem intellektuellen, musisch veranlagten Sohn war gründlich zerstört. Hinzu kam die unglückliche, von der Staatsräson erzwungene Ehe mit der belgischen Prinzessin Stephanie. So sah Rudolf seinen einzigen Ausweg im Suizid. Mary Vetsera war eigentlich nur eine Zufallsbekanntschaft des Kronprinzen, aber in ihrer schwärmerischen Naivität fühlte sie sich geehrt, als

▲ Mayerling, heute ein Kloster.
▼ Kronprinz Rudolf und Baronin Mary Vetsera.

ihr Rudolf seine Selbstmordpläne anvertraute, und folgte ihm in den Tod.

Franz Joseph ließ später das Jagdschloß in ein Kloster verwandeln. An der Stelle des Schlafgemachs steht heute der Kirchenaltar, ein paar Devotionalien sind zu sehen. Mancher empfindet das als schaurig-schön. (Geöffnet Mo–Sa 9–12.30, 13.30–18 Uhr, So, Fei erst ab 10 Uhr; Okt.–März jeweils nur bis 17 Uhr.)

Viel interessanter ist eigentlich das benachbarte **Stift Heiligenkreuz** ㉕, eine der bedeutendsten Gründungen der Babenberger. Markgraf Leopold rief 1333 zwölf französische Zisterziensermönche in den Wienerwald, nicht zuletzt um für seine Familie eine Grabstätte zu erhalten. So entstand im Zentrum einer eindrucksvollen alten Klosteranlage die dreischiffige romanische Pfeilerbasilika mit gotischem Altarraum. Während der Stiftsführungen erhält man auch Einblick in das heutige Leben der Mönche. (Mo–Sa um 10, 11, 14, 15 und 16 Uhr, So und Fei ab 11 Uhr.)

Die Wiener Hausberge

An Baden und Wiener Neustadt vorbei führt die sechsspurige Verkehrsader der Südautobahn, deren Brausen die sonst so stille Landschaft erfüllt. Aber selbst unverbesserliche Ritter der Landstraße, die normalerweise unbeeindruckt ihre Kilometer abspulen, pflegen etwa eine halbe Stunde nach der Stadtgrenze rasch einen zweiten Blick nach rechts zu riskieren. Dann nämlich, wenn die Wiener Hausberge **Rax** und **Schneeberg** auftauchen, wie schlafende Riesen über der Ebene, meist auch im Sommer auf ihren Höhen schneeweiß angezuckert. Über 2000 m hoch, vermitteln sie nahe der Großstadt die prickelnde Atmosphäre des Hochgebirges, laden ein zum Klettern und Drachenfliegen, zum Gemsen-Schauen, Beine-Hochlegen und Enzian-Schnuppern.

Eine Zahnradbahn auf den Schneeberg und eine Gondelbahn auf die Rax erleichtern den Aufstieg. Allerdings ist Vorsicht geboten, denn die beiden eher harmlos aussehenden Gipfel werden sogar von erfahrenen Tourengehern oft unterschätzt.

Beliebte Sommerfrischen sind **Payerbach** und **Reichenau an der Rax** sowie **Puchberg am Schneeberg,** das im Winter auch mit schneidigen Abfahrten und schönen Loipen lockt.

Und weiter geht es nach Südwesten, einem weiteren Höhepunkt zu. Der Weg über den **Semmering ㉖** war bereits zu Beginn des Mittelalters einer der wenigen gesicherten Alpenübergänge. Fromme Pilger zogen über seine Pässe nach Venedig, um von dort das Schiff ins Heilige Land zu nehmen. Im 18. Jahrhundert wurde die Route ausgebaut und modernisiert. Nicht Venedig war mehr der Zielpunkt, sondern der österreichische Kriegshafen Triest.

Ruhm erlangte der Semmering, als 1842 ein Jahrhundertprojekt in Angriff genommen wurde: die Errichtung einer Eisenbahntrasse quer durchs Gebirge, ein bis dahin nie gewagtes Unternehmen. Die Staatsbahn beauftragte den aus Venedig

Seite 197

▼ Wo einst das **Schlafgemach** stand, in dem ein **Doppelselbstmord die Donau-Monarchie erschütterte, erhebt sich heute der Klosteraltar.**

▲ Die alte Semmeringbahn.
▼ Im Süden von Niederösterreich laufen die Alpen in bewaldeten Hügeln aus.

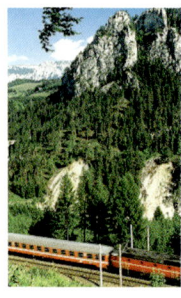

stammenden Bauingenieur Carlo Ghega mit der Planung und Durchführung der Materialschlacht. 20 000 Arbeiter aus allen Teilen der Monarchie bewegten und sprengten Millionen Kubikmeter Felsgestein, errichteten 31 Tunnels und Viadukte, um auf einer Strecke von 40 Kilometern 400 Höhenmeter zu überwinden. Der Scheitelpunkt der Semmeringbahn war mit 895 m Seehöhe der höchste damals auf Schienen erreichbare Punkt der Erde. Schon die Bauarbeiten galten weltweit als faszinierendes Spektakel, ausländische Staatsgäste staunten vor Ort ebenso wie die einfachen kleinen Bürger, die bereits »Pauschalausflüge« zu den riesigen Viaduktgerüsten buchen konnten. Bereits 1854, nach nur fünf Jahren Bauzeit, wurde die Semmeringbahn in Betrieb genommen.

Eine Fahrt mit der Südbahn über den Semmering ist bis heute ein wunderschönes Erlebnis geblieben. Vor den breiten Fenstern die Natur zum Greifen nahe, mit ihren grünen Hängen und schwindeltiefen Schluchten, den Felszacken vor dramatischen Wolkenheeren, die Dörfer klein wie Kinderspielzeug in der fernen Ebene. Über das zweistöckige Viadukt »Kalte Rinne«, hinein in den nächsten schwarzen Tunnelschlund, eine prickelnde Nostalgiefahrt für Junggebliebene. Reisende mit schwachen Nerven können beruhigt sein, die Strecke ist mit modernster Sicherheitstechnik versehen. Jedoch: Zeitgemäße Geschwindigkeiten sind mit der Semmeringbahn nicht zu erreichen. So ist der Bau eines Tunnels beschlossene Sache, um die Erhaltung des Bähnchens als historisches Denkmal wird heftig gestritten.

Zwar sind es vom Semmering nur mehr wenige Stunden bis an die Adria, aber schon vielen Sonnenhungrigen ist die wild-romantische Landschaft zwischen **Gloggnitz** und **Mürzzuschlag** plötzlich sehr viel verlockender erschienen als Sandstrand und Meereswellen.

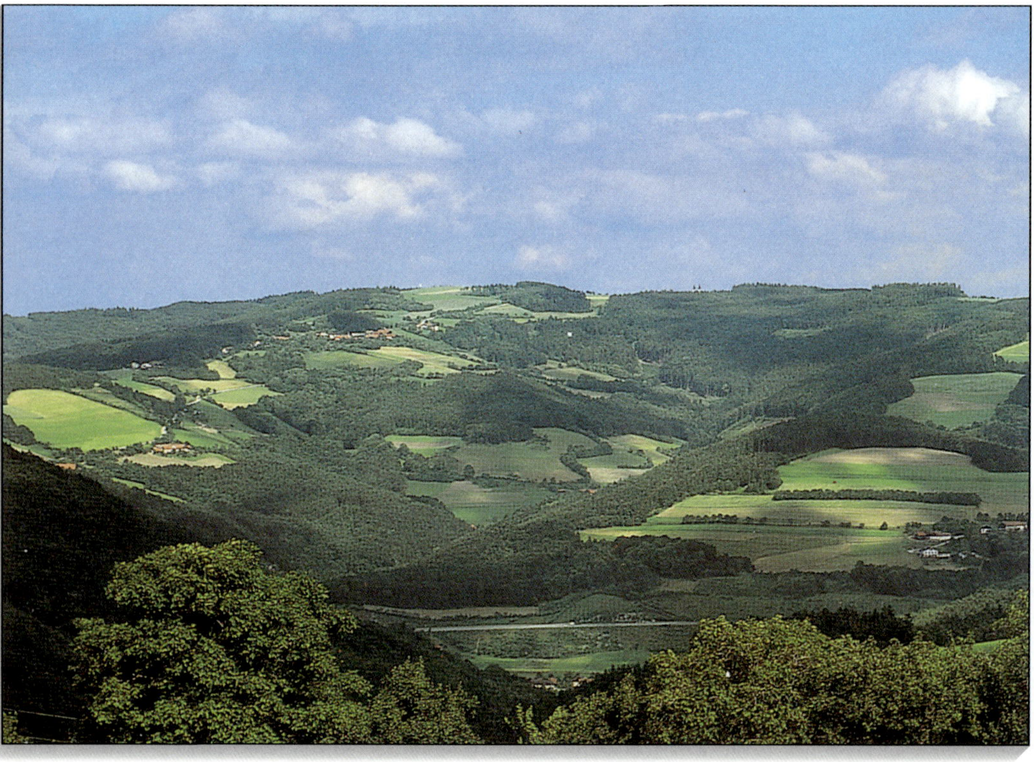

Seite 197

Bald nach Fertigstellung der Bahn entstanden die ersten eleganten Villen und Hotels in der für diese Gegend typischen Architektur, mit holzgeschnitzten Veranden und Balkons, Türmchen und Wintergärten. Das »Südbahnhotel«, das »Panhans« oder »Palace« waren schloßähnliche Anlagen mitten im Hochgebirge, von einer eleganten Klientel bevölkert. Dazu kam das bekannt gesunde Klima, das aus kleinen Dörfern innerhalb kürzester Zeit beliebte Kurorte machte.

Der Schriftsteller Peter Rosegger bezeichnete die Gegend als »den gesunden Lungenflügel Wiens«, als »Kaffeehaus mit Balkon« hat die Kunst- und Literaturszene der nahen Hauptstadt ihr sommerliches Refugium empfunden. Sigmund Freud und Gustav Mahler, Alban Berg und Arthur Schnitzler, Oskar Kokoschka und viele andere berühmte Namen, alle haben sie hier zeitweise gelebt und gearbeitet, die Landschaft geliebt und sich von ihr inspirieren lassen.

Seine Hochblüte erlebte der Semmering in der Zwischenkriegszeit, als sich hier die internationale Schickeria traf. Das Bild von Showstar Josephine Baker, im engen weißen Skidress auf einem schlichten Holzschlitten rodelnd, ging um die ganze Welt. Der Zweite Weltkrieg hat auch die goldene Semmering-Ära beendet. Die jüdischen Besitzer der Villen wurden enteignet, vertrieben und verfolgt, statt intellektueller Brillanz gab in den Salons plötzlich volkstümelnde Folklore den Ton an.

Wie Wien hat sich auch der Semmering von dieser Zäsur nie wieder ganz erholt. Allerdings wurden in den vergangenen Jahren engagierte Versuche unternommen, die alte Atmosphäre wieder aufleben zu lassen. Das Hotel »Panhans« erstrahlt in neuem Glanz, Villen und Pensionen wurden restauriert und entstaubt. Langsam entdecken auch die Wiener ihre alte »Sommerfrische« wieder, so nah an der Stadt und doch mitten im Gebirge.

▼ **Das Südbahnhotel, mit dessen Bau 1882 sich der Semmering zur exklusiven Sommerfrische wandelte.**

Stadtkunde 226 — 1

Reiseplanung & Reiseformalitäten 227 — 2

Anreise 229 — 3

Unterwegs in Wien 230 — 4

Praktische Informationen 232 — 5

Notfälle 233 — 6

Unterkunft 234 — 7

Essen & Trinken 236 — 8

Unternehmungen 240 — 9

Shopping 244 — 10

Sprache 245 — 11

Literaturhinweise 246 — 12

Stadtkunde

Lage und Größe

Wien ist eines der neun Bundesländer und gleichzeitig die Hauptstadt Österreichs. Höhe: 170 m ü. d. M., Fläche: 415 km². Der Durchmesser der Stadt beträgt 25 km.

Wien setzt sich aus 23 Bezirken zusammen, eine Folge der historischen Entwicklung der Stadt. Die „Innere Stadt", der 1. Bezirk, wird von der Ringstraße bzw. vom Kai umschlossen. Vom Ring führen Radialstraßen zu den Außenbezirken. Die Hausnumerierung erfolgt beim Ring und Gürtel, dem äußeren ringförmig angelegten Straßenzug, im Uhrzeigersinn, bei den Radialstraßen von der Stadtmitte aus. Rechts verlaufen die geraden, links die ungeraden Nummern.

Um den Ring liegen kreisförmig die ehemaligen Vorstädte, die Bezirke 2–9 sowie der 20. Bezirk. Diese Vorstädte werden vom Gürtel, dem einstigen Linienwall, begrenzt. Außerhalb des Gürtels sind dann die ehemaligen Vororte, die Bezirke 10–23, angeordnet. Der 20. Bezirk liegt zusammen mit dem 2. Bezirk zwischen Donaukanal und Donau.

I	Innere Stadt
II	Leopoldstadt
III	Landstraße
IV	Wieden
V	Margareten
VI	Mariahilf
VII	Neubau
VIII	Josefstadt
IX	Alsergrund
X	Favoriten
XI	Simmering
XII	Meidling
XIII	Hietzing
XIV	Penzing
XV	Fünfhaus
XVI	Ottakring
XVII	Hernals
XVIII	Währing
XIX	Döbling
XX	Brigittenau
XXI	Floridsdorf
XXII	Donaustadt
XXIII	Liesing

Klima

Durch seine Lage an den östlichen Ausläufern der Alpen wird Wiens Wetter von zwei Klimazonen bestimmt: von der milden nordeuropäischbaltischen und der südeuropäischen mit heißen Sommern und strengen Wintern. Durch die Vermischung dieser beiden Gegensätze herrscht im Übergangsbereich allgemein ein gemäßigtes Klima, so daß der Besucher in Wien selten mit Extremwetterlagen rechnen muß. Die Sommertemperaturen können jedoch schon einmal bis auf 35 °C klettern und die Wintertemperaturen bis auf –20 °C fallen. Der vorwiegend aus westlichen Richtungen kommende Wind garantiert auch im Zentrum der Metropole eine kühle Brise, allerdings werden, wie in vielen anderen Großstädten auch, die erhöhten Ozonwerte zu einem immer größeren Problem. Wettervorhersage: Tel. 15 66

Natur und Umwelt

Nicht nur, daß Wien zu einer der grünsten Städte Europas zählt, auch in den Außenbezirken setzt sich dieser Trend fort. Hier hat man an mehreren Stellen der Natur Platz gelassen, sich relativ frei zu entfalten. Im Westen erstreckt sich der Wienerwald mit seinem Bestand aus Laubmischwäldern. An seinem östlichen Rand, noch innerhalb der Stadtgrenzen, liegt das 2300 ha große Naturschutzgebiet des Lainzer Tiergartens mit seinen Hirschen und Wildschweinen.

Der Lauf der Donau ist durch ganz Wien reguliert worden, doch im Nordosten, in der Lobau, wo sich ihre Ufer in viele kleine Wasserläufe verzweigen, findet man noch eine seltene mitteleuropäische Urwaldlandschaft vor.

Im Innern der Stadt geben viele kleine und große Parks wie der Volksgarten, der Stadtpark oder der Augarten den Wienern Raum für Erholung.

Wiens Leitungswasser ist für seine Reinheit bekannt, wobei es jedoch von weit her bezogen wird. Nicht verhehlen läßt sich die Tatsache, daß die eigenen Wasserreservoirs in den Vororten durch den Müll und die Abwässer der Wiener stark verschmutzt sind.

Bevölkerung

Die Einwohnerzahl liegt knapp über 1,6 Millionen, das ist etwa ein Sechstel der Landesbevölkerung. Eine vorbildliche Sozialgesetzgebung sichert eine hohe Lebensqualität. Der größte Teil der Wiener Bevölkerung findet seinen Arbeitsplatz im Dienstleistungs- oder Handwerksgewerbe. Die Industrie dagegen schrumpfte in den letzten Jahren beängstigend. So ist Wien, wie viele andere Großstädte Europas auch, in einem strukturellen Wandel begriffen, der in naher Zukunft, auch durch einen großen Prozentsatz an ausländischen Arbeitskräften, innerhalb der Bevölkerung für erheblichen sozialen Sprengstoff sorgen kann.

Von den etwa 800 000 Wohnungen in Wien gehört ein Viertel der Stadt, was sie zum größten Hausbesitzer der Erde macht.

Religion

Die Stadt ist ein katholisches Erzbistum mit etwa 150 Pfarreien und der Sitz eines evangelischen Bischofs. Der Großteil der Bevölkerung gehört der römisch-katholischen Kirche an, nicht einmal 10 % sind Protestanten. Es existiert zwar nach dem Holocaust des Dritten Reiches heute wieder eine jüdische Gemeinde, jedoch ist sie wie auch die östlichen Religionen nur eine kleine Minderheit. Immerhin gibt es in Wien eine Synagoge und eine Moschee.

Wirtschaft

Wien ist das Wirtschaftszentrum Österreichs. Die Industriebetriebe entfallen hauptsächlich auf den feinmechanischen, elektrischen, elektronischen und metallverarbeitenden Bereich. Ungefähr 90 % sind Mittel- und Kleinbetriebe.

Die Wiener Börse ist der größte österreichische Kapitalmarkt. Daher haben auch die meisten österreichischen Banken und Versicherungen hier ihren Hauptsitz, viele der ausländischen sind mit Niederlassungen vertreten. Ein wichtiger Garant für den Export ist die Wiener Messe, die einmal jährlich von über einer Millionen Menschen besucht wird. Einer der größten Wirtschaftsfaktoren jedoch ist der Fremdenverkehr. Fast zwei Millionen Touristen besuchen jährlich die Stadt.

Politik

Das Stadtparlament besteht aus 100 auf fünf Jahre gewählten Stadträten. Der Bürgermeister muß aus ihren Reihen stammen; er ist auch der Landeshauptmann und steht damit dem vom Gemeinderat gewählten Stadtsenat vor, der gleichzeitig die Landesregierung des Bundeslandes Wien bildet. Seit 1919 ist Wien überwiegend sozialistisch regiert worden.

Die Stadt ist in 23 Bezirke mit dezentralen Verwaltungsstellen und einem jeweils gewählten Bezirksvorsteher aufgeteilt.

Wien ist die Bundeshauptstadt Österreichs. Hier haben das Parlament, der Bundesrat, der Bundespräsident und die drei höchsten Bundesgerichte ihren Sitz.

Zugleich ist Wien Europas zweite UNO-Stadt. Zwischen 1973 und 1976 wurde das Vienna International Center errichtet, das in Wien kurz UNO-City genannt wird. Hier haben zahlreiche Organisation der Vereinten Nationen ihren Sitz.

Die UNO-City ist exterritorial und darf selbst von Österreichern nur mit gültigem Paß betreten werden.

2

Reiseplanung & Reiseformalitäten

Informationsadressen

Fremdenverkehrsämter

Bei den folgenden Adressen kann man sich schon vor dem Urlaub vielfältige Informationsbroschüren zu Hotels, Museen, Theatern, Monatsprogramme etc. bestellen, um seinen Wien-Aufenthalt sorgfältig zu planen. Ratsam ist dies vor allem, wenn man die großen Publikumsrenner sehen will, die Wiener Sängerknaben oder die Spanische Hofreitschule zum Beispiel. Vor Ort sind kaum Karten zu ergattern, in den Prospekten erfährt man, wer wann wo auftritt und wo man frühzeitig Karten reservieren kann.

Deutschland
■ **Österreich Werbung,** Rotwandweg 4, 80024 Taufkirchen bei München, Tel. (zum Ortstarif aus ganz Deutschland) 089/66 67 01 00, Fax 66 67 02 00.

Schweiz
■ **Österreich Werbung,** Zweierstr. 146, Wiedikerhof, 8036 Zürich, Tel. 01/4 51 15 51, Fax 4 51 11 80.

Österreich
■ **Wiener Tourismusverband,** 2., Obere Augartenstraße 40, Tel. 01/21 11 40, Fax 2 16 84 92.

Informationsstellen in Wien
■ **Tourist-Information,** 1., Kärntner Str. 38, Tel. 5 13 88 92, tgl. 9–19 Uhr. Die beste Adresse, weil mitten in der Inneren Stadt.

■ **Jugend-Info Wien,** 1., Dr.-Karl-Renner-Ring/Bellaria-Passage, Tel. 5 26 46 37, Mo–Fr 12–19, Sa und an schulfreien Tagen 10–19 Uhr. Speziell für junge Leute, attraktive Angebote.
■ **Niederösterreich-Information,** 1., Heidenschuß 2, Tel. 5 33 31 14, geöffnet Mo–Fr 8.30–17.30 Uhr. Falls Sie auch die nähere und weitere Umgebung von Wien sehen wollen.
■ **Österreich Information,** 4., Margaretenstraße 1, Tel. 5 87 20 00, Mo–Mi, Fr 10–17, Do 10–18 Uhr. Für ganz Österreich.
■ **Touristeninformation am Flughafen** mit Zimmervermittlung, tgl. 8.30–22, Juni–Sept. bis 23 Uhr.
■ **Information am Westbahnhof:** Eingangshalle/Parterre, tgl. 6.30–22, Nov.–April bis 21 Uhr. Auch Zimmervermittlung.
■ **Information am Südbahnhof:** Eingangshalle/Parterre, tgl. 6.30–22, Nov.–April bis 21 Uhr. Auch Zimmervermittlung.
■ **24-Stunden-Zugauskunft:** 17 17

Reisedokumente

Deutsche benötigen nur ihren Personalausweis; Schweizer müssen ebenfalls nur ihren Personalausweis vorlegen, falls der Aufenthalt nicht länger als drei Monate dauert. Kinder müssen einen eigenen Kinderausweis haben oder bei den Eltern im Reisepaß eingetragen sein. Mit dem Inkrafttreten des Schengener Abkommens (Frühjahr 1998) werden Bürger aus EU-Ländern zwar nicht mehr an der Grenze kontrolliert, es empfiehlt sich aber, ein Ausweispapier dabei zu haben.

Für Hunde und Katzen wird ein gültiges Impfzeugnis (Tollwut) verlangt (siehe unter Haustiere).

Impfungen

Für Einreisende aus Deutschland oder der Schweiz besteht keine Impfpflicht. Zu empfehlen ist jedoch eine vorbeugende Zeckenschutzimpfung, da in mehreren Teilen Österreichs, vor allem im Wienerwald, in den Donau-Auen und in Niederösterreich, Zeckenbisse FSME (Frühsommermeningitis, Hirnhautentzündung) verursachen können. Zudem können die Zecken Borreliose übertragen. Wenn auch das Stadtgebiet nicht als unmittelbare Gefahrenzone gilt, sollte man trotzdem daran denken, sich bei Wanderungen durch den Wienerwald mit einer Kopfbedeckung, langen Hosen und langärmligen Hemden zu schützen. Achten Sie auf ihre Kinder und lassen Sie sie nicht ungeschützt im Unterholz herumlaufen!

Kranken-versicherung

Vor Abreise ist es als Kassenpatient ratsam, sich eine Anspruchsbestätigung von seiner Krankenkasse geben zu lassen, die von der jeweiligen Gebietskrankenkasse in einen Krankenschein umgewandelt werden kann. Diesen muß man dann bei der Behandlung vorweisen. Die einfachste Lösung ist vor Reiseantritt der Abschluß einer Reisekrankenversicherung. Mit ihr kann man sich dann unproblematisch den Arzt oder das Krankhaus aussuchen.

Haustiere

Für aus dem Ausland mitgebrachte Tiere ist ein veterinärärztliches Zeugnis über eine Tollwutschutzimpfung vorzulegen. Diese darf nicht weniger als einen Monat und nicht länger als ein Jahr zurückliegen. Bei Benutzung von öffentlichen Verkehrsmitteln müssen Hunde einen Maulkorb tragen.

Geld

Währung

Die Landeswährung ist der österreichische Schilling (öS), unterteilt in 100 Groschen (g). Banknoten zu 20, 50, 100, 500 und 1000 Schilling und Münzen zu 2, 5, 10 und 50 Groschen sind in Umlauf.
Der österreichische Schilling lehnt sich in seinem Wechselkurs stark an die Deutsche Mark an. Der gering schwankende Umrechnungskurs liegt bei 1 DM für 7 öS. Banken und Wechselstuben wechseln ausländische Zahlungsmittel zum Tageskurs der Wiener Börse.

Umtausch

Geld läßt sich in jeder Bank oder Sparkasse wechseln, außerdem zusätzlich an den Wechselstuben am Stephansplatz (tgl. 9–22 Uhr), im Westbahnhof (tgl. 7–22 Uhr), im Südbahnhof (tgl. 6.30–22 Uhr), im Hauptpostamt (1., Fleischmarkt 19, tgl. 0–24 Uhr), in Schönbrunn (tgl. 9–18 Uhr) und am Flughafen Schwechat (tgl. 8.30–23.30 Uhr in der Ankunftshalle, 8–18 Uhr in der Abflughalle).
Geldwechselautomaten befinden sich in der Kärntner Straße 7, 32, 51, am Stephansplatz 2, in der Operngasse 8, der Landstraßer Hauptstraße 1, dem Franz-Josef-Kai 21, am Michaelerplatz/Looshaus, dem Schottenring 1, der Operngasse 8 sowie am Schwedenplatz.
Euroschecks müssen in Schilling ausgestellt sein. Geldautomaten an den Banken sind an das Euroscheckkarten-System angeschlossen.

Kreditkarten

In den großen Hotels und den Fachgeschäften der Innenstadt werden alle gängigen Kreditkarten angenommen. An Tankstellen hat sich die Kreditkarte noch nicht so durchgesetzt, hier kann man aber sehr häufig mit EC-Karte bezahlen.
Bei Fragen oder Verlust ihrer Kreditkarte wenden Sie sich bitte an folgende Adressen:

für Deutschland
- American Express:
Tel. 00 49-69-97 97 10 00
- Visa: Tel. 00 49-130-81 49 10

- Diner's Club:
Tel. 00 49-69-26 03 50
- Eurocard:
Tel. 00 49-69-79 33 19 10

für Österreich
- American Express: Tel. 5 15 11-0,
- Diner's Club: Tel. 5 01 35-1 11
- Eurocard: Tel. 7 17 01-0
- Visa: Tel. 7 11 11

für die Schweiz
- American Express:
Tel. 00 41-1-3 84 66 66
- Diner's Club:
Tel. 00 41-1-83 37 38
- Eurocard:
Tel. 00 41-1-2 71 15 50
- Visa Corner:
Tel. 00 41-91-8 00 41 41
- Visa Finalba:
Tel. 00 41-800-88 18 84

Reisezeit

Am besten besucht man Wien im Spätfrühling oder Herbst. Im Mai und Juni steht die Natur während der ersten warmen Wochen in voller Blüte, und auch September und Oktober bieten sehr angenehme Temperaturen. Den Hochsommer sollte man als Reisezeit meiden: Im Juli und August sind die meisten Touristen in der Stadt, die Hitze macht das Sightseeing unerträglich, viele Theater wegen Sommerpause geschlossen. Auch wenn im Winter in Wien die Temperaturen nicht weit unter Null fallen, fegt doch ein eisiger Wind durch die Straßen.

Kleidung

Eine Anzugs- bzw. Krawattenpflicht in Restaurants gibt es nicht, und auch Oper und Theater haben ihre Ansprüche, die Garderobe betreffend, etwas gesenkt. Trotzdem sollte man etwa im Burgtheater oder gar in der Staatsoper nicht gerade in Jeans und T-Shirt erscheinen, denn objektiv betrachtet sehen es die Wiener mit der Kleiderordnung noch ein wenig strenger als der Deutsche oder Schweizer.

Zoll

Für Deutsche gelten im Prinzip, wie EU-weit üblich, keine Mengenbegrenzungen mehr, bei größeren Mengen (zum Beispiel über 90 Liter Wein) muß man allerdings schon glaubhaft machen können, daß man das alles selbst zu konsumieren entschlossen ist.

Schweizer unterliegen bei der Einreise nach Österreich den folgenden Bestimmungen: Personen über 17 Jahre dürfen 200 Zigaretten (oder 50 Zigarren oder 250 g Tabak), zwei Liter alkoholische Getränke unter 22 Vol.-%, ein Liter Spirituosen über 22 Vol.-% und Geschenke im Wert von insgesamt 2500 öS zollfrei einführen.

Bei der Wiedereinreise in die Schweiz gilt: Tabakwaren wie oben, zwei Liter alkoholische Getränke unter 15° und Geschenke bis zum Gesamtwert von 200 sfr.

Anreise

Flugzeug

Der Wiener Flughafen Schwechat (Info-Tel. 70 07-0, -22 33, 24-Stunden- Service) ist mit über 60 ausländischen Städten verbunden. Auch die österreichischen Flughäfen Graz, Innsbruck, Linz, Salzburg und Bregenz (Flugplatz Altenrhein/ Schweiz) werden von hier aus angeflogen.

Ankunft

Der Flughafen Schwechat liegt etwa 19 km südöstlich von Wien-Mitte und ist über die Autobahn A 4 in 25 Minuten zu erreichen. In der Ankunftshalle haben unter anderem internationale Banken und Autovermietungen ihre Schalter. Außerdem gibt es hier ein Infor-

mationsbüro, das auch Zimmer vermittelt. In der internationalen Abflughalle findet man eine große Anzahl von Duty-free-Läden, die landestypische österreichische Produkte zollfrei verkaufen.

Transport Flughafen–Innenstadt

Wer nicht bereits am Flughafen einen Mietwagen nimmt (was aufgrund der vielen Einbahnstraßen und der Parksituation für die Innenstadt nicht zu empfehlen ist), kann von Schwechat die S-Bahn benutzen und beim Hilton Hotel (S-Bahnstation Landstraße/Wien Mitte) in die U3 und U4 umsteigen oder mit dem Taxi schnell die Innenstadt erreichen.

Taxis vom Flughafen kosten zwischen 300 und 400 öS (50 DM; erkundigen Sie sich nach den Flughafen-Spezialtarifen). Da man mit dem Taxi eine Bundeslandgrenze überquert und der Fahrer auf dem Rückweg keine Passagiere mitnehmen darf, wird der entgangene Gewinn auf den Fahrpreis geschlagen. Alle 20 Minuten fahren von Schwechat Transfer-Busse zum City Air Terminal und alle 60 Minuten zum Süd- bzw. Westbahnhof. Die Fahrtzeit beträgt ungefähr eine halbe Stunde.

Shuttle Service: Kleinbusse zum Flughafen besorgt jeder Hotelportier, Tel. 6 36 01 90.

Von Wien-Nord/Praterstern – Wien Mitte/Landstraße/City Air Terminal – Flughafen braucht die Schnellbahn ca. 30 Minuten. Die Fahrt kostet einen gültigen Kernzonenfahrschein plus eine Außenzone.

Fluggesellschaften

Mehr als 60 Fluggesellschaften unterhalten Büros in Wien, hier einige Adressen:

- **Austrian Airlines,**
1., Kärntner Ring 18,
Tel. 50 55 75 70 oder 7 17 99.
- **Lauda Air,**
1., Opernring 6, Tel. 51 47 70.

- **Tyrolian Airways,**
1., Opernring 1/R/7,
Tel. 5 86 36 74.
- **Deutsche Lufthansa,**
1., Kärntner Straße 42,
Tel. 58 91 40.
- **Swissair,**
3., Am Stadtpark (Hilton Hotel),
Tel. 1 78 90

Bahn

Der Westbahnhof und der Südbahnhof sind die beiden wichtigsten Bahnhöfe für den Fernreiseverkehr. Auf dem Westbahnhof kommen die Züge aus Westdeutschland, Frankreich, Belgien und der Schweiz an, auf dem Südbahnhof Züge aus Slowenien, Griechenland, Ungarn und Italien. Wer aus Berlin oder den neuen Bundesländern eintrifft, fährt im Franz-Josefs-Bahnhof ein.

Auto

Österreich verfügt über ein gut ausgebautes Autobahnnetz, das Wien mit den westlichen und südlichen Bundesländern verbindet. Die Fahrtzeit von der deutschen Grenze bei Salzburg oder Passau nach Wien beträgt ca. drei Stunden. Die meisten Besucher aus dem westlichen Ausland, die nach Wien mit dem Auto fahren, kommen über die Westautobahn A1. An der Stadtgrenze, Autobahnstation Auhof, liegt eine Touristen-Informationsstelle, bei der man auch Hotelbuchungen vornehmen kann. Auch an der Südautobahn A2, Abfahrt Zentrum, Triester Straße, berät ein Info-Schalter.

Vignette

Die Benutzung der österreichischen Autobahnen ist mautpflichtig. Die Vignette kostet für 10 Tage 70 öS, für zwei Monate 150 öS, für ein Jahr 550 öS. Das »Pickerl«, wie es im Österreichischen heißt, ist innen an der Windschutzscheibe zu befestigen. Bitte rechtzeitig vor Reiseantritt besorgen, z. B. beim ADAC oder

TCS, denn im Sommer kann es bei Vorverkaufsstellen und an der Grenze zu Engpässen kommen.

Pannendienst

■ ÖAMTC, 1., Schubertring 1–3, Tel. 71 19 90, Notruf 120.
■ ARBÖ, 15., Mariahilfer Str. 180, Tel. 89 12 10, Notruf 123.

Verkehrsregeln

Im Prinzip gelten dieselben Vorschriften wie in Deutschland. Mehrmaliges Blinken der Ampel zeigt das kommende Ende der Grünphase an. In Wien herrscht generelles Hupverbot. Auf den Vordersitzen besteht Anschnallpflicht, Kinder unter zwölf Jahren dürfen nur hinten sitzen. Die Promillegrenze liegt bei 0,8. Kontrollen sind häufig!
Man sollte eine internationale Versicherungskarte dabei haben. Ausländische Fahrzeuge müssen ein Nationalitätskennzeichen tragen.
Die Höchstgeschwindigkeit beträgt auf den Autobahnen 130 km/h, auf Landstraßen 100 km/h, in Ortschaften 50 km/h, sofern nicht anders angegeben.

Verkehrsunfälle

Bei Verkehrsunfällen mit Verletzten muß die Polizei hinzugezogen werden. ÖAMTC und ARBÖ unterhalten einen Pannendienst, der auch von Nichtmitgliedern gegen Bezahlung in Anspruch genommen werden kann, für Mitglieder ausländischer Automobilklubs (ADAC, AvD, TCS) aber kostenlos ist.
■ ÖAMTC-Pannendienst: Tel. 120
■ ARBÖ-Pannendienst: Tel. 123
■ Feuerwehr: Tel. 122
■ Polizei: Tel. 133
■ Rettung (Ambulanz): Tel. 144

Verkehrsnachrichten

Der Radiosender Ö3 bringt jede Stunde nach den Nachrichten Verkehrsmeldungen. Akute Behinderungen werden während der Sendung durchgegeben. Auch regionale und bundeslandweite Sender geben Meldungen durch.

Unterwegs in Wien

4

Nahverkehr

In Wien braucht man kein Auto. Wenige Weltstädte haben ein so dichtes, differenziertes und bequemes Nahverkehrsnetz. U-Bahn, Schnellbahn und Regionalbahn werden von Straßenbahnen und Bussen ergänzt. Die Badner Lokalbahn führt von der Wiener Oper zum Josephsplatz in Baden bei Wien. Die S- und die weitergehende Regionalbahn verbindet Wien mit dem Umland, u. a. mit Neusiedl am See, Eisenstadt, Wiener Neustadt, St. Pölten, Tulln, Krems, Stockerau, Mistelbach, Gänserndorf und Marchegg.
Während in vielen Städten die Straßenbahnen stillgelegt wurden, haben sie in Wien eine unersetzliche Funktion, da ihr Schienenstrang vom Individualverkehr ungestört ist und man mit der Straßenbahn meist schneller als mit dem eigenen Auto sein Ziel erreicht. 36 Linien bilden ein dichtes innerstädtisches Netz, das von 73 Buslinien verstärkt wird. An roten Haltestellen halten alle Busse generell, an blauen Haltestellen nur bei Bedarf.
Der Verkehrsbund Ost-Region gibt einen Verkehrslinienplan heraus, erhältlich an den Informationsstellen der Wiener Verkehrsbetriebe (Karlsplatz, Stephansplatz, Praterstern, Philadelphiabrücke, Landstraße, Volkstheater).

Tarife

Am preiswertesten bewegt man sich in Wien, wenn man sich eine der möglichen Netzkarten kauft:

24-Stunden- oder **72-Stunden-Netzkarte:** öS 50 bzw. öS 130. Damit können Sie alle öffentlichen Verkehrsmittel während des angegebenen Zeitraums benutzen. Die Karte kann während dieses Zeitraums auch von verschiedenen Personen nacheinander benutzt werden.
8-Tage-Umwelt-Streifennetzkarte: öS 265. Diese Karte kann man an 8 verschiedenen Tagen benutzen. An jedem dieser Tage steht einem ein Verkehrsnetz mit der Länge von Wien nach Venedig zur Verfügung. Auch diese Karte kann von mehreren Personen benutzt werden. Am selben Tag müssen nur entsprechend viele Abschnitte entwertet werden.
Streifenkarte für 4 Fahrten: öS 68. Diese Karte ist nur im Vorverkauf bzw. an Automaten erhältlich, auch sie kann von mehreren Personen benutzt werden.
Einzelfahrscheine: im Vorverkauf öS 17. Im Wagen kostet der Einzelfahrschein öS 20 beim Schaffner oder Verkaufsautomaten (in U- und S-Bahn kein Verkauf im Wagen). Umsteigen auch in andere Verkehrsmittel des öffentlichen Nahverkehrs ist sowohl bei der Streifenkarte als auch beim Einzelfahrschein erlaubt.
Für längere Aufenthalte lohnen sich **Wochennetzkarte** (sieben Tage in der Kernzone, öS 142) und **Monatsnetzkarte** (öS 500). Diese Karten sind ebenfalls übertragbar.
Die **Wiener Einkaufskarte** ermöglicht es Ihnen, für öS 40 einen Werktag von 8–20 Uhr im gesamten Stadtnetz zu fahren.
Senioren (Frauen ab 60, Männer ab 65) können einen **Seniorenfahrschein** für vier Fahrten zu öS 34 erwerben.
Kinder bis zum 6. Lebensjahr fahren in der Kernzone unentgeltlich. Während der Ferien und an Sonn- und Feiertagen können Kinder zwischen 6 und 15 Jahren gratis fahren (dies gilt nicht nur für die Wiener Schulkinder, sondern generell für alle!). An allen anderen Tagen zah-

len sie die Hälfte mit dem **Halb-preisfahrschein.**
Alle Normalfahrscheine und einige Netzkarten gibt es beim Schaffner (nicht in U- und S-Bahn) und am Fahrscheinautomaten. Alle anderen Fahrscheine erhalten Sie in Tabak-Trafiken und den Vorverkaufsstellen der Wiener Verkehrsbetriebe.
Sie gelten generell für die Kernzone (Wiener Stadtgebiet, Zone 100), für die Fahrt ins Umland muß man zusätzliche Streifen entwerten, je einen Streifen pro Außenzone. Die Automaten zur Entwertung sind an den Eingängen zu den U- und S-Bahnen sowie in den Wagen der Trambahn bzw. in den Bussen angebracht.

Nachtautobusse

In Wien fahren acht Nachtautobuslinien. Sie verkehren aber nur in den Nächten von Freitag auf Samstag und von Samstag auf Sonntag sowie vor Feiertagen. Fahrscheine zu öS 25 sind im Bus oder an den Vorverkaufsstellen erhältlich. Informationsschalter in der Stadt findet man an den U-Bahnstationen Karlsplatz, Stephansplatz, Praterstern, Philadelphiabrücke, Volkstheater und Landstraße.

Straßenbahn

Die letzte Straßenbahn fährt zwischen 23.30 und 0.15 Uhr, sie ist vorne und hinten mit einem blauen Balken gekennzeichnet.
Stadtrundfahrten mit einer Oldtimer Tramway werden zwischen Mai und Oktober an Samstagen, Sonn- und Feiertagen angeboten (tgl. 11.30, 13.30, an So u. Fei auch 9.30 Uhr). Information an der U-Bahnstation Karlsplatz oder unter Tel. 5 87 31 86. (siehe auch Rundfahrten, S. 240.)

Citybus

Für den ersten Bezirk mit seinen engen Gassen gibt es ein besonderes Verkehrsmittel, den Citybus. Drei Linien durchqueren an Wochentagen die Innenstadt:
1A vom Schottentor zur Landstraße,
2A vom Schwedenplatz / Petersplatz zum Dr.-Karl-Renner-Ring,
3A vom Schottenring zum Schwarzenbergplatz.

Taxi

Im Gegensatz zu vielen anderen Städten kreisen freie Taxis in Wien nicht durch die Stadt, sondern stehen an festen Taxistandplätzen. In der Innenstadt findet man sie an folgenden Standplätzen:
■ Babenbergerstraße / Burgring
■ Dr.-Karl-Lueger-Ring / Schottentor
■ Hoher Markt / Marc-Aurel-Straße
■ Opernring / Operngasse
■ Rotenturmstraße vor Nr. 29
■ Schwarzenbergplatz / Kärntner Ring
■ Stubenring / Dr.-Karl-Lueger-Platz.
Man kann ein Taxi auch telefonisch bestellen:
■ Funk-Taxi: 3 13 00, 6 01 60, 4 01 00, 8 14 00
■ Flughafentaxi und Überlandfahrten: 31 25 11, 3 19 25 11
■ Funk-Taxi Perchtoldsdorf: 69 39 29.

Fahrrad

Wien besitzt über 500 km Radwege, die umweltschonend zu fast allen wichtigen Sehenswürdigkeiten führen.
Bei den angegebenen Verleihstellen kann für etwa öS 40 pro Stunde oder öS 100 pro Tag ein Rad gemietet werden:
■ 1., Franz-Josefs-Kai bei der Salztorbrücke, Tel. 66 34 22.
■ 2., Prater 133, bei der Hochschaubahn, Tel. 2 40 94 94.
■ 2., Vivariumstr. 8, Tel. 26 66 44.
■ 10., Waldgasse 47, Tel. 6 41 01 13.
■ 19., Heiligenstädter Straße 180, Tel. 37 45 98.

■ 22., Linkes Uferwehr 1, Tel. 23 11 71.
■ 22., Neue Donau, Reichsbrücke, Tel. 23 65 18.

Auto

Das Stadtzentrum von Wien sollte man mit dem eigenen Fahrzeug wenn irgendwie möglich meiden. Man muß mit der Straßenführung vertraut sein, um bei den vielen Einbahnstraßen sein Ziel zu erreichen. Ist einem dies gelungen, beginnt die Suche nach einem Parkplatz, die schnell wieder zum Ausgangspunkt zurückführen kann. Außerdem ist eine gewisse Wienkenntnis unverzichtbar, denn die Wiener Autofahrer haben wenig Verständnis für Fahrer, die den Verkehr blockieren, weil sie den Stadtplan konsultieren müssen.
Fährt man trotzdem in die Innenstadt hinein, so sollte man eines der Parkhäuser benutzen. Zum Wochenende und bei Nacht sind manche Häuser geschlossen.
Nicht viel besser ist die Situation in den Bezirken außerhalb der Ringstraße und selbst außerhalb des Gürtels. Vor allem zwischen Ringstraße und Gürtel darf man meist nur in markierten **Kurzparkzonen** parken, dort ist das Parken mit dafür vorgesehenen Parkscheinen für eine bis einige Stunden gestattet. Die Parkscheine erhält man in den Tabak-Trafiken, sie müssen selbst entwertet werden (lassen Sie sich vom Trafikanten helfen, dabei lernen Sie unter Umständen gleich den Wiener Schmäh kennen).
Im Winter ist das Parken in Straßen mit Straßenbahnschienen nachts verboten. In Straßen mit Parkverbot darf man höchstens 10 Minuten halten. Für Falschparken erhält man ein sogenanntes Organstrafmandat, meist in der Höhe von öS 100. Wurde das Auto abgeschleppt, geht man zur nächsten Polizeidienststelle. Gegen eine Abschleppgebühr von öS 2000 und eine Verwaltungsstrafe kann man sich das Auto dann am Wienerberg oder in Manns-

wörth abholen. Geschwindigkeitsüberschreitungen kosten von öS 200 aufwärts.

Parkhäuser

■ City Parkhaus: (Stephansplatz), Zufahrt durch die Schulerstraße, Mo–Fr 7–21, Sa 7–14 Uhr.
■ Concordiaplatz Garage, Zufahrt Salzgries oder Börsengasse, Mo–Fr 7–19 Uhr.
■ Franz-Josefs-Kai-Garage, Zufahrt über den Franz-Josefs-Kai, die erste Etage ist tgl. durchgehend geöffnet.
■ Garage am Beethovenplatz, Zufahrt über Johannesgasse, tgl. durchgehend geöffnet.
■ Garage am Hof, Zufahrt Schottengasse, Freyung, tgl. 24 h geöffnet.
■ Hoher Markt Garage, Zufahrt über Marc-Aurel-Str., Mo–Fr 7–20 Uhr.
■ Kärntner Straße Tiefgarage, Zufahrt über Kärntner Ring, tgl. durchgehend geöffnet.
■ Opernringhofgarage, Zufahrt über Operngasse, Elisabethstraße, tgl. durchgehend geöffnet.
Natürlich ist dies nur eine Auswahl. Es gibt so viele Parkhäuser, daß man eigentlich immer einen Platz findet.
Ein letzter Tip: Wenn Sie nach Wien für einen Tagesausflug hineinfahren oder außerhalb Wiens wohnen und von dort mit dem Auto in die Stadt fahren, nutzen Sie die Park & Ride-Gelegenheit der U-Bahnstation Erdberg. Sie ist über die Stadtautobahn schnell und problemlos zu erreichen, bestens ausgeschildert, preisgünstig und enorm bequem, denn nach dem Parken besteigen sie die U3 und sind in 15 Minuten im Zentrum.

Schiff

Wien vom Wasser aus, das hat was. Die DDSG Blue Danube, Nachfolgeorganisation der legendären Donau-Dampfschiffahrtsgesellschaft, bietet mehrere Rundfahrten in Wien

an, zum Beispiel eine Hundertwassertour und eine Donaustromtour. Auch in die Wachau, nach Bratislava oder Budapest können Sie schöne Ausflüge machen. Eine Broschüre liegt bei allen Touristen-Informationsstellen aus (s. S. 227). Die Anlegeplätze befindet sich an der Reichsbrücke, auf der Donauinsel, am Schwedenplatz und am KunstHausWien.
■ Information und Buchung: DDSG Blue Danube Schiffahrt GmbH, Handelskai 265, 1020 Wien, Tel. 01/7 27 50-222, Fax 7 27 50-440.

Praktische Informationen

Babysitter

■ Babysitter der österr. Hochschülerschaft, Tel. 4 08 70 46.
■ Babysitter des österr. akademischen Gästedienstes, Tel. 5 87 35 25.

Banken

Bankfilialen finden Sie praktisch überall. Hier können Sie genauso unproblematisch wie in Deutschland und der Schweiz Devisen wechseln, Schecks einlösen, mit der EC-Karte Geld abheben etc. (siehe auch S. 228).

Behinderte

Der Wiener Tourismusverband (s. S. 227) gibt jährlich eine Broschüre »Behindertenfreundliche Hotels« heraus. Außerdem erhalten Sie dort einen Stadtplan mit den Sehenswürdigkeiten und ihren Vorrichtungen für Behinderte. Sie können die kostenlosen Materialien auch bei der Österreich-Werbung (s. S. 227)

bestellen. Für allgemeine Informationen, sowie Transportvermittlung wenden Sie sich bitte an den Reiseclub Handicap (2., Glockengasse 23, Tel. 2 14 19 40-60 bis -66).

Feiertage

Neujahrstag (1. Januar)
Heilige Drei Könige (6. Januar)
Ostermontag
Tag der Arbeit (1. Mai)
Christi Himmelfahrt
Pfingstmontag
Fronleichnam
Mariä Himmelfahrt (15. August)
Nationalfeiertag (26. Oktober)
Allerheiligen (1. November)
Mariä Empfängnis (8. Dezember)
Christtag (25. Dezember)
Stephanitag (26. Dezember).
An diesen Tagen sind Institutionen und Geschäfte geschlossen.

Fundbüros

■ Fundamt, 9., Wasagasse 22, Mo–Fr 8–12 Uhr, Tel. 3 13 44-92 11 oder -92 17. Verlorene Gegenstände sollten zuerst bei der nächstgelegenen Polizeistelle gesucht werden, denn erst nach einigen Tagen landen sie im Fundamt!

Öffnungszeiten

Geschäfte: Die Ladenschlußgesetze werden rigoros gehandhabt. Generell gilt Mo–Fr 9–17 oder 18 Uhr, Sa 9–13 Uhr (am ersten Sa des Monats bis 17 Uhr). Läden in Bahnhöfen haben tgl. 7–22.30 Uhr durchgehend geöffnet.
Banken: Mo–Fr 8–12.30, 13.30 bis 15, Do bis 17.30 Uhr. Die Zentralen haben keine Mittagspause.
Post: Mo–Fr 8–12 und 14–18 Uhr. Hauptpostamt und Bahnhofspostämter sind rund um die Uhr geöffnet.
Museen: individuelle Öffnungszeiten. Beachten Sie bitte die Angaben in diesem Reiseführer. Für Museen und andere Attraktionen, die hier nicht beschrieben sind, erhalten Sie

ein Faltblatt mit allen Öffnungszeiten in der Tourist-Information in der Kärntner Straße 38.

Post

Hauptpostamt, 1., Fleischmarkt 19, Tel. 5 15 90-0, tgl. 0–24 Uhr. Postauskunft: Tel. 8 92 10 20.
Die Wiener Postämter sind Mo–Fr 8–12 und 14–18 Uh, das Hauptpostamt und die Bahnhofspostämter rund um die Uhr geöffnet.

Telefon

Telefonieren kann man von Postämtern und von Münzsprechautomaten aus. Sehr zahlreich sind Telefonzellen, in denen mit Telefonkarte telefoniert werden kann; diese sind bei allen Postämtern zu 50 und 100 öS erhältlich.
Österreich verfügt über ein modernes Kommunikationsnetz und ist mit den meisten Ländern der Welt im Direktdurchwahlverkehr verbunden.

Vorwahl

nach **Deutschland:** 00 49, danach die Ortsvorwahl ohne die »0« und danach die Telefonnummer.
in die **Schweiz:** 00 41
Wien vom Ausland: 00 43-1, innerhalb Österreichs: 01

Fernsprechauskunft

- Inland 16 11
- Deutschland 16 12
- Europa 16 13
- Übersee 16 14.

Wichtige Telefonnummern

- Funk-Taxi: 313 00, 6 01 60
- Fundbüro: 3 13 44–92 11, -92 17
- Flugauskünfte: 70 07-0, 70 07-22 32 (Fluginfo)

- Schiffsverkehr: 15 37
- Eisenbahnauskunft: 17 17
- Busauskunft: 7 11 01
- Tourist-Information: 5 13 88 92

Trinkgeld

In Restaurants ist ein Bedienungsgeld von 10 % meist schon in der Rechnung enthalten, bei zufriedenstellendem Service erwartet man aber ein zusätzliches Trinkgeld von etwa 10 %. Bei Sonderleistungen oder einem außergewöhnlich guten Service sollte man ruhig etwas großzügiger sein, denn das Trinkgeld ist in der Gastronomie ein großer Teil des Einkommens. 10 % gelten auch für Taxifahrer, Friseure und Fremdenführer.

Zeitungen

Internationale Presse ist in der Inneren Stadt überall erhältlich. Speziell in der Opernpassage steht eine große Auswahl zur Verfügung. Die Herald Tribune, die Financial Times, die großen deutschen und Schweizer Tageszeitungen desselben Tages sind bereits am frühen Morgen erhältlich.
Österreichische Tageszeitungen: Arbeiter-Zeitung, Kronen-Zeitung, Kurier, Presse, Volksstimme, Wiener Zeitung.
Lokale Zeitschriften: Falter, Forum, Furche, Profil, Vienna Life, Wien Aktuell, Basta.

Notfälle

Sicherheit, Kriminalität

Wiens Sicherheitsstandard kann es mit jeder europäischen Metropole aufnehmen. Vorsicht sollte man dennoch walten lassen, denn Gelegenheit macht Diebe, die sich gerne ins Gedränge mischen. Vor allem auf dem Flohmarkt am Naschmarkt heißt es aufpassen. Ansonsten ist zur Sorge kein Anlaß.

Botschaften

- Botschaft der Bundesrepublik Deutschland, 3., Metternichgasse 3, Tel. 7 11 54-0, Fax 7 13 83 66.
- Botschaft der Schweiz, 3., Prinz-Eugen-Straße 7, Tel. 7 95 05-0, Fax 7 95 05-21.

Notrufnummern

- Polizei 133
- Feuerwehr 122
- Rettungsdienst (Ambulanz) 144
- Ärztedienst 141
- Zahnärztlicher Notdienst 5 12 20 78
- Apothekenbereitschaft 15 50
- Sozialpsychiatrischer Notdienst, 9., Fuchsthallergasse 18, Tel. 31 84 19.
- Frauennotruf der Stadt Wien 7 17 19
- Internationale Apotheke, 1., Kärntner Ring 15, Tel. 5 12 28 25.
- Bankomat-Service (Sperrtelefon) 06 60/53 72
- ÖAMTC 120
- ARBÖ 123

Medizinische Versorgung

Krankenhäuser

- Allgemeines Krankenhaus, 9., Alserstraße 4, und 9, Spitalgasse 23, sowie 9, Lazarettgasse 14, Tel. 404 00.
- Allgemeine Poliklinik der Stadt Wien, 9., Mariannengasse 10, Tel. 404 09.
- Kinderklinik Glanzing, 19., Glanzinggasse 37–39, Tel. 47 60 20.
- Semmelweis-Frauenklinik, 18., Bastiengasse 36–38, Tel. 47 61 50.
- St. Anna Kinderspital, 9., Kinderspitalgasse 6, Tel. 40 17 00.

6

Unterkunft

Die österreichische Hauptstadt ist ein Zentrum der Gastlichkeit. In wenigen Städten der Welt ist ein so hoher Standard an Fachwissen und Gastfreundschaft anzutreffen wie in Wien. Das österreichische Beherbergungsgewerbe gilt international als vorbildlich. Eine typisch konservative europäische Hotelkultur mit ihren kleinen Aufmerksamkeiten, die sich erfreulich von Maßstäben internationaler Businesshotels abhebt, findet man selbst in kleineren Hotels.

Während der Hauptreisezeit ist es oft sehr schwer, eine passende Unterkunft zu finden. Frühzeitige Buchung ist deshalb in jedem Fall sehr zu empfehlen. Billig und zugleich angenehm wohnen ist in Wien fast unmöglich. Wer mehr Zeit als Geld besitzt, kann sich in Wiens Umgebung weit preiswerter einquartieren und bequem mit öffentlichen Verkehrsmitteln in die Hauptstadt fahren.

Der größte Teil der Wiener Hotels liegt im oder um den 1. Bezirk. Von hier aus ist die Stadt leicht zu Fuß zu erwandern. Auch die großen Theater und Konzertsäle sowie die besten Restaurants und Bars liegen in diesem Viertel. Wenn man nach Wien des Vergnügens wegen kommt, sollte man im Bereich des Rings logieren.

Preise gelten meistens mit Frühstück und incl. Mehrwertsteuer. Pensionen unterscheiden sich von Hotels meist dadurch, daß es sich um kleinere, familiäre Betriebe handelt.

Vorsicht: Manche Hotels schlagen bis zu 200 % auf Telefongebühren auf. Der Wiener Tourismusverband (s. S. 227) gibt eine Broschüre für behinderte Gäste und ihre beste Unterbringung heraus; man erhält das Faltblatt auch bei der Österreich-Werbung (s. S. 227).

Wer in Wien ankommt und noch ohne Quartier ist, kann sich an die Zimmervermittlung der Tourist-Information wenden (s. S. 227).

Klassifizierung

Hotels

Das österreichische Hotelgewerbe kennt fünf Kategorien: (Preise pro Person und Übernachtung im Doppelzimmer):

****	Luxusklasse
	öS 1800 bis 5000
****	Erstklassig
	öS 800 bis 2500
***	Bürgerlich
	öS 350 bis 1000
**	Einfach
	öS 200 bis 700
*	Sehr einfach
	öS 200 bis 500

Pensionen

****	Erstklassig
	öS 500 bis 1200
***	Bürgerlich
	öS 350 bis 700
**	Einfach
	öS 250 bis 500
*	Sehr einfach
	öS 200 bis 300

Hotels

Kategorie *****

■ **Bristol,**
1., Kärntner Ring 1, Tel. 5 1516-0, Fax 5 15 16-5 50.
Das 1884 erbaute Haus vermittelt mit seiner Jugendstilarchitektur dem Besucher einen intimeren Charakter als die großen, pompösen Hotels. Das Hotelrestaurant »Korso« wird wegen seiner leichten Wiener Küche und seiner ausgezeichneten Weinkarte nicht nur von den Hotelgästen gerne besucht.

■ **Im Palais Schwarzenberg,**
3., Schwarzenbergplatz 9,
Tel. 7 98 47 14, Fax 7 98 45 15.
Wunderschöne Einrichtung und

Lage im rechten Flügel des fürstlichen Barockpalais mit herrlichem Blick auf den romantischen Park – und trotzdem nur wenige Schritte weg von der Innenstadt.

■ **Imperial,**
1., Kärntner Ring 16, Tel. 5 01 10-0, Fax 5 01 10-4 10.
Offizielle Staatsgäste, Schauspieler und die großen Popstars logieren in den 128 noblen Zimmern und Suiten des Imperial. Unbestritten die erste Adresse der Stadt. Das Restaurant »Zur Majestät« zählt zu den besten und teuersten in Wien.

■ **Sacher,**
1., Philharmonikerstraße 4,
Tel. 5 14 56, Fax 5 14 57–8 10.
Erherzöge, Minister und hohe Offiziere gastierten einst im sicherlich bekanntesten Hotel der Stadt. Auch wenn diese Zeiten vorbei sind, so garantiert der gute Name doch für einen Service der Spitzenklasse.

■ **Vienna Marriott,**
1., Parkring 12a, Tel. 51 51 8-0, Fax 51 51 8-66 72. Der postmoderne Glasbau liegt dem Stadtpark gegenüber.

■ **Vienna Plaza,**
1., Schottenring 11,
Tel. 3 13 90-0, Fax 3 13 90-160.
Ein erst vor kurzem erbautes, modernes Hotel, im Jugendstil gehalten, doch keineswegs weniger elegant.

Kategorie ****

■ **Astoria,**
1., Kärntner Straße 32–34,
Tel. 5 15 77-0, Fax 5 15 77-82.
Altes, kultiviertes Hotel direkt hinter der Staatsoper.

■ **Biedermeier im Sünnhof,**
3., Landstraßer Hauptstraße 28,
Tel. 7 16 71-0, Fax 71 67 1-5 03.
Der gelungenen Restaurierung eines Biedermeier-Häuserensembles mit origineller Ladenstraße verdankt dieses Hotel seinen einmaligen Reiz.

■ **Clima-Villenhotel,**
14., Nußberggasse 2c,
Tel. 37 15 16, Fax 37 13 92. In einem Villenviertel am Fuße des

Nußbergs gelegen, bietet dieses Hotel vor allem eine ruhige Lage und gute Luft abseits des Stadtlebens.

■ **König von Ungarn,**
1., Schulerstaße. 10, Tel. 51 58 4-0, Fax 51 58 48. Nur wenige Meter vom Stephansdom entfernt, besticht dieses über 400 Jahre alte Gebäude vor allem durch seine zentrale Lage und seinen Charme vergangener Zeiten. Doch auch sonst fehlt ihm nichts zum vollwertigen 4-Sterne-Hotel. Besonders schön ist sein glasüberdachter Innenhof.

■ **Mailbergerhof,**
1., Annagasse 7, Tel. 51 20 64 1, Fax 51 20 64 1-10. Direkt in der Fußgängerzone lockt dieses alte Haus mit modernster Einrichtung und seiner zentralen Lage.

■ **Parkhotel Schönbrunn,**
13., Hietzinger Hauptstraße 12, Tel. 87 80 4, Fax 87 80 4-32 20. Erfurchtsvoll schreitet man durch diese Räume, wenn man weiß, daß der Kaiser persönlich hier seine Gäste unterbringen ließ. Nicht verwunderlich, wenn man bedenkt, daß in unmittelbarer Nähe der Schloßpark und Schloß Schönbrunn liegen.

■ **Vienna Penta Renaissance,**
3., Ungargasse 60, Tel. 71 17 5-0, Fax 71 17 5-90. Eines der neuesten Hotels der Stadt, architektonisch ansprechend, liegt allerdings mit 10 Straßenbahnminuten bis zur Ringstraße im Vergleich zu anderen guten Adressen etwas außerhalb.

Kategorie ***

■ **Kärntnerhof,**
1., Grashofgasse 4, Tel. 5 12 19 23, Fax 5 13 22 28. Obwohl direkt im Zentrum, ist dieses Hotel doch angenehm ruhig gelegen.

■ **Schild,**
19., Neustift am Walde 97–99, Tel. 44 21 91-0, Fax 44 21 91 53. Umringt von Heurigenlokalen, birgt dieses Haus mit seinen 20 Zimmern eine gewisse Gefahr für Weinliebhaber.

■ **Schweizerhof,**
1., Bauernmarkt 22, Tel. 5 33 19 31, Fax 63 02 14. Trotz seiner sehr zentralen Lage ist das Hotel doch relativ preisgünstig.

■ **Wandl,**
1., Petersplatz 9, Tel. 5 34 55-0, Fax 5 34 55-77. Direkt hinter der Peterskirche und damit mitten im Geschehen.

■ **Zur Wiener Staatsoper,**
1., Krugerstraße 11, Tel. 5 13 12 74-0, Fax 5 13 12 74-15. Wie der Name schon sagt, liegt dieses vor nicht langer Zeit renovierte Hotel nahe der Staatsoper. Daher überrascht es nicht, daß Opernsänger hier gerne einchecken.

Kategorie **

■ **Cyrus,**
10., Laxenburger Straße 14, Tel. 62 25 78, Fax 6 04 42 88. Familienfreundlich. 20 Zimmer, 8 mit Bad oder Dusche.

■ **Kugel,**
7., Siebensterngasse 43, Tel. 5 23 33 55, Fax 5 23 16 78. Mitten im Einkaufsviertel gelegen, bietet dieses Haus kleine, saubere Zimmer.

■ **Rathaus,**
8., Lange Gasse 13, Tel. 4 06 43 02, Fax 4 08 42 72. Preiswerte Zimmer mit dem gerade in diesem Stadtteil unschätzbaren Vorteil, daß sich beim ersten Schritt aus der Tür sogleich unzählige Beisel im Josefstädter Szene-Viertel finden lassen.

Kategorie *

■ **Baltic,**
8., Skodagasse 15, Tel. 4 05 62 66. Familienfreundlich, 27 sehr einfache Zimmer.

Pensionen

Kategorie ****

■ **Arenberg,**
1., Stubenring 2, Tel. 5 12 52 91, Fax 5 13 93 56. Die No. 1 unter

den Pensionen. Plüschig-elegantes Ambiente in bester Lage, ein Fixstern im umfangreichen Wiener Bettenangebot..

Kategorie ***

■ **Haydn,**
6., Mariahilfer Straße 57–59, Tel. 5 87 44 14, Fax 5 86 19 50. Rustikal-bürgerlich eingerichtete Pension in einer nicht gerade ruhigen Gegend. Positiv: Mit der U-Bahn sind es nur wenige Minuten ins Zentrum, und einkaufen kann man hier auch recht gut.

■ **Nossek,**
1., Graben 17, Tel. 5 33 70 41, Fax 5 35 36 46. Kleine, gemütliche Pension im Herzen Wiens.

Kategorie **

■ **Wildenauer,**
10., Quellenstraße 120, Tel. 6 04 21 53, Fax 6 02 24 85. Familienfreundliche Pension im 10. Bezirk.

Jugendherbergen ___ 7

Die Preise für eine Nacht in einer Wiener Jugendherberge bewegen sich bei öS 130–250. Frühzeitige Reservierung empfohlen!

■ **Hostel Ruthensteiner,**
15., Robert Hamerling-Gasse 24, Tel. 89 34 20 2, Fax 8 93 27 96. Nur über Weihnachten und Sylvester geschlossen.

■ **Jugendgästehaus der Stadt Wien,** 13., Schloßberggasse 8, Tel. 8 77 15 01-0, Fax 87 70 26 32. Ganzjährig geöffnet.

■ **Jugendgästehaus Wien Brigittenau,** 20., Friedrich-Engels-Platz 24, Tel. 3 32 82 94-0, Fax 3 30 83 79. Ganzjährig geöffnet.

■ **Jugendherberge Myrthengasse,** 7., Myrthengasse 7, Tel. 5 23 63 16-0. Ganzjährig geöffnet.

■ **Turmherberge Don Bosco,**
3., Lechnerstr. 12, Tel. 7 13 14 94. Geöffnet von März bis November.

Campingplätze

- Campingplatz der Stadt **Wien West I**, 14., Hüttelbergstraße 40, Tel. 9 14 14 49. Nur im August geöffnet.
- Campingplatz der Stadt **Wien West II**, 14., Hüttelbergstraße 80, Tel. 9 14 23 14, Fax 9 11 35 94. Ganzjährig außer Februar geöffnet.
- Campingplatz der Stadt **Wien Süd**, 23., Breitenfurter Straße 267, Tel. 8 65 92 18. Nur Juli und August geöffnet.
- Camping **Rodaun**, 23., Wien-Rodaun, An der Au 2, Tel. 8 88 41 54. Nur März bis September geöffnet.
- Campingplatz **Schloß Laxenburg**, A 2361 Laxenburg/NÖ, Münchendorfer Straße, Tel. (0 22 36) 7 13 33. Mitte April bis einschließlich Oktober geöffnet.

8

Essen & Trinken

8

Die Wiener Küche

Über die Wiener Küche ist in diesem Buch bereits viel gesagt worden. Abgesehen davon, daß die Wiener Küche seit jeher von italienischen, tschechischen, jugoslawischen, französischen und türkischen Einflüssen geprägt ist, findet man in Wien auch eine Vielzahl an Restaurants, die genau diese Küchen in Reinkultur präsentieren. Vor allem seit die Grenzen zum Osten wieder geöffnet sind und fast so viele Besucher aus dem Osten wie aus dem Westen die Stadt besuchen, ist das internationale Angebot an Restaurants noch gestiegen.

Natürlich ist alles im Fluß und ändert sich schnell. Die Zeitschrift „Wiener" publiziert monatlich einen aktuellen Lokalführer mit den neuesten Informationen über In- und Szene-Lokale.

Restaurants

Luxusrestaurants

Menü 600–1500 öS

- **Do&Co**, 1., Stephansplatz 12, Tel. 5 35 39 69-18, Mo–So 12–15 und 18–24 Uhr. Ein Treffpunkt für die Wiener Schickeria mitten im Zentrum. Man sollte nicht nur die herrliche Aussicht auf den Dom genießen, sondern sich auch im Lokal umsehen. Farbenfrohe Architektur hat das Innere geprägt. Hinzu kommt die freundliche Bedienung und die hervorragende Küche. Jeden Di und Sa gibt es japanischen Teppan-Yaki-Grill. Reservieren!
- **Korso**, 1., Mahlerstraße 2, Tel. 5 15 16-0, So–Fr 12–14 und 19–1 Uhr, Juli und August mittags geschlossen. Für den anspruchsvollen Genießer der neuen österreichischen Küche ist dies die erste Adresse. Von Erdäpfelgulasch und Kuttelgröstl bis zu Experimentellem wie Rochenflügel oder Morchelravioli hat der Chefkoch Reinhard Gerer wirklich einiges zu bieten. Dazu werden in passendem Ambiente nationale wie internationale Weinraritäten serviert.
- **Schwarzenberg**, 3., Schwarzenbergplatz 9, Tel. 7 98 45 15-6 00, tgl. 12–15 und 18–23 Uhr, Bar 11–2 Uhr. Ein offener Wintergarten, ein ausgezeichnetes Menü, dazu ein Glas Wein, und mit der warmen Luft eines lauen Sommerabends trägt der Wind die leisen Töne des Orchesters der Wiener Staatsoper aus dem angrenzenden Park herüber. Wer sich so einen Abend wünscht, der ist im Schwarzenberg richtig aufgehoben. Doch darf man sich natürlich nicht wundern, daß man für diese einmalige Atmosphäre mitzahlt.
- **Zu den drei Husaren**, 1., Weihburggasse 4, Tel. 5 12 10 92, tgl. 12–15 und 18–1 Uhr. Der Name läßt einen schon erraten, daß es hier gute traditionelle Wiener Küche gibt. Ebenso wichtig jedoch sind die Walzermelodien, der Ker-

zenschein und die stilvolle Einrichtung. Besonders zu empfehlen sind die Vor- und Nachspeisen.

Altwiener Spezialitäten

- **Augustinerkeller**, 1., Augustinerstraße 1, Tel. 5 33 10 26. Traditionsreiche Kost im Schatten der mächtigen Hofburg. Mittlere Preisklasse.
- **Hietzinger Bräu**, 13., Auhofstraße 1, Tel. 8 77 70 87, geöffnet tgl. 11.30–15 und 18–23.30 Uhr. Vor allem für Rindfleisch-Freunde ist das die richtige Adresse. Wer Hüferl, Schulterscherzl oder Meise nicht kennt, sollte unbedingt eine der mehr als 15 verschiedenen Rindfleischgerichte bestellen, die hier in einer Art und Weise zubereitet werden wie sonst kaum noch wo in Wien. Natürlich verfügt die Speisekarte über noch viele andere Altwiener Gerichte. Mittlere Preisklasse.
- **Piaristenkeller**, 8., Piaristengasse 45, Tel. 4 06 01 93-0. Alt-Wiener Lokal in der Josephstadt mit gutbürgerlichem Essen in gehobener Atmosphäre. Mittlere Preisklasse.
- **Zum Alten Heller**, 3., Ungargasse 34, Tel. 7 12 64 52, Di–Sa 9.30–23 Uhr. Sehr ähnlich dem Herkner, außer daß die Promis fehlen. Mittlere Preisklasse.
- **Zum Herkner**, 17., Dornbacher Straße 123, Tel. 45 43 86, Mo–Fr 9–23 Uhr. Leider haben bereits die Schickimickis dieses kleine Vorstadt-Wirtshaus für sich entdeckt. Doch trotzdem bietet die Küche immer noch zahlreiche Schmankerl aus Großmutters Kochbuch. Mittlere Preisklasse.

Preiswert und typisch

- **Schweizerhaus**, 2., Straße des 1. Mai 116, Tel. 7 28 01 52, März bis Mitte Nov. tgl. 10–24 Uhr. Vor allem für Familien mit Kindern ist dieses Lokal nach einem ausgiebigen Praterbesuch zu empfehlen. Derweilen die Kinder ihre letzten Energien am

Kinderspielplatz im Garten abbauen, können sich Mama und Papa bei einem Bier vom Faß unter schattigen Bäumen ein wenig ausruhen. Gut: Gegrillte Stelzen.

■ **Zwölf-Apostel-Keller**, 1., Sonnenfelsgasse 3, Tel 5 12 67 77. Beliebte Adresse der Wiener Innenstädter. Gute Küche mit Altwiener Spezialitäten.

Internationale Küche

Französische Küche
■ **Salut**, 1., Wildpretmarkt 3, 5 33 35 81. Vor allem die Fischspezialitäten dieses zentral gelegenen Restaurants sind empehlenswert.

Griechische Küche
■ **Der Grieche**, 6., Barnabitengasse 5, Tel. 5 87 74 66.
■ **Schwarze Katze**, 6., Girardigasse 6, Tel. 5 87 06 25.

Indische Küche
■ **Demi Tass**, 4., Prinz-Eugen-Straße 28, Tel. 5 04 31 19. Exklusive Küche, astronomische Preise, aber guuut.
■ **Koh-i-noor**, 1., Marc-Aurel-Straße 8, Tel. 5 33 00 80. Die melodische Sitarmusik und der knisternde Holzofengrill unterstützen das indische Flair.
■ **Maharadscha, 1.,** Gölsdorfgasse 1, Tel. 5 33 74 43. Das älteste indische Lokal in Wien bietet seinen Gästen gute Speisen in 3-Sterne-Qualität.

Italienische Küche
■ **Cantinetta**, 1., Jasomirgottstraße 3–5, Tel. 5 35 20 66. Eine exquisite Fischküche macht dieses Lokal in der Fleischstadt Wien so einzigartig.
■ **Da Gino e Marija**, 4., Rechte Wienzeile 17, Tel. 5 87 45 70. 3 Sterne.
■ **Firenze Enoteca**, 1., Singerstraße 3, Tel. 5 13 43 74. 3 Sterne.
■ **Grotta Azzurra**, Babenbergerstraße 5, Tel. 5 86 10 44. Zwar nicht gerade preiswert, trotzdem wird man lange suchen müssen, bis man

wieder so exquisite Antipasti, Paste, Fisch- und Fleischgerichte vorgesetzt bekommt. 4 Sterne, und das ganz zu Recht.

Jüdische Küche
■ **Ma Pitom**, 1., Seitenstettengasse 5, Tel. 5 35 43 13. Die Kombination von jüdischen und auch italienischen Gerichten ist gelungen, was man schmeckt.

Russische Küche
■ **Feuervogel**, 9., Alserbachstraße 21, Tel. 3 17 53 91. Ausgezeichnet, aber teuer.

Türkische Küche
■ **Kervansaray**, 1., Mahlerstraße 9, Tel. 5 12 88 43. Eine der großen, teuren Wiener Adressen. 5 Sterne.

Schiffsrestaurant
■ **Johann Strauß**, 1., Schwedenplatz-Kleine Donau, Tel. 5 33 93 67. Speis und Trank wird auf »der schönen blauen Donau serviert«, wobei diese weder schön noch blau ist. Aber das war sie noch nie …

Vegetarisch
■ **Wrenkh**, 15., Hollergasse 9, Tel. 8 92 33 56, Bauernmarkt 10, Tel. 5 33 15 26, Mo–Sa 11.30 bis 14.30 und 18–24 Uhr. Endlich einmal etwas für Vegetarier und gesundheitsbewußte Genießer. Doch auch wer von der oft sehr kalorienreichen Wiener Küche genug hat, kann hier erstklassige Vollwert- und Vegetariergerichte bekommen. Dazu werden in gemütlicher Beisel-Atmosphäre exquisite Weine serviert.

Schnellimbiß, Snackbars, Pizzerias
■ **Naschmarkt,**
1., Schwarzenbergplatz 16;
1., Schottengasse 1;
4., Mariahilfer Str. 85–87.

■ **Nordsee,**
1., Kärntner Straße 25;
1., Kohlmarkt 6;
4., Naschmarkt;
7., Mariahilfer Straße 34.
■ **Pizzeria Adriatic,** 1., Habsburgergasse 6–8.
■ **Pizzeria Grenadier,** 1., Kärntner Straße 41.
■ **Pizza-Paradies,** 6., Mariahilfer Straße 85–87.
■ **Schwarzes Kameel,** 1., Bognergasse 5. Eine lange Tradition geht dem heutigen Stehlokal voraus, denn schon Beethoven speiste hier. Als Delikatessenladen, Jugendstil-Restaurant und Sandwich-Bar entwickelte es sich in den letzten Jahren zum Szene-Lokal.
■ **Trzesniewski,** 1., Dorotheergasse 1. Brote mit Aufstrich, Most und Bier.

Beisel

Fast an jeder Ecke in Wien ist eine kleine Gaststätte, ein Beisel, anzutreffen. Die meisten decken einen lokalen Bedarf und sind Treffpunkt für die Menschen im Viertel. Das einfache Wien, mit seiner ungeschminkten Kultur und Tradition, ist dort beheimatet. Der Wein ist einfacher Landwein, das Essen gute Hausmannskost. Die Preise sind erschwinglich. Leider entwickelten sich in den letzten Jahren einzelne Beiseln zu wahren In-Kneipen und Nobel-Restaurants. Das echte Beisel erkennt man sehr leicht daran, daß die Chefin noch selbst kocht, der Wirt eigenhändig zapft und die Speisekarte auf eine Schiefertafel geschrieben ist.
■ **Bei Max,** 1., Landhausgasse 2, Tel. 5 33 73 59. Sa, So und Fei geschlossen. Für Beisel eher untypisch, herrscht hier ruhige Atmosphäre, kombiniert mit exzellenten Speisen.
■ **Figlmüller,** 1., Wollzeile 5, Tel. 5 12 61 77. Wo gibt's die größten Wiener Schnitzel der Stadt? Natürlich im Figlmüller! Die goldgelben, hauchdünnen Schnitzel hängen weit über den Tellerrand.

8

Das kleine Lokal hat typische Beisel-Einrichtung. Auf schwarzen Tafeln sind Wein- und Speisekarte verewigt. Natürlich eine willkommene Anlaufstelle für Touristen.

■ **Oswald und Kalb,** 1., Bäckerstraße 14, Tel. 5 12 13 71. Zum Gesamteindruck gehört neben der etwas spartanischen Einrichtung auch das Publikum, das sich aus Promis, Weltenbummlern und Stadtneurotikern zusammensetzt. Das Essen ist ausgezeichnet, wird allerdings wegen der vielen Gäste und der wenigen und überforderten Kellner meist eher lauwarm serviert.

■ **Pfudl,** 1., Bäckerstraße 22, Tel. 5 12 67 05. Forsthausatmosphäre mischt sich hier mit fein zubereiteten Speisen aus der Altwiener Küche. Das Essen und die Getränke werden schnell serviert, so daß man getrost den Wein auch in kleinen Gläsern bestellen kann. Viel Stammkundschaft.

■ **Salzamt,** 1., Ruprechtsplatz 1, Tel. 5 33 53 32. Sa, So und Fei geschlossen. Die schöne Inneneinrichtung und das junge, schicke Publikum täuschen über die nicht gerade sehr einfallsreiche Küche hinweg. Trotzdem sind die für ein Beisel ungewöhnlichen Nudelgerichte sehr schmackhaft zubereitet.

■ **Weincomptoir,** 1., Bäckerstaße 6, Tel. 5 12 17 60. An der Rundbar lassen sich die besten Tropfen des Weinlandes Österreich, aber auch internationale Spitzenweine trinken. Über drei Stockwerke sind Sitzmöglichkeiten verteilt, an denen man sich die exquisiteste Küche aller Beiseln Wiens schmecken lassen kann.

■ **Witwe Bolte,** 6., Gutenberggasse 13, Tel. 5 23 14 50. Deftige Altwiener Hausmannskost im ältesten und urigsten Lokal des Spittelberg-Viertels.

■ **Witwe Bolte,** 16., Gallitzinstraße 12, Tel. 46 31 65. Bei einem saftigen Schweinsbraten und einem Viertel vom Heurigen wird dem stillen Zecher doppelt bewußt, wie schön doch das Leben ist.

■ **Zu den 3 Hacken,** 1., Singerstraße 28, Tel. 5 12 58 95. So und Fei geschlossen. Ein wirklicher Tempel für Liebhaber der Wiener Küche. Die üppige Speisekarte verspricht ebensolche Portionen. Wegen der großen Beliebtheit bei den Wienern selbst sollte unbedingt reserviert werden.

Heurige

Ein Wienbesuch, ohne beim Heurigen gewesen zu sein, hieße, die Stadt nur von außen gesehen zu haben. Man erkennt die Heurigen und Buschenschanken am Föhrenbuschen, der über dem Eingang hängt. Dort gibt es den jungen Wein von der letzten Ernte. Oft genießt man diesen in wunderschönen Gärten unter Kastanienbäumen oder Weinreben. Die meisten Heurigenlokale haben Musik und ein Buffet, an dem man sich sein Essen selbst zusammenstellt.

Innere Stadt

■ **Zwölf-Apostel-Keller,** 1., Sonnenfelsgasse 3, Tel. 5 12 67 77, tgl. 16.30–24 Uhr. Der bekannte Stadtheurige kann zwar nicht mit einer ruhigen Weinlaube dienen, dafür ist in zwei Stockwerken Tiefe ein historischer Weinkeller eingerichtet. Gute Weine, auch warme Küche.

Grinzing

■ **Mayer am Pfarrplatz,** 19., Heiligenstädter Pfarrplatz 2, Tel. 37 12 87, 16–24 Uhr. Nicht nur, daß Beethoven in diesem Haus Teile der »Eroica" komponierte, auch die Winzerfamilie Mayer komponiert hier so manchen köstlichen Tropfen. Prämierte Spitzenweine, ein traumhafter Kastaniengarten und ein üppiges Büfett machen den Besuch zum einmaligen Erlebnis.

■ **Sirbu,** 19., Kahlenberger Straße 210, Tel. 3 20 59 28, von April bis Mitte Okt. Mo–Sa

15–24 Uhr. Inmitten der Weinberge liegt dieser romantische kleine Heurige. Großartiger Garten, wunderbarer Blick hinunter auf Wien, vor allem abends auf die erleuchtete Stadt.

■ **Weingut Reinprecht,** 19., Cobenzlgasse 22, Tel. 32 01 47 10. Der Inbegriff des Heurigen: exzellente bodenständige Weine, dazu Speisen vom vielfältigen Büfett, derweilen im Hintergrund alte Wiener Melodien erklingen. Der große Terassengarten verspricht einen fröhlichen Aufenthalt.

Neustift am Walde

■ **Fuhrgassl-Huber,** 19., Neustift am Walde 68, Tel. 4 40 14 05. Wer es ein wenig rustikaler möchte, der sollte das urige Ambiente dieses Heurigen nicht versäumen. An kühleren Tagen, wenn das Sitzen im prachtvollen Garten nicht mehr möglich ist, laden das »Stadl« oder die »alte Schmiede« im Haus mit ihrer altbäuerlichen Einrichtung zum Schmaus von Spanferkel, Grillhuhn und vielem anderem am Büfett.

Ottakring

■ **10er Marie,** 16., Ottakringer Straße 222–224, Tel. 4 89 46 47. Bereits seit 1740 gibt es diesen Betrieb, der nach der Tochter einer Hauerfamilie im 19. Jh. benannt ist. Ein altes Haus mit Buschenschank im Innenhof zum Träumen.

Sievering

■ **Braunsperger,** 19., Sieveringer Straße 108, Tel. 3 20 39 92. Wer vor allem die echten Wiener Rebsorten schätzt, darf den Besuch diesen Heurigen nicht verpassen. Weißburgunder, roter Zweigelt und natürlich Grüner Veltliner werden unter anderem angeboten. »Gemischter Satz« ist eine Zusammensetzung mehrerer Rebsorten, die zusammen gelesen und gekeltert werden.

- **Zum Hl. Nepomuk**, 19., Sieveringer Straße 58, Tel. 3 20 58 51. Eine Statue vor dem Haus gab diesem Heurigen den Namen. Schon im 17. Jh. wurde die Familie Schreiber erstmals urkundlich erwähnt. Vor allem der Altwiener Innenhof zieht die Gäste aus Wien und Umgebung an.

Stammersdorf

- **Gerhard Klager**, 21., Stammersdorfer Straße 14, Tel. 2 92 41 07, Di–Sa 15–24 Uhr. Gerade für Kinder ist dieser Heurige eine Sensation. Während sich die Großen an besten Qualitätsweinen und köstlichen Speisen laben, toben die Kleinen auf dem großen Spielplatz. Im Garten steht ein altes Salettl, eine alte Baumpresse. Auf verantwortungsbewußte Autofahrer wartet ein schmackhafter Traubenmost.

Strebersdorf

- **Hubert Andrae**, 21., Russbergstraße 88, Tel. 2 90 14 76. Großes Lob verdient der Winzer Hubert Andreas für seinen im wahrsten Sinne des Wortes ausgezeichneten Wein. Die sonnigen Hänge des Bisambergs und ein jahrhundertealtes Fachwissen aus der Familie trugen zum Entstehen von Spitzenweinen bei, die sich ein echter Weinbeißer nicht entgehen lassen sollte.

Das Geheimnis ...

Die Urheurigen und Buschenschanken, die nur wenige Tage im Jahr oder generell nur am Wochenende »ausg'steckt« (und damit geöffnet) haben, findet man in jedem Weinort: Gute Adressen werden von Wienern allerdings wie ein Geheimnis gehütet. Zudem gehört es zu einem guten Heurigenabend, seine Adresse selbst entdeckt zu haben. Machen sie sich also auf die Suche! Fündig (orientieren Sie sich am Föhrenzweig, der über dem Haus eingang hängt) werden sie am ehesten in Sievering, Neustift am Walde, Stammersdorf, Strebersdorf und im Wienerwald und den angrenzenden Winzergemeinden bis hinunter nach Sooß bei Bad Vöslau südlich von Wien.

Kaffeehäuser

Die Wiener Kaffeehäuser schauen auf eine 300jährige Tradition zurück. Das Angebot an verschiedenen Kaffeegetränken ist Beweis für die ausgereifte Gastlichkeit. Der Kaffee wird immer mit einem Glas Wasser serviert. In Wiener Kaffeehäusern können Sie u. a. folgende Kaffeegetränke bestellen:
Kleiner/Großer Brauner: Kaffee mit Milch
Einspänner: schwarzer Kaffee mit Schlagsahne im Glas
Fiaker: schwarzer Kaffee mit Rum
Mokka gespritzt: schwarzer Kaffee mit Cognac
kleiner oder großer Mokka: schwarzer Kaffee
Kapuziner: kleine Tasse Kaffee mit einem Tropfen Sahne
Piccolo: kleiner Schwarzer mit oder ohne Schlagsahne
Melange: große Tasse Kaffee mit viel Milch
Achtung: Bestellen Sie niemals nur »Kaffee«, womöglich mit der Betonung auf der ersten Silbe. Der Ober würde Sie im schlimmsten Fall mit Verachtung strafen.

- **Alt Wien**, 1., Bäckerstraße 9, Tel. 5 12 52 22. Ein Kaffee für Weltenbummler, Literaten, Künstler und Philosophen oder solche, die sich dafür halten.
- **Alte Backstube**, 8., Lange Gasse 34, Tel. 4 06 11 01. Nicht nur einfach ein Café, sondern ebenso ein Museum. Viele alte Küchenutensilien hängen an der Wand, der Ofen ist bereits 250 Jahre alt.
- **Bräunerhof**, 1., Stallburggasse 2, Tel. 5 12 38 93. Vielbesuchtes Café in der Innenstadt mit reicher Tortenauswahl. War einst das Stammlokal von Thomas Bernhard.

- **Café Engländer**, 1., Postgasse 2. Tel. 5 12 27 34. Den ganzen Tag über eine Raststätte für das Wiener Szenepublikum. Am Morgen werden verschiedene Frühstückvarianten, zu Mittag Sandwiches oder Brote mit vielerlei Belägen und auch noch spät in der Nacht warme Speisen serviert.
- **Café Museum**, 1., Friedrichstraße 6, Tel. 5 86 52 02. Regiert von Künstlern, Studenten und Professoren aus der nahen Akademie der bildenden Künste.
- **Café in der Secession**, 1., Friedrichstraße 12, Tel. 5 86 93 86. Kühne Einrichtung: grelle Kacheln neben Kaffeehausmobiliar. Schöner Blick auf die Karlskirche.
- **Diglas**, 1., Wollzeile 10, Tel. 5 12 57 65–0. Altwiener Kaffeehaustradition nahe dem Stephansplatz, mit unglaublichen Riesentorten in der Vitrine.
- **Drechsler**, 6., Linke Wienzeile 22, Tel. 5 87 85 80. Einfach dasitzen und die unterschiedlichen Typen in diesem herrlich schäbigen Ambiente beobachten!
- **Frauenhuber**, 1., Himmelpfortgasse 6, Tel. 5 12 43 23. Ein Wiener Kaffeehaus, wie man es sich vorstellt.
- **Goldegg**, 4., Argentinierstraße 49, Tel. 5 05 91 62. Ein ruhiger Ort für den stillen Genuß einer Melange.
- **Hartauer**, 1., Riemergasse 9, Tel. 5 12 89 81. Opernfreaks sind hier sicherlich gut aufgehoben.
- **Hawelka**, 1., Dorotheergasse 6, Tel. 5 12 82 30. Immer noch studentisches Flair. Die beste Zeit als Künstlerkaffeehaus mit Stammgästen wie Helmut Qualtinger sind allerdings vorbei. Heute viele Touristen. Legendär: die Buchteln (erst ab 22 Uhr).
- **Hohlnstein & Schellmann**, 9., Währinger Staße 6, Tel. 3 17 14 73. Das junge Akademikervolk versammelt sich hier zu angespannten Diskussionen.
- **Landtmann**, 1., Dr.-Karl-Lueger-Ring 4, Tel. 5 32 06 21. Gleich

neben dem Burgtheater. Politiker, Schauspieler und Redakteure geben sich ein alltägliches Stelldichein.

■ **Prückl**, 1., Stubenring 24, Tel. 5 12 43 39. Das Ringcafé ist im Stil der 50er Jahre gehalten und viel besucht. Am Wochenende Pianomusik.

■ **Schloßcafé Parkhotel Schönbrunn**, 13., Hietzinger Hauptstraße 10–14, Tel. 8 78 04-0.

■ **Zartl**, 3., Rasumofskygasse 7, Tel. 7 12 55 60. Ebenfalls Abendveranstaltungen mit Musik und Lesungen.

Konditoreien

■ **Demel**, 1., Kohlmarkt 14, Tel. 5 35 17 17-0. Ein absolutes Muß für den Liebhaber von Süßspeisen. War im Vorkriegs- und Nachkriegs-Wien viele Jahre lang ein fester Programmpunkt im Tagesablauf des Wiener Geisteslebens, u. a. auch für Friedrich Torberg.

■ **Gerstner**, 1., Kärntner Straße 11–15, Tel. 5 12 49 63-0. Die ehemalige k.u.k. Hofzuckerbäckerei bietet auch heute noch köstliche Mehlspeisen.

■ **Heiner**, 1., Kärntner Straße 21–23, Tel. 5 12 68 63. Vor allem das geschmackvoll angerichtete Schaumgebäck reizt die Gäste.

■ **Lehmann**, 1., Graben 12, Tel. 5 12 18 15. Die feinen Damen Wiens pausieren hier während ihres anstrengenden Einkaufs.

■ **Sacher**, 1., Philharmonikerstraße 4, Tel. 51 45 78 46. Die Créme de la Créme sowohl an den Tischen, als auch auf den Tischen. Dem, der es sich leisten kann, werden absolute Einzigartigkeiten aus Mehl und Schokolade präsentiert. Die weltberühmte Sachertorte wird sogar stilvoll verpackt, auf daß sie als guter Botschafter in die Welt hinausgehe.

■ **Sluka**, 1., Rathausplatz 8, Tel. 4 05 71 72. Bekannt für exzellente Strudel.

Unternehmungen

9

Führungen

Autorisierte Fremdenführer, die meist auch Spezialisten in ihrem Fachgebiet sind, führen durch die verschiedensten Wiener Viertel. Diese Führungen dauern etwa 1,5 Stunden und finden bei jedem Wetter statt. Preis: 120–130 öS (exklusive Eintritte). Tel. 5 14 50.243. Prospekt bei der Tourist-Information (s. S. 227).
Radführungen veranstaltet Vienna-Bike, Tel. 3 19 12 58.

Stadtrundfahrten

Mehrere Veranstalter bieten Stadtrundfahrten per Bus an, z. B.
■ Cityrama, Tel. 5 34 13-0
■ Vienna Sightseeing Tours, Tel. 7 12 46 83-0.
Von Mai–Okt kann man außerdem mit der Oldtimer-Tram durch Wiens Innenstadt gondeln. Sa, So, und Fei 11.30 und 13.30, So und Fei auch 9.30 Uhr. Erwachsene 200 öS, Kinder 70 öS. Abfahrt am Karlsplatz, Tel. 5 87 31 86.
Wien vom Wasser aus zeigen die folgenden beiden Unternehmen:
■ DDSG Blue Danube Schiffahrtgesellschaft, Tel. 5 88 80, Fax 58 88 04 40
■ Donauschiffahrt, Tel. 7 15 15 25-18, -19, -20.
Bei der Tourist-Information in der Kärntner Straße 38 (s. S. 227) und in vielen Hotels liegen Prospekte aus, die das genaue, wechselnde Programm vorstellen.
Im Sommer lohnt es sich, eine Sightseeing-Tour mit dem Fiaker zu unternehmen. Die Standplätze befinden sich auf dem Stephans-, Helden- und Albertinaplatz. Kosten für 20 Minuten: 500 öS pro Kutsche, für 40 Minuten 850 öS, gute Unterhaltung gratis.

Urlaub aktiv

Eislaufen

■ Eislaufverein, 3., Lothringerstraße 22, Tel. 7 13 63 53.

Wassersport

■ Donauinsel, allgemeine Auskunft: Tel. 4 28 00 31 10.
■ Freizeitzenter Donaustadt, Surfbrettverleih, Tel. 2 83 30 90-0.
■ Surfschule Wien, Tel. 2 03 67 43.
■ Surfgarage Hofbauer, Tel. 2 04 34 35-0.
■ Tauchschule Peter's Club, Tel. 23 06 09.

Golf

■ Golfplatz, 2., Freudenauerstraße 65a, Tel. 7 28 95 64-0.
■ Österreichischer Golfverband, Haus des Sports, Tel. 6 55 21 63. Info auch über Wiens Umgebung.

Bäder

FKK-Strände befinden sich am Nordteil des linken Donauufers. Gemauerte Grillplätze können kostenlos benutzt werden.

Schwimmbäder

Freibäder
Geöffnet in der Regel 9–19 Uhr, von Mai bis September.
■ Hietzinger Bad, 13., Atzgersdorfer Straße 14.
■ Krapfenwaldbad, 19., Krapfenwaldgasse 65–73.
■ Laaerbergbad, 10., Ludwig-von-Höhnel-Gasse 2.
■ Neuwaldegger Bad, 17., Promenadegasse 58.
■ Schafbergbad, 17., Josef-Redl-Gasse 1.
■ Schönbrunner Bad, 13., Schloßpark.
■ Stadionbad, 2., Prater, Meiereistraße.
■ Theresienbad, 12., Hufelandg. 3.

Strandbäder
Sie liegen an der Alten Donau, den stillgelegten Seitenarmen.
- Angeliebad,
21., An der Oberen Alten Donau.
- Gänsehäufl,
22., Moissgasse 21.
- Städtisches Strandbad Alte Donau, 22., Arbeiterstrandbadstraße 91.

Wildbadeplätze
- Donauinsel Nordteil und Südteil (40 km Strand!).
- Lobau, erreichbar über den Hubertusdamm.

Hallenbäder mit Sauna
- Amalienbad,
10., Reumannplatz 23,
Tel. 6 07 47 47.
- Jörgerbad,
17., Jörgerstraße 42,
Tel. 4 06 43 05.
- Oberlaa Thermalbad,
10., Kurbadstraße 14,
Tel. 68 16 11 52.

Unterhaltung

Theater & Konzerte

Kartenvorbestellung
Mindestens 14 Tage im voraus können von auswärts Karten für Theateraufführungen und Konzerte der **Bundestheater** beim Bundestheaterverband, 1., Hanuschgasse 3, telefonisch oder (besser) schriftlich bestellt werden, Tel. 5 14 44-29 60, Fax 5 14 44-29 69. Der Vorverkauf beginnt in der Regel einen Monat vor der Vorstellung. Bestellungen müssen mindestens sieben Tage im voraus eingegangen sein. Karten für Stehplätze gibt es nur an den Abendkassen, die eine Stunde vor Vorstellungsbeginn geöffnet werden. Telefonische Kartenbestellung für Kreditkartenbesitzer (Air Plus, Amex, Diners-, Visa-, Master-, Eurocard) über Tel. 5 13 15 13, ab sechs Tage vor der Vorstellung. Programminformation abrufbar unter Tel. 15 18.

Der österreichische Bundestheaterverband bietet auch Führungen durch die Staatsoper, das Burgtheater und die Dekorationswerkstätten an. Information beim Bundestheaterverband, 1., Hanuschgasse 3, Tel. 5 14 44-29 59.
Karten für Theater und Musikveranstaltungen der **Privattheater** erhält man über die Vorverkaufsstellen des Wiener Veranstaltungsservice (WVS) oder direkt an der Abendkasse, Reservierung unter der im folgenden angegebenen Telefonnummer.
Der **Vienna Ticket Service** vermittelt Karten für alle Konzerte, Musicals und Theateraufführungen. Tel. 5 34 17 75, Fax 5 04 55 50. Allerdings ist hier ein Aufschlag von 5–22 % zu zahlen.

Bundestheater
- **Burgtheater,**
1., Dr.-Karl-Lueger-Ring 2, Tel. 5 14 44-22 18. Eine der besten Bühnen des deutschen Sprachraums und durch den Direktor Claus Peymann wieder heftig ins Gespräch gekommen. Hoffentlich bleibt´s so auch unter seinem Nachfolger.
- **Akademietheater,**
3., Lisztstraße 1, Tel. 5 14 44-29 60. Dem Burgtheater angeschlossen, eher auf die Moderne konzentriert.
- **Wiener Staatsoper,**
1., Opernring 2, Tel. 5 14 44-29 60. Opern und Operetten von Mozart, Strauss oder auch Verdi, also den ganz Großen, stehen auf dem Programm. Wer hier singt oder gar dirigiert, weiß, daß er es geschafft hat. Das Wiener Ballett feiert ebenfalls hier seine Erfolge.
- **Volksoper Wien,**
9., Währinger Straße 78, Tel. 5 14 44-33 18. Neben Teilen aus dem Programm der Wiener Staatsoper führt die Volksoper außerdem noch eine Reihe eigener Oper-Produktionen und Musicals auf. Eher für die leichte Muse, also für die Operette, zuständig.
- **Wiener Kammeroper,**
1., Fleischmarkt 24,

Tel. 5 12 01 00-14. Kammeropern aus dem 17., 18., und 20. Jh. werden hier von den künftigen Newcomern der Wiener Theaterszene gespielt. Klein, intim, behaglich.

Privattheater
- **Theater an der Wien,**
6., Linke Wienzeile 6, Tel. 58 83 00. Der Film »Sissy« bewegte die ganze Welt, und auch das hier aufgeführte Musical »Elisabeth« erzählt von der Liebe zwischen der Kaiserin und ihrem Gemahl Franz Joseph, auch wenn es sie gar nicht gab. Klein und intim und auch deshalb sehr beliebt.
- **Theater in der Josefstadt,**
8., Josefstädter Str. 26–28, Tel. 4 02 51 27. Boulevardstücke und Klassiker. Der angeschlossene
- **Rabenhof,**
3., Rabengasse 3, Tel. 4 02 51 27. Steht für Experimentelles.
- **Volkstheater,**
7., Neustiftgasse 1, Tel. 5 23 35 01-0. Zeitgenössisches und die Avantgarde.
- **Raimundtheater,**
6., Wallgasse 18–20, Tel. 5 99 77 0. Zweite Musical-Säule in Wien neben dem Theater an der Wien.
- **Schauspielhaus,**
9., Porzellangasse 19, Tel. 34 01 01-18. Die Avantgarde in spannender und kritischer Form.
- **Serapionstheater im Odeon,**
2. Taborstraße 10, Tel. 2 14 55 62. Non-verbale Avantgarde, hochinteressant.
- **Neue Oper Wien,**
3., Ungargasse 17–19, Tel. 7 12 14 87. Eine Bühne ausschließlich für Stücke des 20. Jhs.
- **Wiener Taschenoper,**
5., Straußengasse 14, Tel. 5 86 51 49. Von Alban Berg bis zur Multi-Media-Oper. Alles, was modern ist, wird von diesem Ensemble an verschiedenen Orten Wiens auf die Bühne gebracht.

Konzertsäle
In Wien sind an die 20 klassische Ensembles zu Haus. Wenn sie nicht gerade auf weltweiten Tourneen

sind, treten sie in den Konzertsälen und Kirchen der Stadt auf. Während des »Musikalischen Sommers« finden Konzerte auch im Freien auf den historischen Plätzen und in den Parkanlagen statt.

■ **Musikverein,**
1., Bösendorferstraße 12,
Tel. 505 86 81. Jeder hat den Goldenen Saal vermutlich schon einmal gesehen, zumindest im Fernsehen. Denn hier läuten die Wiener Philharmoniker mit dem berühmten Neujahrskonzert das neue Jahr ein. Klassisches Repertoire.

■ **Konzerthaus,**
3., Lothringerstraße 20,
Tel. 7 12 12 11. Der Sitz des zweiten großen Stadtorchesters, der Wiener Symphoniker. Klassisches, aber auch viele zeitgenössische Kompositionen.

■ **Bösendorfer Saal,**
4., Graf-Starhemberg-Gasse 14,
Tel. 5 04 66 51.

■ **Sophiensäle,**
3., Marxergasse/Blattgasse,
Tel. 72 21 96.

Wiener Sängerknaben

Kartenbestellungen (mindestens acht Wochen im voraus) für die Messen der Wiener Sängerknaben in der Burgkapelle (Januar mit Juni und Mitte September mit Ende Dezember, So um 9.15 Uhr) sind über die Hofmusikkapelle, Hofburg, Fax 5 33 99 27-75, über Ihr Hotel oder über Theaterkartenbüros möglich (öS 60–280, Stehplätze frei). Im Mai, Juni, September und Oktober treten die Sängerknaben außer in der Hofburgkapelle auch freitags um 15.30 Uhr im Konzerthaus auf (öS 390–430). Bestellungen von außerhalb erfolgen am besten über das Reisebüro Mondial, 4., Faulmanngasse 4, Tel. 01/58 80 41 41, Fax 5 87 12 68.

Spanische Hofreitschule

Kartenbestellungen bitte direkt bei der Spanischen Hofreitschule, 1., Hofburg, Fax 5 35 01 86 (nur schrift-

liche Bestellung, möglichst frühzeitig, da nur etwa 5–12 Vorstellungen pro Monat), oder über Theaterkartenbüros. Preise: Sitzplatz öS 250 bis 900, Stehplatz öS 200.
Vorführungen jeweils um 10.45 und 19 Uhr, Dauer etwa 80 Minuten. Erkundigen Sie sich vor der Reise bei der Österreich-Werbung (s. S. 227) nach den genauen (häufig wechselnden) Terminen.
Morgenarbeit mit Musik: um 10 Uhr, Dauer etwa 60 Minuten. Erkundigen Sie sich nach den Terminen. Karten über die Wiener Vorverkaufsstellen oder morgens im Burghof der Hofburg, keine Vorbestellungen nötig. Preis: öS 100.
Vom 1. Juli bis 25. August ist die Spanische Hofreitschule geschlossen.

Kleinkunst

Marionetten- & Puppentheater
■ **Urania Puppenspiele,**
1., Uraniastraße 1, Tel. 7 12 61 91. Nicht nur für Kinder.

Kabarett
■ **Kabarett Niedermair,**
8., Lenaugasse 1a, Tel. 4 08 44 92. Hier verdient sich der Nachwuchs unter der Regie einer jungen engagierten Prinzipalin seine ersten Sporen. Auch Stars geben Gastspiele.

■ **Kabarett Simpl,**
1., Wollzeile 36, Tel. 5 12 47 42. Relikt aus der Nachkriegszeit, aber immer noch gut.

■ **Kulisse,**
17., Rosensteingasse 39,
Tel. 4 85 38 70. Die Großen der Kleinkunst. Während der Vorstellung kann man essen und trinken.

■ **Spektakel,**
5., Hamburger Straße 14,
Tel. 5 87 06 53. Ableger der Kulisse mit sehr guter Küche. Ein Höhepunkt: der bös-genialische Lukas Resetarits.

■ **Metropol,**
17., Hernalser Hauptstraße 55,
Tel. 4 07 77 40-7.

■ **Cabaret Fledermaus,**
1., Spiegelgasse 2, Tel. 5 12 84 38.
■ **Freie Bühne Wieden,**
4., Wiedner Hauptstraße 60b,
Tel. 5 86 21 22.

Kneipen, Beisel

Wer das neue, das junge Wien kennenlernen will, wer weder der Habsburger noch der klassischen Musik wegen nach Wien gekommen ist, der findet in Kneipen, Inbeiseln und Diskotheken ein erstaunlich junges Wien von einer überraschenden Vielfalt.

■ **Alt Wien,**
1., Bäckerstraße 9, Tel. 5 12 52 22. Leicht bis mittelschwer vergammelt, sowohl was sie Einrichtung als auch was die Gäste betrifft. Helmut Qualtinger was here, und zwar regelmäßig, das reicht als Begründung für das Typenstudium.

■ **Alte Backstube,**
8., Lange Gasse 34, Tel. 4 06 11 01. Musealer Charakter.

■ **Café Gulaschmuseum,**
1., Schulerstraße 20, Tel. 5 12 10 17.

■ **Castillo,**
1., Biberstraße 8, Tel. 5 12 71 23.

■ **Daniel Moser,**
1., Rotenturmstraße 14,
Tel. 5 13 28 23. Für die etwas besseren Herrschaften.

■ **Die Bar,**
1., Sonnenfelsgasse 9,
Tel. 5 13 14 99. Cool, sowohl im Styling als auch im Benehmen der Gäste.

■ **Hohlnstein & Schellmann,**
9, Währinger Straße 6,
Tel. 3 17 14 73.

■ **Kaktusbar,**
1., Seitenstettengasse 5,
Tel. 5 33 19 38. Gehört seit Jahren fest zur Szene.

■ **Krah Krah,**
1., Rabensteig 8, Tel. 5 33 81 93. 50 Biersorten und köstliche belegte Brote, etwas für Leute, die Leib und Seele beieinanderhalten.

■ **Oswald und Kalb,**
1., Bäckerstraße 14, Tel. 5 12 13 71. Außen unscheinbar, aber innen ein kommunikatives Zentrum der Leu-

te, die etwas zu sagen oder sich anzuhören haben: die Medienwelt beim Achterl.

- **On Broadway,**
1., Bauernmarkt 21, Tel. 5 33 28 49.
- **Rincon Andino,**
6., Münzwardeingasse 2, Tel. 5 87 61 25.
- **Roter Engel,**
1., Rabensteig 5, Tel. 5 35 41 05. Gestaltet vom Duo Coop Himmelblau. Live-Musik, offene Weine.
- **Salzamt,**
1., Ruprechtsplatz 1, Tel. 5 33 53 32. Vom Wiener Star-architekten Hermann Czech gestylt. Entsprechend das design-orientierte Publikum.
- **Titanic,**
6., Theobaldgasse 11, Tel. 5 87 47 58.
- **Wunderbar,**
1., Schönlaterngasse 8, Tel. 5 12 79 89. Auch diese Innen-einrichtung ein Werk von Hermann Czech.

Diskotheken

- **Atrium,**
4., Schwindgasse 1, Do, So 20.30–1.30 Uhr, Fr, Sa 20.30 bis 3.30 Uhr. Verschiedene Musik-richtungen.
- **Lindbergh,**
1., Mahlerstraße 11, So–Mi 21–2, Do–Sa 21–4 Uhr. Latin Music.
- **Montevideo,**
1., Annagasse 3, Do–Sa 23–4 Uhr. Trend Music, Dance Floor.
- **Nachtwerk,**
23., Dr.-Gonda-Gasse 9 (U1 bis Reumannplatz, dann 66A/67A), Do–Sa 20–5 Uhr. Verschiedene Musikrichtungen.
- **P1,**
1., Rotgasse 9, So–Do 21–4, Fr, Sa 21–6 Uhr. In-Treff der Unter-Zwanzigjährigen.
- **Tiffany,**
1., Robert-Stolz-Platz 4, Mo–Sa 21–4, So 17–24 Uhr.
- **U4,**
12., Schönbrunner Straße 222–228, tgl. 21–3 Uhr. Techno, Dance Floor für Youngster. Der Pionier unter

Wiens Diskos. Gruftig-grau, oft mit Live-Musik.
- **Volksgarten,**
1., Burgring 1, Sa 20–5, So 16 bis 2 Uhr. Tanzpavillon im Stil der 50er Jahre.

Live Music

- **Café Wortner,**
4., Wiedner Hauptstraße 55, Tel. 5 05 32 91.
- **Metropol,**
17., Hernalser Hauptstraße 55, Tel. 4 07 77 40–7.
- **Miles Smiles,**
8., Lange Gasse 51, Tel. 4 28 48 14.
- **Opus One,**
1., Mahler Straße 11, Tel. 5 13 20 75.

Jazz
- **Jazzland,**
1., Franz Josefs Kai 29, Tel. 5 33 25 75. Der Jazz-Tempel der Stadt, schon seit Jahrzehnten. Hier trifft sich die Jazz-Szene.
- **Jazz Spelunke,**
6., Dürergasse 3, Tel. 5 87 01 26.
- **Porgy & Bess,**
1., Spiegelgasse 1, Tel. 5 12 84 38. Für Jazz-Puristen.

Country
- **Nashville,**
5., Siebenbrunnengasse 5a, Tel. 5 54 73 89.

Salsa
- **America Latina,**
6., Mollardgasse 17, Tel. 5 97 32 69.
- **Arauco,**
3., Krummgasse 1a, Tel. 7 15 63 97.

Rock
- **Arena,**
3., Verlängerte Baumgasse, Franzo-sengraben, Tel. 7 98 85 95-0.
- **Café Szene,**
11., Hauffgasse 26, Tel. 7 49 43 58.

Nachtclubs mit Shows

- **Casanova Revue-Bar-Theater,**
1., Dorotheergasse 6–8, Tel. 5 12 98 45.

- **Eden Bar Cabaret,**
1., Liliengasse 2, Tel. 5 12 74 50.
- **Eve-Bar-Cabaret,**
1., Führichgasse 3, Tel. 5 12 54 52.
- **Fledermaus,**
1., Spiegelgasse 2, Tel. 5 12 84 38.
- **Moulin Rouge,**
1., Walfischgasse 11, Tel. 5 12 21 30.

Für Nachtschwärmer

- **Beatrixstüberl,**
3., Ungargasse 8, Tel. 7 12 58 76.
- **Café Drechsler,**
6., Linke Wienzeile 22, Tel. 5 87 85 80 (öffnet erst/bereits um 4 Uhr morgens). Zum Typenstudium all jener, die die Nacht überlebt haben und bei einem Gulasch und einem Krügerl Bier neue Kraft suchen.
- **Café Kammerspiele,**
1., Rotenturmstraße 25, Tel. 5 33 32 10.
- **Klimt Bar im Hilton,**
3., Am Stadtpark, Tel. 7 17 00 0.
- **Queen Anne,**
1., Johannesgasse 12, Tel. 5 12 02 03.
- **Tenne,**
1., Annagasse 3, Tel. 5 12 57 08.

Casinos

- **Cercle,**
1., Kärntner Straße 41, Tel. 5 12 48 36-0, tgl. ab 17 Uhr.
- **Spiel-Casino Baden,**
Baden bei Wien, im Kurpark, Tel. 0 22 52/44 96, tgl. ab 16 Uhr.

Feste und Veranstaltungen

Wien ist nicht nur eine Musikstadt. Außer Oper, Konzert und Ballett werden kontinuierlich Kunstausstellungen von Weltrang veranstaltet. Oper, Operette, klassische Konzerte und Ballett werden in Wien jedoch wie in keiner anderen Weltstadt angeboten. Vienna Film Festival (März), Spanische Reitschule (Vorführungen März bis Juni, September bis Dezember), Walzer- und Operettenkonzerte – an Abwechslung ist kein Mangel.

Die **Wiener Festwochen** finden im Mai und Juni statt und werden dann vom **Wiener Musiksommer** abgelöst, der bis Ende August dauert. Umrahmt werden diese Veranstaltungen von **Schubert-, Mozart- und Haydn-Tagen,** die sich über das ganze Jahr erstrecken. Ein internationales **Jugendmusikfest** und **Tage der sakralen Musik** schließen zum Jahresende mit der Adventsmusik vor Weihnachten ab. Im November beginnen die **Wiener Bälle:** der Champagnerball, der Kaiserball, die verschiedensten Sylvesterbälle, der Ball der Wiener Philharmoniker, der Blumenball der Städtischen Gartenbedienstete, der Jägerball, der Ball der Pharmazie und viele viele andere. Fast meint man, jeder Berufsstand, jeder Verein hätte sein eigenes »Gschnas«. Frack und große Toilette sind bei vielen Bällen Pflicht. Gesellschaftlicher Höhepunkt im Jahreskalender ist im Februar der Opernball.

Neben den musikalischen Veranstaltungen finden in Wien über das ganze Jahr hinweg Kongresse, Tagungen und Messen statt. Die Wiener Kunst- und Antiquitätenmesse sowie die Wiener Internationale Messe zum Beispiel präsentieren sich jeweils im Frühjahr und im Herbst.

Die Termine sind so vielfältig und schnell wechselnd, daß man sich vor der Reise über das aktuelle Angebot aller Veranstaltungen, Theater, Konzerte, Kabaretts, Bälle, Vorträge und Ausstellungen informieren sollte, am besten mit Hilfe der monatlichen Programmvorschau, die man kostenlos bei der Österreich-Werbung (s. S. 227) erhält.

Vor Ort ist die Broschüre bei der Tourist-Information in der Kärntner Straße 38 zu bekommen. Außerdem empfiehlt es sich, die Stadtzeitschrift »Falter« oder die Tageszeitungen »Presse«, »Standard« und »Kurier« für die kleineren Veranstaltungen zu kaufen.

10

Shopping

Die besten Geschäftsadressen Wiens sind in der Inneren Stadt zwischen Hofburg, Graben und Kärntner Straße. Hier findet man auch eine Reihe von Kunsthandlungen, Galerien und Antiquariaten. Geschäftszeiten sind Mo–Fr meist 9–18, samstags 9–12 Uhr. Viele Geschäfte sind am ersten Samstag des Monats bis 17 Uhr geöffnet.

Classic

■ **Adlmüller,**
1., Kärntner Straße 41. Traditionsreichster Wiener Modesalon, bevorzugt von der großbürgerlichen Damenwelt.
■ **E. Braun & Co.,**
1., Graben 8. Edles, prunkvoll angerichtet: Kleider, Mäntel, Dessous, Tischdecken u. v. a.
■ **E. & G. Grüener,**
1., Kohlmarkt 5.
■ **House of Gentlemen,**
1., Kohlmarkt 12.
■ **Knize,**
1., Graben 13. Maßschneider von Welt für den Herrn von ebensolcher.
■ **Lady Ascot,**
1., Kohlmarkt 2.
■ **Striberny,**
1., Führichgasse 2.

Avantgarde

■ **Schella Kann,**
1., Singerstr. 6.
■ **Steinegg Anglike,**
1., Salzgries 18/98.
■ **Szekely Peter,**
1., Führichgasse 10/6/05.

Young

■ **Ciau-Ciau,**
1., Tuchlauben 17.
■ **Guys & Dolls,**
1., Schultergasse 2.

■ **Judengasse Drei,**
1., Judengasse 3.
■ **Lord Rieger,**
1., Judengasse 11.

Taschen

■ **Rada,**
1., Kärntner Straße 8.

Hüte

■ **Cilly,**
1., Petersplatz 2.

Schuhe

■ **D'Ambrosio,**
1., Bauernmarkt 1.
■ **Angelo,**
1., Seilergasse 1.
■ **Bellezza,**
1., Kärntner Straße 45.
■ **Map-Stiefelkönig,**
1., Kupferschmiedgasse 2. Nomen est omen.
■ **Scheer & Söhne,**
1., Bräunerstraße 4. Maßgeschneidertes für jeden Fuß. Viel Prominenz unter der Kundschaft.

Schmuck

■ **Cartier,**
1., Kohlmarkt 4.
■ **Carius Binder,**
1., Kärntner Straße 17.
■ **Hammermüller,**
1., Wipplinger Straße 31.
■ **Schullin,**
1., Kohlmarkt 7. Elton John, Barbara Streisand und Sammy Davis jr. stehen auf der Reverenzliste, folglich sind die Werke des Meisters vom Feinsten.
■ **Skrein,**
1., Spiegelgasse 5.
■ **V&V,**
1., Bauernmarkt 19.

Loden und Trachten

■ **Lanz,**
1., Kärntner Straße 10.
■ **Nagy,**
1., Wollzeile 36.

- **Plankl,**
1., Michaelerplatz 6.
- **Tostmann,**
1., Schottengasse 3a.

Petit Point

- **Smejkal,**
1., Kohlmarkt 9.
- **Stransky,**
1., Hofburgpassage 2.

Brillen

- **Hartmann,**
1., Singerstraße 8. Meisterwerke von Künstlerhand für den extravaganten Durchblick, Nicht-Alltägliches für die Nasenwurzel mit Sinn für Stil.

Kunsthandwerk

- **Augarten-Porzellanmanufaktur,** 1., Stock-im-Eisen-Platz. Meißner oder Nymphenburger auf Wienerisch. Wie wäre es mit einem Miniatur-Lipizzaner als Mitbringsel für die Lieben zu Hause? Nicht billig allerdings.
- **Österreichische Werkstätten,** 1., Kärntner Straße 6. In der Erbfolge der berühmten Wiener Werkstätten, gegründet 1904.

Antiquitäten

- **Art und Interieur,**
1., Seilerstätte 28.
- **Antiquitäten Bednarczyk,**
1., Dorotheergasse 12.
- **Antiquitäten Feldbacher,**
1., Annagasse 6.
- **Dorotheum,**
1., Dorotheergasse 17. Wiens sehenswertes Auktionshaus, das Schnäppchen niemals ausschließt.
- **Wiener Interieur,**
1., Dorotheergasse 14.

Antiquariate

- **Aichinger, Bernhard & Co.,**
1., Weihburggasse 16.
- **Bourcy und Paulusch,**
1., Wipplingerstraße 5.

- **Bücher Ernst,**
6., Gumpendorf Str. 84. Große Auswahl zu allen Bereichen.
- **Der Buchfreund W. Schaden,**
1., Sonnenfelsgasse 4. Endlich ein Antiquariat, das nicht hochmütig nur Erstausgaben und bibliophile Kostbarkeiten verkauft, sondern einen Platz zum genußvollen Stöbern und Schmökern bietet. Großer Fundus, unprätentiös und immer wieder mal ein Glücksfund!
- **Löcker,**
1., Annagasse 5. Gute Auswahl an Erstausgaben, Bedienung allerdings etwas von oben herab.
- **Christian M. Nebhay,**
1., Annagasse 18. Ehrfurchtgebietender Schauraum, aber freundlicher Service. Schöne Ausgaben.

Bücher

- **Galerie Image,**
1., Ruprechtsplatz 4. Kunstbücher.
- **Morawa,**
1., Wollzeile 11. Wiens größte Buchhandlung, zentral gleich hinter dem Stephansdom gelegen. Hervorragendes Sortiment an Reiseführern und Karten und viele angenehme Ecken zum Reinschmökern.
- **The British Bookshop,**
1., Weihburggasse 24–26.

Kaufhäuser

- **Gerngross,**
7., Mariahilfer Straße 38–48.
- **Herzmansky,**
7., Mariahilfer Straße 26–30.
- **Shopping City Süd.** Gleich südlich der Stadtgrenze direkt an der Autobahn Richtung Graz. Ein Konsumparadies unter einem Dach.

Musikinstrumente

- **Musikhaus Doblinger,**
1., Dorotheergasse 10.

Pralinen und Feingebäck

- **Altmann & Kühne,**
1., Graben 30, Tel. 5 33 09 27. Kleinste Köstlichkeiten in wunder-

barer Verpackung für den edlen Geschmack.
- **Demel,**
1., Kohlmarkt 14, Tel. 5 35 17 17-0. Der Name spricht für sich (siehe auch Seite 240).
- **Sacher,**
1., Philharmonikerstr. 4, Tel. 51 45 78 46. Die legendäre Schokoladentorte im gemeinen Straßenverkauf.

Märkte

Fast jeder Wiener Gemeindebezirk hat noch einen offenen Markt. Dazu kommen temporäre Märkte, die nur dienstags und freitags stattfinden. Der bekannteste Markt ist der **Naschmarkt.** An seinem Südende findet auch jeden Samstag der **Flohmarkt** statt (in den Sommermonaten auch beim Schwedenplatz/Marienbrücke). Den Naschmarkt finden Sie an der Wienzeile bei der Kettenbrückengasse.
Zu gewissen Jahreszeiten gibt es auch noch Jahrmärkte:
Allerheiligenmarkt vor dem Zentralfriedhof, 1. bis 3. Tor.
Christkindlmarkt im Dezember vor dem Wiener Rathaus.
Fastenmarkt, 17., Kalvarienberggasse/St. Bartholomäus Platz.
Firmungsmarkt zu Pfingsten am Stephansplatz.

11

Sprache

Selbst in Österreich erkennt man den Wiener sofort, so eigen ist sein Idiom. Und naürlich gibt es in der Hauptstadt alle Spielarten des Wienerischen vom gepflegten Dialekt bis zur fast unerträglichen Hinterhofgoschen. Der Satz »Der hod a Goschn wiara Schwead« (»Er hat ein Mundwerk wie ein Schwert«) nimmt letzteres Talent fast ehrfurchtsvoll zur Kenntnis, der Sprecher zieht meist den Kopf ein, um

11

von heftigen Wortkaskaden nicht tödlich getroffen zu werden.

Als Nicht-Wiener kommt man natürlich mit der deutschen Sprache bestens zurecht. Selbst Wienerisch sprechen zu wollen, sollte man besser bleiben lassen. Den richtigen Ton trifft man ohnehin nicht, und man würde eher Verachtung als Beifall für den Sprechversuch ernten. Einige häufig verwendete Ausdrücke des Wienerischen sollte man verstehen:

a geh! ja so etwas!
aans eins, eines
wiara Aanser [aansa] hervorragend
abbusseln [oobussln] abküssen
abdraht [oodraad] schlau
abestessen [oweschdässn] schnell austrinken
Ameisenwasser [aumaasnwossa] Cola
anhauen [auhaun] anbetteln
angefressen [augfressn] verärgert, verdrossen
ausgefressen [ausgfressn] dick
baba adieu (unter Freunden)
Beserlpark [besalbaak] sehr kleine Parkanlage
biberln [bipaln] trinken
Bim Straßenbahn
blad [blaad] dick
bumsti! hoppla!
Drübersträuer [driwaschdraara] letztes Glas zum Abschied
Dulliöh [duliä] Schwips
fad langweilig, geschmacklos
fadisieren [fadisian] langweilen
Gell? [gö] nicht wahr?
Gelse [gössn] Stechmücke
gemma! vorwärts, gehen wir!
Gerstl [geaschdl] Geld
goschert [goschad] frech, großmäulig
Gössermuskel [gössamuskl] Bierbach (nach der Biermarke »Gösser«)
Gusto [gusta] Appetit

Gustostückerl [gustoschdikkal] vorzügliches Stück
Haberer [hawara] Freund, Kumpel, Liebhaber
haltaus! [hoetaus] Moment!
hudeln [huln] eilen
Kieberer [kiwara] Polizist
klaß [glass] vorzüglich, toll
Kracherl [grachal] Limonade
Leber, duck di! [lewa] prost!
leiwand [leiwaund] ausgezeichnet, toll
paschen [boschn] klatschen
Pfiff [pfif] 1/8 l Bier
pflanzen [pflanzn] foppen
Piefke [bifke] (Nord-)Deutscher
piefkinäuerln [bifkinäualn] mit norddeutschem Akzent sprechen
pomali [bomali] gemächlich
Pompfüneberer [bompfünäwara] sehr gut gekleideter Bediensteter der Leichenbestattungsanstalt, der den Leichenzug begleitet, eine Art Berufstrauernder
putz di! [buzz di] verschwinde!
ka Red davo niemals!
Sackl (Plastik-)Tüte
am Sand sein [saund] pleite, in schlechter Verfassung sein
Tschecherl [tschächal] Kneipe
Weinbeißer [weibeissa] Weinliebhaber, -kenner

Literaturhinweise

■ Endler, Franz: Wien. Perspektiven einer Stadt, Wien: J. & V. Edition, 1989.
■ Greene, Graham: Der dritte Mann. Roman, München: dtv, 1994.
■ Grieser, Dietmar: Eine Liebe in Wien. St. Pölten-Wien: Verlag NÖ Pressehaus, 1989

■ Haslinger, Josef: Politik der Gefühle. Ein Essay über Österreich, Hamburg: Luchterhand, 1989.
■ Kraus, Karl: Die letzten Tage der Menschheit, Frankfurt: Suhrkamp.
■ Nemetschke, Nina, Kugler, Georg J.: Lexikon der Wiener Kunst und Kultur. Wien: Ueberreuter, 1990. Tausende von Informationen über Fassaden, Bauten, Plätze; bebildert.
■ Mandl, Henriette: Wiener Altstadtspaziergänge. Wien: Ueberreuter, 1987. Ein köstliches Büchlein, das sich den zahllosen Wiener Anekdoten, Geschichten und Sagen widmet. Höchst amüsant geschrieben, sehr kenntnisreich.
■ Mein Wien. Ein Lesebuch, Kubelka, Susanne (Hrsg.), Erlangen: Straube, 1990.
■ Polyglott-Reiseführer Wien. München: Polyglott. Optimal für den Kurzbesuch, bequem zu tragen. Wird jährlich aktualisiert.
■ Reise Textbuch Wien. Ein literarischer Begleiter auf den Wegen durch die Stadt, München: dtv, o.J.
■ Roth, Gerhard: Die Archive des Schweigens. Eine Reise in das Innere von Wien. Essays. Frankfurt/a.M.: Fischer, 1993.
■ Servus Wien. Mit literarischen Zitaten von Otto Basil, Otto F. Beer, Kurt Benesch u. a., Dortmund: Harenberg, o.J.
■ Schneider, Rolf: Leben in Wien, München: C. Hanser, 1994.
■ Siebeck, Wolfram: Die Beisln von Wien, München: Heyne, 1995
■ Torberg, Friedrich, Kaffeehaus überall. Briefwechsel mit Käuzen und Originalen, München: Langen-Müller, 1982.
■ Weinheber, Josef: Wien wörtlich. Gedichte, Stuttgart: Müller, 1985.
■ Zweig, Stefan: Die Welt von gestern. Erinnerungen eines Europäers. Frankfurt: Fischer, 1994.

Bildnachweis

Alle Fotos Christian Hager außer:

AKG Photo 18, 21, 44 (links),
45 (links), 204 (Randspalte),
206 (Randspalte)
Tony Anzenberger 31, 128, 181,
214/215, 216, 219
Anzenberger/Zach-Kiesling 165
(rechts)
Austrian Tourist Board 200, 201,
203 (beide), 203 (Randspalte), 211
(Randspalte), 213, 218 (Randspalte),
220 (Randspalte), 222 (Randspalte)
Bodo Bondzio 224
János Kalmár 46, 47, 49, 63, 69,
71, 79, 88, 101, 107 (links), 114,
120 (beide), 124/125, 150/151, 152
(links), 154, 155, 156 (beide), 156
(Randspalte), 162, 163 (Randspalte), 164, 165 (links), 165
(Randspalte), 167 (beide), 167
(Randspalte), 186 (beide), 202
(links), 204 (beide), 208 (links),
208 (rechts), 211 (beide), 212, 217,
218 (beide), 221, 223
Wilhelm Klein 68, 206 (beide), 207,
209, 210
Wolfgang Kraus 139
Kunsthistorisches Museum Wien
130

Mary Evans Picture Library 43,
45 (rechts), 153
Historisches Museum der Stadt
Wien 22, 26, 27
PAG-Verlag Wien 54
Mark Read/APA 52, 56, 58 (links),
58 (rechts), 60, 75 (links), 78, 80,
86/87, 93, 99 (rechts), 100 (Randspalte), 102 (Randspalte), 103,
104, 105 (links), 105 (rechts),
107 (rechts), 108 (links), 108
(rechts), 108 (Randspalte), 111
(links), 111 (rechts), 112, 113, 116
(beide), 116 (Randspalte), 118, 119
(links), 119 (rechts), 119 (Randspalte), 120 (Randspalte), 127 (links),
127 (rechts), 134 (Randspalte),
137, 138 (Randspalte), 140 (Randspalte), 152 (rechts), 161, 174, 179
(Randspalte), 180 (Randspalte),
185, 186 (Randspalte), 188 (beide),
199
Topham Picture Point 19, 34, 37,
220 (beide)
WARCH 24, 25, 28, 29, 38/39, 48,
59, 72, 179 (beide)
WFV 14, 30, 70, 96, 99 (links), 135,
146/147, 158, 159, 170/171, 183
(links), 183 (rechts), 190/191,
192/193, 194/195, 198, 202
(rechts), 205
Zach-Kiesling 36, 187

im Bild:

Seiten 50/51: im Uhrzeigersinn
von unten links: János Kalmár,
Mary Evans Picture Library, János
Kalmár, János Kalmár, János
Kalmár, János Kalmár, Erich
Lessing/AKG Photo, János Kalmár,
Erich Lessing/AKG Photo.

Seiten 64/65: im Uhrzeigersinn
von unten links: János Kalmár,
Adam Woolfitt/Robert Harding
Picture Library, Christian Hager,
János Kalmár, János Kalmár, János
Kalmar, János Kalmár, János
Kalmár, Adam Woolfitt/Robert
Harding Picture Library.

Seiten 144/145: alle Fotos János
Kalmár.

Seiten 168/169: im Uhrzeigersinn
von unten links: János Kalmár,
János Kalmár, János Kalmár, János
Kalmár, János Kalmár, Mary Evans
Picture Library, Blaine Harrington
III, János Kalmár.

Umschlag:
Pigneter/Mauritius

Register

Orts- und Sachregister

A

Aida 100
Akademie der bildenden
   Künste 128
Akademie der Wissenschaften 118
Akademiehof 111
Albertina 28, 60, **111**
Alt Wien 154
Alte Schmiede 120
Alte Universität 23, 26, **118**
Altes Rathaus 114
Altmann & Kühne 163
Am Hof 21, **101**
Amalienbad 164
Amalienburg 107
American Bar 97
Andromeda-Brunnen 114
Ankeruhr 114
Annakirche 53
Antiquitätenviertel 144
Arbeiterbezirke 182
Augustinerkeller 162
Augustinerkirche 22, 110
Äußeres Burgtor 130
Austrofaschismus 30
Auto 229, **231**

B

Bäckerstraße 7, 12, 120, 121, 153
Bäckerstraßenviertel 153
Bäder 240
Bahn 229
Banken 232
Barbarakirche 118
Barock 25, 100, 205
Barockmuseum 61, 96, **179**
Basilisk 120
Basiliskenhaus 119
Beisel **157**, 237, 242
Belvedere 19, 54, 61, 175, **178f**
Bermuda-Dreieck 116f, **155f**
Bernsteinstraße 104
Bestattungsmuseum 62
Biedermeier 28, **29**, 51, 61
Blutgasse 121
Böhmische Hofkanzlei s.
   Hofkanzlei
Böhmischer Prater 167

Börse 137
Botschaften 233
Braun & Co. 163
Brauner 169
Bräunerhof 161, 168
Bundeskanzleramt 104
Burg 135
Bürgerliches Zeughaus 102
Bürgerspitalkirche 201
Burggarten 130
Burgtheater 30, 58, **59**, 106, 133,
   134
Burgund 35

C

Café Central 74, **103**, 168
Café Drechsler 158
Café Griensteidl 74, **104**, 168
Café Hawelka 100, 161, 168
Café in der Secession 161
Café Landtmann 161
Café Museum 74, **127**, 161, 168
Café Sperl 161
Campingplätze 236
Cannabae 105
Carnuntum 18
Cercle 164
Christlich-soziale Partei 30
Copa Cagrana 184

D

Daniel Moser 153
Daun-Kinsky-Palais s. Palais
   Daun-Kinsky
Demel s. Hofzuckerbäckerei
   Demel
Denkmal gegen Krieg und
   Faschismus 111
Die Bar 155
dietheater Künstlerhaus 59
Diglas 161
Diskotheken 243
Do&Co 100
Dokumentationsarchiv des
   Österreichischen
   Widerstandes 114
Dom- und Diözesanmuseum 53,
   113
Dominikanerkirche 118
Donau, Alte 184
Donau, Neue 184
Donaudampfschiffahrt 28, 232
Donauinsel 165, **184**
Donaunixenbrunnen 103
Dorotheenkloster 100
Dorotheum 100, 163

Dreifaltigkeitskirche 100
Dreißigjähriger Krieg 18, 25

E

Ehemalige Böhmische
   Hofkanzlei 115
Eichkogel 217
Einkaufen s. Shopping
Eislaufen 240
Enrico Panigl 120, **155**
Ephesos-Museum 109
Europäische Union 19

F

Fahrrad 231
Feiertage 232
Fiaker 79
Figarohaus 51, **121**
Figlmüller 162
Filmmuseum s. Österreichisches
   Filmmuseum
Fleischmarkt 117
Floridsdorf 177
Flugzeug 229
Französische Revolution 26,
   29
Frauenhuber 161
Fremdenverkehrsämter 227
Freudenau 165
Freyung 102
Frühbarock s. Barock
Führungen 240
Fundbüro 232

G

Galerie Krinzinger 163
Galerie nächst St. Stephan
   163
Galerien 163
Gegenreformation 23
Geistliche und Weltliche
   Schatzkammer 108
Geld 228
Gemäldegalerie 103
Gerstner 161
Geserah s. Judenvertreibung
Geymüller-Schlössel 182
Ghetto 23, 73, 115
Glacis 23, 28, 118, 126, 134
Gloriette 180
Golf 240
Graben 100
Grätzel 79
Griechenbeisel 118
Griechenkirche 118
Grinzing 76, **187**

Grinzinger Friedhof 188
Grinzinger Kirche 188
Grita Insam 163
Gründerzeit 54
Gumpendorf 186
Gumpoldskirchen 217

H

Haas-Haus 99, 100
Hammerer 163
Handelsakademie 138
Harrach-Palais s. Palais
Hartmann 164
Haus zur schönen Laterne 119
Haustiere 228
Haydn-Museum 208
Haydns Sterbehaus 181
Heiligenkreuzer Hof 120
Heiligenstadt 187
Heiliges Römisches Reich
  Deutscher Nation 19, 28,
  35
Heiner 161
Heldenplatz 132
Herrengasse 104
Heurigenbezirke 186
Heuriger 76, 187, **189**, 219,
  238
Hietzing 183
Hietzinger Bräu 71
Hill arches 139
Historisches Museum der Stadt
  Wien 24, **139**
Historismus 30, 54, 133
Hochbarock s. Barock
Hofbibliothek am Josefsplatz
  s. Nationalbibliothek
Hofburg 43, 104, **106f**, 127
Hofburg-Kapelle 108
Hofburgtheater 26, 106
Hofkanzlei, Böhmische 26
Hofreitschule 110, 242
Hofsilber- und Tafelkammer 107
Hofstallungen 26
Hofzuckerbäckerei Demel 105,
  162
Hoher Markt 113
Hotel Imperial s. Imperial
Hotel Sacher 94
Hotels 234f
Hundertwasserhaus 57, **63**, 143

I

Imperial 74, 138
Impfungen 227
Innere Stadt 31

J

Jazzland 47
Jesuitenkirche 118
Johann-Strauß-Denkmal 141
Josefsplatz 110
Judenplatz 115
Judenvertreibung 18, 117
Jüdisches Museum 100
Jugendherbergen 235
Jugendstil-Villen 183

K

Kabarett Niedermair 159
Kaffeehaus 72f, **160ff**, 168f,
  239
Kaffeespezialitäten 169
Kagran 184
Kahlenberg 24, **186**
Kahlenbergerdorf 76
Kaiserappartements 107
Kaisergruft 94
Kaktusbar 156
Kalvarienberg 207
Kammeroper 49
Kann 163
Karl-Marx-Hof 183
Karlskirche 26, 53, **139**
Kärntner Straße 93, **94**
Kirche Am Hof 25
Kirche Am Steinhof 64, **183**
Kirche Maria am Gestade 22, 110
Kirche zu den neun Chören der
  Engel 101
Klassizismus 26, 28, 61, 207
Kleidung 228
Kleinkunst 242
Klima 226
Kneipen 242
Koalitionskriege 19
Kohlmarkt 105
Konditoreien 160, **240**
Konzerthaus **49**, 140
Kornhäuselturm 117
Krah Krah 156
Krain 35
Krankenversicherung 228
Kreditkarten 228
Krieau 165
Kulisse 159
Kunstforum Bank Austria 63,
  103
Kunsthalle Wien 63, 128
KunstHausWien 63, 143
Kunsthistorisches Museum 53,
  60, 103, 109, **131**
Künstlerhaus 30, **61**, 138

L

Laaerberg 167
Leopoldinischer Trakt 107
Leopoldsberg 185f
Leopoldstadt 23, 73, 176f
Limesstraße 104
Linke Wienzeile 55
Live Music 243
Lobau 184
Lobmeyer 164
Looshaus 106
Lusthaus 167
Luxusrestaurants 236

M

Ma Pitom 156
Majolikahaus 55
Maria am Gestade s. Kirche
  Maria am Gestade
Maria Stransky 163
Mariensäule 102
Märkleinsches Haus 102
Märzrevolution 19
Materna 163
Mehlspeisen 72
Melange 169
Metropol 46, 159
Michaelerkirche 21, **106**
Michaelerplatz 104, 105
Michaelertrakt 106
Minoritenkirche Maria
  Schnee 104
Minoritenplatz 104
Mitbringsel 163
Moderne 53, **54ff**
Mölkerbastei 136
Morzinplatz 116
Moulin Rouge 164
Museum des 20. Jahrhunderts 61
Museum für angewandte
  Kunst 63, **141**
Museum für Geschichte der
  Medizin 62
Museum Mittelalterlicher
  Österreichischer Kunst 61,
  179
Museum moderner Kunst 61
Museumsquartier 49, **63**
Musikverein 30, 43, **47**, 138

N

Nachtclubs 243
Naglergasse 101
Nahverkehr 230
Nationalbibliothek 26, 53, 110
Nationaltheater 26, 135

Naturhistorisches Museum 60, **132,** 204
Neue Burg 108
Neue Oper Wien 49
Neuer Markt 21, **94,** 113
Neustift am Walde 187
Nobelbezirke 183
Notruf 233
Nußdorf 76, 187

O

Oberes Belvedere s. Belvedere
Opernball 95
Österreichische Galerie des 19. und 20. Jahrhunderts **61,** 179
Österreichischer Staatsvertrag 19, 31, 179
Österreichisches Barockmuseum s. Barockmuseum
Österreichisches Filmmuseum **60,** 111
Österreichisches Theater-museum 111
Oswald und Kalb 153

P

Palais Batthyány-Schönborn 26, 103
Palais Collalto 102
Palais Daun-Kinsky 26, **103**
Palais Dietrichstein 104
Palais Ferstel 103
Palais Harrach 26, 103
Palais Liechtenstein 104
Palais Lobkowitz 111
Palais Porcia 103
Palais Schönborn 26
Palais Starhemberg 104
Pallas-Athene-Brunnen 133
Palmenhaus 180
Pannendienste 230
Parfümerie Ruttner 105
Parkanlagen 180
Parlament 133
Pasqualatihaus 51, **136**
Pensionen 235
Penzing 183
Peterskirche 26, 53, **101**
Pfarrkirche Sievering 188
Pfudl 158
Phantastischer Realismus 56
Philharmonikerstraße 94
Piaristenkeller 162
Piaristenkirche 26
Porgy & Bess 46
Porzellanmanufaktur 163

Post 233
Postmoderne 53
Postsparkassenamt 64, **142**
Prater 165f
Protestantismus 18
Providentiabrunnen 96
Prückl 161
Pulverturm 201
Pummerin 98

R

Raimundtheater 60
Rathaus 109, 133, 141
Rathauspark 134
Reformation 23
Reichskanzleitrakt 107
Reichskristallnacht 73, 117
Reichsratsgebäude 133
Reisedokumente 227
Reisezeit 228
Rennaissance 23
Restaurants 162, **236**
Restauration 19
Revolution 28, 37
Riesenrad 166
Ringmauer 21
Ringstraße 19, 28, 30, 54, 55, 93, **126ff,** 129
Rochuskirche 23
Rokoko 26, 118, 180
Romantik 61
Roßau 23
Roter Engel 156
Ruprechtskirche 53, **116,** 155

S

Sachertorte 96
Salzamt 156
Sammlung alter Musik-instrumente 109
Schanigarten 156
Schatzkammer 60
Schatzkammer des Deutschen Ordens 121
Schauspielhaus 59
Scheer & Söhne 163
Schiff 232
Schiffsrestaurants 237
Schloß Belvedere s. Belvedere
Schloß Schönbrunn s. Schönbrunn
Schmetterlingshaus 180
Schönborn-Palais s. Palais
Schönbrunn 179
Schönlaterngasse 119
Schottenkirche 23, 53, **102**
Schrammelmusik 46, **78**

Schuberts Geburtshaus 51, 181
Schuberts Sterbehaus 181
Schwarzenbergplatz 140
Schwarzer 169
Schweizer Hof, Schweizerhof 107
Schwimmbäder 240
Secession 30, 54ff, 61, **64f,** 127, 128
Semperdepot 49
Sexmuseum 62
Sezessionismus 30
Shopping in Wien 144, 244
  ◆ Antiquariate 245
  ◆ Antiquitäten 245
  ◆ Avantgarde 244
  ◆ Brillen 245
  ◆ Bücher 245
  ◆ Classic 244
  ◆ Hüte 244
  ◆ Kaufhäuser 245
  ◆ Kunsthandwerk 245
  ◆ Loden und Trachten 244
  ◆ Märkte 245
  ◆ Musikinstrumente 245
  ◆ Petit Point 245
  ◆ Pralinen und Feingebäck 245
  ◆ Schmuck 244
  ◆ Schuhe 244
  ◆ Taschen 244
  ◆ Young 244
Siegmund-Freud-Museum 62
Sievering 76, 187, **188**
Simpl 160
Sluka 161
Sozialdemokratische Partei Österreichs 30
Spanien 35
Spanische Hofreitschule s. Hofreitschule
Spektakel 159
Spezialitäten, Altwiener 237
Sport 164f, **240**
Sprache 245
Staatsoper s. Wiener Staatsoper
Staatsopernorchester 43
Stadtbahn-Pavillons 139
Stadtpark 141
Stadtrundfahrten 240
Stallburg 109
Stammersdorf 187
Stephansdom 18, 21, 22, 31, **97f**
Stephansplatz 93, 113, 127
Stock-im-Eisen-Platz 100
Stoß im Himmel 115
Strebersdorf 76, 187
Synagoge 117

T

Tabakmuseum 62
Tafelbild 54
Tafelspitz 71
Tarife Nahverkehr 230
Taschenoper s. Wiener
  Taschenoper
Taxi 231
Teehaus H&H 121
Telefon 233
Theater an der Wien 60
Theater in der Drachengasse 59
Theater in der Josefstadt 60
Theater & Konzerte 241
Theatermuseum 62
Thonet 143
Tiergarten 180
Tirol 35
Tostmann 163
Trafik 78
Triest 35
Tschauner, Stegreifbühne 60
Türken 18, 24
Türkenbelagerung 24
Türkenbelagerung, erste 18, 23,
  104, 186
Türkenbelagerung, zweite 18, 25,
  186

U

Uhrenmuseum 62
Umtausch 228
Universität 18, 22, 133, **136**
Unteres Belvedere s. Belvedere
Unterhaltung 241
Unterkunft 234ff
Unternehmungen 240
Urania 142
Urbanihaus 102

V

Veranstaltungen 243f
Vereinte Nationen 19
Verkehrsnachrichten 230
Verkehrsregeln 230
Verkehrsunfälle 230
Vienna Art Orchestra 46, 47
Villa Scheu 183
Villa Skywa-Primavesi 183
Villa Steiner 183
Village 143
Vindobona 18, 21, 100
Völkerkundemuseum 109
Völkerwanderung 18
Volksgarten 132
Volksoper 49

Volkstheater 60
Vormärz 28
Vorstadt-Gasthaus 46
Votivkirche 137

W

Waffensammlung 109
Wagenburg 181
Währung 228
Walzer **48,** 95
Wassersport 240
Weinanbau 76
Weinbeißen 76
Weincomptoir 154
Weltausstellung 19
Weltkrieg, Erster 19, 37, 56
Weltkrieg, Zweiter 223
Weltwirtschaftskrise 37
Wieden 23
Wien, Das Rote 19, 30, 182
Wien, die (Fluß) 176
Wiener Festwochen 60
Wiener Klassik 44, 48
Wiener Kongreß 28
Wiener Kursalon 141
Wiener Philharmoniker 43, **47,**
  138
Wiener Sängerknaben 43, **46,**
  108, 242
Wiener Schnitzel 70
Wiener Schule, Erste 44
Wiener Staatsoper 30, **47,** 93, 127
Wiener Symphoniker **49,** 140
Wiener Taschenoper 49
Wiener Volkstheater 58
Wiener Werkstätten 142
Wienerlied 46
Wienerwald 185f, **217f**
Winterpalais des Prinzen
  Eugen 96
Winterreitschule 110
Witmarkt 104
Witwe Bolte 158
Wrenkh 162
Wunderbar 155

Z

Zartl 161
Zeitungen 233
Zentralfriedhof 30, **188f**
Zeughaus Am Hof 26
Zirkus- und Clownmuseum 62
Zoll 229
Zu den drei Hackn 158
Zwettler Hof 113
Zwölf-Apostel-Keller 163

Außerhalb Wiens

Aggstein 204
Apetlon 211
Bad Vöslau 219
Baden 218
Burgenland 206ff
Dürnstein 100, 202
Eisenstadt 206
 ◆ Bergkirche 207
 ◆ Burgenländisches
   Landesmuseum 208
 ◆ Jüdisches Museum 208
 ◆ Oberberg 207
 ◆ Schloß Esterházy 207
 ◆ Unterberg 208
 ◆ Wertheimerhaus 208
Forchtenstein 209
Gloggnitz 222
Göttweig, Benediktinerstift 201
Halbturn, Schloß 209
Heiligenkreuz, Stift 220
Illmitz 210, **211,** 212
Illmitzer Kirchsee 211
Illmitzer Zicksee 211
Kittsee, Schloß 209
Klosterneuburg 199
Krems 201
Kreuzenstein, Burg 199
Lange Lacke 211
Mauer bei Melk 206
Mayerling 219
Melk, Stift 53, 205
Mödling 217
Mörbisch 210, **212**
Mürzzuschlag 222
Nationalpark Neusiedler See -
  Seewinkel 211
Neusiedler See 199, 206, 210
Pannonische Tiefebene 217
Payerbach 221
Podersdorf 211
Puchberg am Schneeberg 221
Rax 221
Reichenau an der Rax 221
Rust 212
St. Michael 203
Schallaburg 205
Schneeberg 221
Schönbühel, Schloß 205
Semmering 217, **221,** 223
Sooss 219
Spitz 204
Steiermark 35
Stinkersee, Oberer und
  Unterer 211

Wachau 199, **200**
Weißenkirchen 203
Willendorf 204
Zicksee 211

Personenregister

A

Albert von Sachsen-Teschen,
  Herzog 60, 111
Albrecht I. 21
Adler, Alfred 74
Adler, Viktor 74, 168
Albrecht VI. 23
Alt, Rudolf von 54, 217
Altenberg, Peter **58**, 74, 103, 168
Altomonte, Andrea 101, 139
Altomonte, Martino 140
Amerling, Friedrich von 29, 141
Andrássy, Graf 37
Andrian, Leopold von 74
Anzinger, Siegfried 57
Artmann, H. C. **59**, 168
Augustin 119
Augustiner 23

B

Babenberger 18, 21, 43, **100f**
Bahr, Hermann **58**, 74, 168
Barmherzige Brüder 23
Beer-Hofmann, Richard 74
Beethoven, Ludwig van 29, 44,
  50, 51, 118, 136, 217, 218
Bela IV. 21
Berg, Alban 45, 49, 50, 74, 223
Bernhard, Thomas **58**, 59, 168
Biasino, Cipriano 118
Blau, Tina 54
Boltenstern, Erich 137
Borromäus, Karl 139, 140
Brahms, Johannes 45, 46, 50,
  118
Brandl, Herbert 57
Brauer, Arik 56
Bruckner, Anton 45, 50, 141

C

Cagnola, Luigi 130
Canevale, Antonio 118
Capistran, Johann von 98
Castelli, Ignatz 157
Cerha, Friedrich 45
Czech, Hermann 155, 157

D

Damisch, Gunther 57
Danhauser, Joseph 29
Daffinger, Moritz Michael 29
Dietmayr, Berthold 205
Doderer, Heimito von 59
Dollfuß, Ignatz 19, 30
Dominikaner 23
Donner, Georg Raphael 26, 96,
  114

E

Eisenmenger, August 138
Elisabeth von Bayern 37, 111, 219
Esterházy 207
Esterházy, Nikolaus 207, 209
Eugen von Savoyen, Prinz 18, 26,
  97, 175, 178

F

Fabiani, Max 142
Farkas, Karl 160
Fellner, Ferdinand d. Ä. 138
Fendi, Peter 29, 54, 139
Ferdinand I. 23, 28, 44
Ferdinand II. 25, 73, 110, 118
Fernkorn, Anton Dominik 132
Ferstel, Heinrich 103, 133, 136,
  137, 141
Feuerbach, Anselm 130
Fischer von Erlach, Johann
  Bernhard 26, 97, 103, 106,
  107, 110, 180
Fischer von Erlach, Joseph
  Emanuel 26, 106, 110
Franz II. (I.) 19
Franz Ferdinand 19, 37, 179
Franz Joseph 19, 28, **37**, 111,
  129, 132, 133, 137, 179, 219
Franz Stephan von Lothringen 26,
  28, 36, 94, 107, 131
Franziskaner 23
Freud, Sigmund 58, 62, 74, 75,
  223
Friedell, Egon **59**, 74, 168
Friedrich I. 43
Friedrich II., Herzog 18, 21
Friedrich III. 23, 99
Fuchs, Ernst **56**, 183

G

Gerstl, Richard 55
Ghega, Carlo 222
Gironcoli, Bruno 56
Gluck, Christoph Willibald 44
Gran, Daniel 26, **53**, 110, 140

Grillparzer, Franz 29, **58**, 74, 118,
  139, 217
Grünbaum, Fritz 75

H

Habsburger 21, 22, **35ff**, 127, 180
Haerdtl, Oswald 139
Hansen, Theophil 118, 133, 137,
  138
Hasenauer, Carl 130
Hauer 76, 77
Hausner, Rudolf 56
Haydn, Joseph 44, 50, 51
Heinrich II. Jasomirgott 18, 101,
  102
Heinrich VI. 203
Herzl, Theodor 74
Hildebrand, Johann Lukas von
  26, 97, 101, 102, 103, 178
Hillebrand, Franz 104
Hitler, Adolf 19, 73, 132
Hoefnagel, Jacob 22
Hoffmann, Josef 64, 142, 183
Hofmannsthal, Hugo von **59**,
  74, 168
Hohenbüchler, Christine 57
Hohenbüchler, Irene 57
Hohenburg, Johann Ferdinand
  von 180
Holzer, Konrad 23
Hrdlicka, Alfred **56**, 111, 168
Hundertwasser, Friedensreich
  56, 62, 143

J

Jandl, Ernst 59
Jesuiten 23
Jan II. Sobieski 24
Jelinek, Elfriede 58
Joseph I. 44, 100
Joseph II. 18, 19, 26, 44, 73, 79,
  94, 100, 104, 110, 117, 135, 166
Juden 31, **73**, 176, 208

K

Kalb, Kurt 154
Kálmán, Emmerich 45
Kapuziner 23
Kara Mustapha 24
Karl I. 37, 218
Karl V. 35, 36
Karl VI. 25, 26, 44, 110, 139, 199
Karl, Erzherzog 37
Karmeliter 23
Khlesl, Melchior 23
Kirschner, Ferdinand 106

Kisch, Egon Erwin 74
Klimt, Ernst 131, 136
Klimt, Gustav 54, 64, 74, 128, 131, 136, 137, 139, 168
Kokoschka, Oskar **55,** 74, 139, 168, 223
Kolschitzky, Franz Georg 74
Kornhäusel, Josef 29, 117, 218
Kowanz, Brigitte 57
Kraus, Karl **59,** 74, 168
Kreisler, Georg 160
Krenek, Ernst 45
Kriehuber, Joseph N. 29
Kuh, Anton 75
Kundmann, Carl 133
Kupelwieser, Leopold 118

L

Lanner, Josef 29, 45, 48
Lassnig, Maria 56
Laube, Heinrich 74
Lehár, Franz 45, 141
Leopold I. 25, 44, 79, 100, 180
Leopold III., der Heilige 199
Leopold V., Herzog 18, 43, 202
Leopold VI., Herzog 21, 118
Liebenberg, Johann Andreas von 24
Ligeti, György 45
Loos, Adolf **55,** 74, 97, 104, 127, 139, 183
Lucchese, Philiberto 107
Lueger, Dr. Karl 19, 30, 185, 187
Luther, Martin 23

M

Mahler, Gustav 50, 223
Makart, Hans **54,** 64, 139, 141
Maria Theresia 18, 25, 26, **36,** 44, 94, 135, 179, 180
Maria von Burgund 108
Marie-Louise 108
Matielli, Lorenzo 106
Matsch, Franz von 114, 131, 136, 137
Mauer, Otto 56
Maulbertsch/Maulpertsch, Franz Anton 26, **54,** 106, 209
Maximilian, Erzherzog 137
Maximilian I. 18, 35, 43, 108
Maximilian II. 23, 108, 110
Mayröcker, Friederike 59
Metternich, Klemens Wenzel Fürst von 19, 28, 29
Mikl, Josef 56
Millöcker, Carl 45

Moore, Henry 139
Moser, Daniel 25
Moser, Koloman 64, 142
Mozart, Wolfgang Amadeus 44, 50, 51, 102, 121, 218
Munkáczy, Michael von 131
Musil, Robert **59,** 74, 168
Muthspiel, Wolfgang 46

N

Napoleon 19, 26, 35, 104, 108, 130
Nestroy, Johann 29, **58,** 118, 217
Neuwirth, Olga 45
Nitsch, Hermann 56
Nobile, Pietro 130, 132
Noever, Peter 63
Nüll, Eduard van der 47, 93

O

Olbrich, Joseph Maria **55,** 64, 127
Otto I. 18
Otto von Habsburg-Lothringen 37
Ottokar II. 22
Ospel, Anton 26
Ostbahn, Kurt 46
Ottokar II. 21

P

Pacassi, Nikolaus 180
Paulaner 23
Permoser, Balthasar 26
Peymann, Claus 58
Piccolomini, Aeneas Silvius s. Pius II., Papst
Pichler, Walter 56
Pilgram, Anton 99
Pius II., Papst 22
Pius VI., Papst 26, 102
Polgar, Alfred 168
Pozzo, Andrea 118
Prachensky, Markus 56
Prandtauer, Jakob 205
Puchsbaum, Hans 98

Q

Qualtinger, Helmut 50, 154, 160, 168

R

Radetzky, Joseph Wenzel Graf von 70
Raffaelli, Giacomo 104
Raimund, Ferdinand 29, **58,** 217
Rainer, Arnulf 56
Ratzer, Karl 46

Richard Löwenherz 18, 100, 202
Rilke, Rainer Maria 74
Rosegger, Peter 223
Roth, Josef 59
Rottmayr, Johann Michael 26, **53,** 101, 139, 140
Rudolf I. 18, 21
Rudolf II. 18, 21, 23
Rudolf IV., der Stifter 18, 22, 118, 136
Rudolf von Habsburg, Graf 35, 219
Ruegg, Matthias 47
Ruprecht, Heiliger 116

S

Sacher, Franz 96
Schiele, Egon **55,** 74, 139, 168
Schindler, Emil Jakob 54, 141
Schlegel, Eva 57
Schmalix, Hubert 57
Schmidt, Friedrich 133, 134, 141
Schnitzler, Arthur **58,** 73, 74, 168, 223
Schöffel, Josef 185
Schönberg, Arnold 45, 50
Schrammel, Joseph und Johann 46, **78**
Schreck im Wald, Georg 204
Schubert, Franz 29, 45, 46, 48, 50, 51, 141, 217, 218
Schuschnigg, Kurt 31
Schwind, Moritz von 54, 93, 118
Seitz, Karl 30
Semper, Gottfried 130
Serviten 23
Siccardsburg, August Siccard von 47, 93
Sissy s. Elisabeth von Bayern
Starhemberg, Ernst Rüdiger von 24
Steindl, Mathias 101
Stifter, Adalbert 136, 217, 218
Stranitzky, Joseph Anton 103
Strauß, Eduard 141
Strauß, Johann (Sohn) 45, 46, 48, 50, 51, 217
Strauß, Johann (Vater) 29, 45, 48, 50
Strauß, Oscar 74
Suleiman, Sultan 23
Suppé, Franz von 45

T

Tabori, George 58
Tandler, Julius 30
Torberg, Friedrich 59
Troger, Paul 139
Trotzki, Leo 168
Türken 18, 24
Turrini, Peter 58

V

Vetsera, Baronin Mary
219
Vorlauf, Konrad 23

W

Wagner, Otto **55,** 64, 139, 142,
183
Wagner, Richard 118, 217
Waldbrunn, Ernst 160
Waldmüller, Ferdinand 29, **54,**
139, 217, 218
Walther von der Vogelweide 43
Weber, August 138
Webern, Anton von 45, 50
Werfel, Franz 59
Wiener Aktionisten 56
Wiener Gruppe 59

Wiener Philharmoniker 43, **47,**
138
Wiener Sängerknaben 43, **46,**
108
Wiener Symphoniker **49,** 140
Wolf, Hugo 45, 50
Wotruba, Fritz 56

Z

Zauner, Franz Anton Edler von 29
Zawinul, Joe 46
Zobernig, Heimo 57
Zweig, Stefan **59,** 75